ビジネス・キャリア検定試験® 標準テキスト

総　務

日置 律子 監修
中央職業能力開発協会 編

3 級

第3版

JN046466

発売元 社会保険研究所

ビジネス・キャリア検定試験 標準テキストについて

　企業の目的は、社会的ルールの遵守を前提に、社会的責任について配慮しつつ、公正な競争を通じて利潤を追求し永続的な発展を図ることにあります。その目的を達成する原動力となるのが人材であり、人材こそが付加価値や企業競争力の源泉となるという意味で最大の経営資源と言えます。企業においては、その貴重な経営資源である個々の従業員の職務遂行能力を高めるとともに、その職務遂行能力を適正に評価して活用することが最も重要な課題の一つです。

　中央職業能力開発協会では、「仕事ができる人材（幅広い専門知識や職務遂行能力を活用して、期待される成果や目標を達成できる人材）」に求められる専門知識の習得と実務能力を評価するための「ビジネス・キャリア検定試験」を実施しております。このビジネス・キャリア検定試験は、厚生労働省の定める職業能力評価基準に準拠しており、ビジネス・パーソンに必要とされる事務系職種を幅広く網羅した唯一の包括的な公的資格試験です。

　3級試験では、係長、リーダー等を目指す方を対象とし、担当職務に関する専門知識を基に、上司の指示・助言を踏まえ、自ら問題意識を持って定例的業務を確実に遂行できる人材の育成と能力評価を目指しています。

　中央職業能力開発協会では、ビジネス・キャリア検定試験の実施とともに、学習環境を整備することを目的として、標準テキストを発刊しております。

　本書は、3級試験の受験対策だけでなく、その職務の担当者として特定の企業だけでなくあらゆる企業で通用する実務能力の習得にも活用することができます。また、異動等によって初めてその職務に就いた方々、あるいは将来その職務に就くことを希望する方々が、職務内容の体系的な把握やその裏付けとなる理論や考え方等の理解を通じて、自信を持って職務が遂行できるようになることを目標にしています。

標準テキストは、読者が学習しやすく、また効果的に学習を進めていただくために次のような構成としています。

現在、学習している章がテキスト全体の中でどのような位置付けにあり、どのようなねらいがあるのかをまず理解し、その上で節ごとに学習する重要ポイントを押さえながら学習することにより、全体像を俯瞰しつつより効果的に学習を進めることができます。さらに、章ごとの確認問題を用いて理解度を確認することにより、理解の促進を図ることができます。

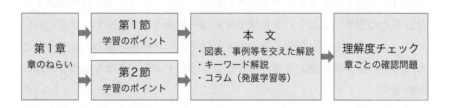

本書が企業の人材力の向上、ビジネス・パーソンのキャリア形成の一助となれば幸いです。

最後に、本書の刊行に当たり、多大なご協力をいただきました監修者、執筆者、社会保険研究所編集部の皆様に対し、厚く御礼申し上げます。

中央職業能力開発協会
（職業能力開発促進法に基づき国の認可を受けて
設立された職業能力開発の中核的専門機関）

目次

ビジネス・キャリア検定試験　標準テキスト
総 務 **3**級〔第3版〕

第8章　リスクマネジメント基礎 ‥‥‥‥‥‥ 355

企業経営管理の基礎

この章のねらい

　総務部門は、ゼネラル・スタッフとして経営者を補佐する役割を持っている。そのような立場を踏まえれば、経営者と同じ視点で経営を理解することが求められる。

　まず経営管理という側面からは、企業理念や経営目的、経営方針の基本的な考え方について学び、全体を見通す能力を身につけておかなければならない。また、その運営を担うという役割から、経営組織についての基本事項も押さえておきたい。

　さらに、企業も社会を構成する一員であるという立場から、社会的責任を果たすことが求められている。企業が遵守しなければならない事柄とは何かを理解するとともに、深刻化しつつある環境問題に対して的確に対応することが必要である。

<table>
<tr><td>第 1 節</td><td># 企業経営</td></tr>
</table>

第 1 節 **企業経営**

学習のポイント

◆企業理念の意義を理解し、その制定や周知徹底について学ぶ。
◆経営目的、経営方針、経営戦略、経営計画の関係を整理したうえで、その内容を理解する。
◆企業の組織にはどのようなものがあり、どのような特徴があるかを学ぶ。

1 企業理念

（1）企業理念の意義

　企業には、それぞれ事業を通してどのような役割を果たすのかという考え方がある。それは、創業者や経営者の事業に対する「志」や「思い」「信念」である。その企業の事業に対する考え方や価値観が盛り込まれ、成文化されたものが「企業理念」となる。企業理念はこのほか社是、社訓、綱領、行動指針、コーポレート・スローガンなどの形で表される。「社是」などのように経営上の方針や主張、いわば、その企業の存在意義を社会に対して示したものもあれば、「社訓」や「行動指針」などのようにその企業における従業員の行動規範を表したものもある。

　もっとも、なかには成文化されないで、その企業の従業員に連綿と引き継がれている考え方や価値観もあり、それらは「伝統や社風」といわれるものである。つまり、企業の考え方や価値観のうち、成文化されたものが「企業理念」、成文化されていないものが「伝統や社風」と区分することができる。

　企業理念は、その企業の事業に対する考え方や価値観を成文化した根源的なものであり、そうである以上、継続性を持つものでなければならない。それが従業員に浸透することにより、その企業独自のアイデンティティが形づくられ、従業員の心を1つにすることができる。また、顧客や取引先などに継続的に企業理念を示すことで、その企業への信頼性を高め、よりより関係を築くことができる。ここにこそ、企業理念の意義がある。

（2）企業理念の制定

　創業間もない、あるいは従業員の少ない中小企業の中には、企業理念を掲げていない場合もあるかもしれないが、社内が団結し、顧客や取引先などとよりよい関係を築くために、企業理念を制定することが望ましい。

　また、企業理念は継続性を持つとはいえ、未来永劫不変というわけではない。経営環境が変化し、新しい価値観や考え方が必要になれば、それに応じた新しい企業理念の制定が求められる。

　企業理念の制定は経営の領域であるが、プロジェクト・チームを発足させるなど、従業員も一緒に企業理念を検討することにより、従業員の求心力を高め、従業員の指針となる企業理念をつくり上げることができる。

　各社の企業理念にどのような内容が盛り込まれているかをみると、大きくは「事業に関する規定」と「価値基準の規定」に区分できる。前者は文字どおり、企業の事業についての規定である。また、価値基準というのは、企業が重視する価値の基準のことである。たとえば、社会貢献であるとか顧客の利益や人材育成といったものを掲げていることが多い。

　本田技研工業株式会社（以下、「ホンダ」）の企業理念（ホンダでは基本理念　→図表1-1-1）がどのように制定されているかをみてみよう。

　ホンダは基本理念として「人間尊重」「三つの喜び（買う喜び、売る喜び、創る喜び）」を掲げ、社是として「わたしたちは、地球的視野に立ち、世界中の顧客の満足のために、質の高い商品を適正な価格で供給することに全力を尽くす」を掲げ、さらに運営方針も記されている。社是は「事

図表1-1-1 ● ホンダの企業理念

基本理念

人間尊重

自立
自立とは、既成概念にとらわれず自由に発想し、自らの信念にもとづき
主体性を持って行動し、その結果について責任を持つことです。

平等
平等とは、お互いに個人の違いを認めあい尊重することです。
また、意欲のある人には個人の属性（国籍、性別、学歴など）にかかわりなく、
等しく機会が与えられることでもあります。

信頼
信頼とは、一人ひとりがお互いを認めあい、足らざるところを補いあい、
誠意を尽くして自らの役割を果たすことから生まれます。
Hondaは、ともに働く一人ひとりが常にお互いを信頼しあえる関係でありたいと考えます。

三つの喜び

買う喜び
Hondaの商品やサービスを通じて、お客様の満足にとどまらない、
共鳴や感動を覚えていただくことです。

売る喜び
価値ある商品と心のこもった応対・サービスで得られたお客様との信頼関係により、
販売やサービスに携わる人が、誇りと喜びを持つことができるということです。

創る喜び
お客様や販売店様に喜んでいただくために、その期待を上回る価値の高い商品やサービスをつくり出すことです。

社是

わたしたちは、地球的視野に立ち、世界中の顧客の満足のために、
質の高い商品を適正な価格で供給することに全力を尽くす。

運営方針

・常に夢と若さを保つこと。
・理論とアイディアと時間を尊重すること。
・仕事を愛しコミュニケーションを大切にすること。
・調和のとれた仕事の流れをつくり上げること。
・不断の研究と努力を忘れないこと。

出所：本田技研工業株式会社ホームページ

業に関する規定」、基本理念と運営方針は「価値基準に関する規定」といえよう。また、運営方針は社員の行動指針ともいえよう。

　いうまでもなく、ホンダは日本有数の自動車メーカーである。しかし、ホンダの社是には「自動車」の文字はなく、ただ「商品」とのみ記されている。この社是から読み取れることは、ホンダが自動車だけにこだわらず、質の高い商品を供給することに全力を尽くすということである。

　実際、ホンダは「空を自由に移動できるモビリティの提供は、創業当初からの夢」として、1986（昭和61）年に航空機の研究に着手し、30年近くの研究の末、ついに2015（平成27）年に米国でビジネスジェットを発売した。日本有数の自動車メーカーであるホンダにとっても航空機の開発は苦難に満ちたもので、採算性という観点から社内での葛藤もあったそうだ。そうした苦難を乗り越えてビジネスジェットを発売できた要因の1つとして、ホンダの基本理念や社是があったものと考えられる。

（3）企業理念の周知徹底

　多くの企業が社是や社訓、綱領などで企業理念を制定している。しかしながら、企業理念はすべてを網羅した抽象的な表現になることが多いため、従業員の身近なものにならず空文化するおそれがある。立派な企業理念を掲げながら、不祥事を起こす企業は後を絶たない。これは企業理念が単なるお飾りにとどまって浸透していないからである。企業理念はこれを周知徹底してこそ意味がある。

　そのためには、企業理念を職場に掲示する、従業員手帳に記載する、折々に唱和するなどの取り組みとともに、企業理念を経営目的、経営方針や経営計画、さらには従業員の日々の行動にまで落とし込んでいく地道な努力が求められる。

2 経営目的、経営方針

（1）経営目的、経営方針とは何か

① 経営目的

　企業は、複数の人によって構成される組織である。人間が1人ではなし得ないことを達成するために企業という組織が設立される。創業者は企業を経営する目的を持つ。この経営目的は人によって違う。ある人は自己の収入を増やし財産を蓄積することを目的とし、また、ある人はみずからが考え出した道具や機械を社会に普及させることを目的としている。いずれにしても、企業の経営を始める場合には何らかの目的がある。

　当初は、創業者である経営者の個人的な目的を達成することが優先されるかもしれないが、企業規模の拡大とともに社会的公器としての役割を期待されるようになってくる。

　これは、従業員や消費者あるいは株主、取引先といった企業の利害関係者（ステークホルダー Key Word ）が増えてくることとも関係するかもしれない。それだけ社会に対する影響力を持つようになる。そうなると、当然のことながら個人的な利害を超えて社会的使命を果たすことが企業の経営目的となる。

　このような社会的使命に応えられない企業は社会から見放され、その存続が難しくなる。これは企業にとって死を意味する。しかしながら、社会的使命に応えることができれば、寿命のある人間と違い、企業は永遠に存続し続けることができる。

　ゴーイング・コンサーン Key Word は継続企業、企業が事業を継続していく前提のことである。企業がゴーイング・コンサーンを果たすためには、社会的使命に応えること、すなわち社会に有益な商品やサービスを提供し、付加価値を高めることで利潤を生み出さなければならない。生み出した利潤は、企業活動にかかわった利害関係者に配分される。これは、株主に対しては配当であり、従業員に対しては賃金であり、社会に対しては税金である。再生産のための内部留保も利潤の配分である。

② 経営方針

経営目的の達成に向けて経営活動が行われる。この場合、やみくもに活動すればよいというものではない。企業という組織を構成する従業員が個々バラバラに活動したのでは、目的達成は難しく、非効率でもある。

組織の力を結集するためには、全従業員のベクトルを合わせるための方向づけが必要である。企業がどの方向に向かっているのか、どのようなことを目標としているのか、これを示すことが必要である。

これを決定するのがリーダーである経営トップの役目である。経営トップが決定した、企業として進むべき方向を示したものが「経営方針」である。経営方針は将来のあるべき姿、ビジョンともいえる。たとえば、「業界のリーディングカンパニーをめざす」「○○製品の強化を図る」などといった形で設定される。

さらに、経営方針は、基本方針、全社方針、部門方針と段階別に定められることもある。

「基本方針」は、長期的観点から自社の進むべき方向を示したもので、経営の基本的考え方や姿勢をビジョンとして定めたものである。「全社

Key Word

ステークホルダー（stakeholder）——一般に企業の利害関係者と訳される。この場合の利害関係とは、単に経済的な利害だけを指すのではなく、もっと広い意味で企業経営に対して影響力を持つ存在を総称する。つまり企業の目標達成能力に対して、実際にまたは潜在的に利害関係や影響力を持つ人や集団のことである。具体的には顧客や取引先、株主、投資家はもちろんのことであるが、従業員、消費者、地域社会なども含まれる。（藤江俊彦編著〔2006〕133頁を一部修正）

ゴーイング・コンサーン（going concern）——継続企業または企業が事業を継続していく前提。財務的にもゴーイング・コンサーン規定が設けられている。これは、決算内容に企業の継続性の前提に大きな影響があると思われるリスク要因があると考えられる場合、公認会計士や監査法人は、投資家に対して注意を喚起するよう、その旨を記載しなければならないというものである。

方針」は、この基本方針に基づく形で、製品に関する方針、営業に関する方針、生産に関する方針、人事に関する方針、財務に関する方針などの分野別の全社方針を示すものであり、「部門方針」は全社方針を受けて部門ごとに設定するものである。

　また、経営方針は長期方針、中期方針、短期方針といった期間別に定められることもある。

（2）経営方針と経営諸活動

① 経営方針と経営目標、経営戦略

　「経営方針」は経営目的の達成に向けて進むべき方向を示すものであり、この方針に従って経営活動は行われる。ただし、経営方針はあくまで方向を示したものにすぎず、具体的にどのようにしたいかということまでブレイクダウンされてはいない。そこで、いつまでに、何を、どの程度、といった目標を設定することとなる。これが「経営目標」である。

　目標というと、売上げや利益などの数値目標を思い浮かべることが多いかもしれない。具体的な数字で示されればわかりやすい。このような量で示すことができるような目標は「定量的目標」という。定量的目標には、このほか生産数量、生産額、付加価値額、従業員数などさまざまなものがある。

　しかし、目標は必ずしも定量的に示すことができるものばかりとは限らない。数値では表せない目標もある。このような目標のことを「定性的目標」という。定性的目標には、技術開発や新製品の開発、人材育成などがあり、対象の状態を性質の変化に着目して示したものである。

　また、設定する期間によって長期目標、中期目標、短期目標という区分ができ、全社目標、部門目標、個人目標といった組織単位でブレイクダウンすることもできる。

　次に、こうした経営目標をいかに達成するかを考える必要がある。これは、一般的に「経営戦略」と呼ばれている。経営目標達成に向けていかなる手段を用いるかを策定することである。経営目標達成の手段はい

く通りも考えられ、最も効率的な手段を選択するのであるが、その手段がいつ、いかなる場合も最適であるとは限らない。経営環境は常に変化しており、その変化に対応するために戦略は変わっていくものである。

② 経営方針と経営計画

経営の方向づけをする「経営方針」とこれに即した「経営目標」が立案され、それを達成するための「経営戦略」が策定されると、次に経営戦略に則った「経営計画」が必要となる。

経営計画には、5年から10年程度の長期的な見通しのもとに立案される長期経営計画、3年から5年程度の中期的な見通しのもとに立案される中期経営計画、1年を単位とする年度計画のような短期経営計画がある。年度計画は年度ごとの具体的行動計画である。年度計画の中には各部門の年度計画が盛り込まれ、さらに個々の従業員の行動計画まで落とし込まれる。大きな長期経営計画から個々の従業員の行動計画まで一連のつながりを持たせることが計画達成には重要である。

また、個別の事案やプロジェクトを対象にして立案する「個別経営計画」には、新製品開発計画、設備投資計画などがある。これらについても長期計画、中期計画、短期計画が策定されるケースもある。

このように多くの計画が立案されることとなるが、計画はあくまで計画にすぎない。経営を取り巻く環境は常に変化している。いったんとりまとめた経営計画だからといってこれに固執するべきではなく、経営環境の変化に応じて、修正を経営計画にフィードバックさせるようなしくみも組み込んでおく必要がある。

3 企業の種類

（1）法人と個人事業主の違い

企業とは株式会社などの法人だけを意味するのではなく、個人事業主もまた企業である。中小企業基本法では、中小企業者の定義の中に、「個人であって、事業を営むもの」が含まれている（同法2条1項）。

　個人事業主の場合、法律上の権利義務の主体は自然人たる個人となる。個人事業主であっても法人と同様、法律上の取引は可能で従業員を雇うこともできる。ただし、個人事業主は法人に比べると一般的に信用力が劣り、個人事業主とは取引しないという会社もないわけではない。

　また、法人は複数の出資者から資金を集めることができるが、個人事業主は個人の財産のみが元手となる。そのため、事業規模の拡大にも制約がある。事業が拡大した場合に、個人事業主が株式会社などの法人を設立することを「法人成り」という。

　法人とは、自然人以外で法律上の権利義務の主体となることができるものである。一定の目的のもとに結合した人の集団あるいは財産について、その資格が認められる。法人は法律に基づいて設立される。

（2）法人の分類

　法人はさまざまな分類ができるが、大きくは公法人と私法人、社団法人と財団法人、営利法人と非営利法人、外国法人と内国法人などに分類される。

　公法人と私法人は法律に明記されたものではないが、日本銀行、独立行政法人など公共性が強い法人を公法人、それ以外を私法人という。

　社団法人は一定の目的のもとに結合した人の社会的組織のうち、法律によって法人格を取得したものをいう。財団法人は一定の目的のもとに提供された財産を管理・運営するために、法律によって法人格を取得したものをいう。公益社団法人や一般社団法人だけでなく、株式会社も一定の目的のもとに結合した人の社会的組織なので社団法人の一種とされる。

　営利法人は営利目的を持ち、非営利法人は営利目的を持たない法人である。「営利目的を持たない」＝「収益事業を行うことができない」と誤解しやすいが、それは間違いである。非営利法人は、収益事業は可能だが、収益事業で得た剰余利益や剰余財産を構成員（株式会社の株主に相当）に分配できないだけである。すなわち、営利法人の株式会社は株主に利益の分配として配当を出すことができるが、非営利法人はそのよう

なことが不可能というわけである。非営利法人といえばNPO法人のみを思い浮かべるかもしれないが、学校法人、医療法人、社会福祉法人、公益社団法人、一般社団法人、公益財団法人、一般財団法人などもすべて非営利法人である。

外国法人は外国の法律に基づいて設立された法人、内国法人は日本の法律に基づいて設立された法人である。

（3）株式会社と持分会社

会社法における会社とは、営利の目的を持ち、権利義務の帰属主体となることが認められた法人である（会社法3条）。法人は、「株式会社」と「持分会社」に分けられ、「持分会社」には、その責任のあり方により「合名会社」「合資会社」「合同会社」などがある（同法2条1号）。2006（平成18）年の会社法の施行により、既存の「有限会社」は法律上「株式会社」となり、有限会社という商号を残すものを「特例有限会社」という。

株式会社では出資者を「株主」といい、その地位を「株式」と呼ぶのに対し、持分会社では出資者を「社員」といい、その地位を「持分」と呼ぶ点が株式会社と持分会社の違いである。「株式」が他人に自由に譲渡できるのに対し、「持分」は他の社員の承諾がないと譲渡できず流動性は低い（同法107条）。

- ・株式会社……株主は、会社に出資する義務を負うだけで会社の債権者に対する責任は負わない（同法104条）。
- ・合名会社……合名会社の社員は、すべて無限責任社員で構成され、法人も社員になれる（同法576条2項）。
- ・合資会社……合資会社では無限責任社員と有限責任社員があり、有限責任社員は出資額までしか責任を負わない（同法576条3項）。
- ・合同会社……合同会社では全員が有限責任社員であり、出資額までしか責任を負わない（同法576条4項）。会計監査人設置義務や決算公告義務はない。

　なお、「持株会社」は他の会社を支配する目的でその会社の株式を保有する株式会社である。事業子会社の経営管理を主たる事業とする「純粋持株会社」と他の主たる事業を営みつつ事業子会社を保有する「事業持株会社」がある。単に「持株会社」といった場合には、一般的に純粋持株会社を意味する。純粋持株会社には「○○○ホールディングス」「○○○ホールディング」といった社名が付いていることが多い。

（4）各種法人

　法人の形態として、NPO法人、医療法人、学校法人、社会福祉法人、社団法人、財団法人などがあるが、それぞれ次のような特徴がある。

- ・NPO法人とは、特定非営利活動促進法に基づく団体で、法人格を付与されること等により、信頼性が高まるというメリットがあり、ボランティア活動をはじめとする市民の自由な社会貢献活動としての特定非営利活動の健全な発展を促進することを目的とする。2012（平成24）年の法改正で財政基盤強化が図られた（特定非営利活動促進法1条）。
- ・医療法人は、医療法に基づく法人である。病院、医師か歯科医師が常時勤務する診療所または介護老人保健施設を開設することを目的とした社団・財団である。
- ・学校法人は、私立学校法に基づき、私立学校の設立を目的として設置される法人である。国または地方公共団体を除いては、学校法人だけが学校教育法に定める学校を設立することができる。
- ・社会福祉法人は、社会福祉法に基づき、社会福祉事業を目的として設立される法人である。
- ・公益社団法人、公益財団法人は、公益法人認定法（公益社団法人及び公益社団法人の認定等に関する法律）に基づく法人で、公益事業を目的とする。
- ・一般社団法人、一般財団法人は、一般社団法人及び一般財団法人に関する法律に基づく法人で非営利法人であるが、公益が求められず

収益事業も行える。
・特別目的会社は、資産流動化法（資産の流動化に関する法律）に基づき、不動産の流動化等の業務を行うための社団法人である。

（5）協同組合

協同組合は、共通の目的を持った人や会社などが自発的に集まってつくる経済組織である。中小企業等協同組合法、商店街振興組合法、消費生活協同組合法などさまざまな協同組合を規定した法律があり、法律に基づいて法人を設立することができる。ただし、法人格を持たない任意団体の協同組合もある。

組合員は出資金を出し合い、事業を利用するとともに運営にかかわる。協同組合では組合員の民主的な参画が重要である。

地域の会社が集まって協同組合を設立し、共同事業を行うことも多い。たとえば、卸団地で協同組合を設立し、共同倉庫、共同駐車場、共同ゴミ集積所などを運営する例などがある。

第 2 節　経営組織

◆なぜ組織がつくられることになるのか、その意義を理解する。
◆組織化を行うにあたっての組織原則を理解するとともに、基本的な経営組織の形態とその特徴を学ぶ。
◆企業組織についての理解を深め、事業部制、カンパニー制などの分権管理組織について学ぶ。

1　経営組織の機能

（1）経営組織の意義

　人間が1人でできることは限られている。いくら優れた能力を持っていたとしても限界があり、より大きなことを成し遂げるためには、複数の人の能力を結集することが必要である。このように、1人ではできないことを複数の人の集まりで達成しようとして構成されるのが組織である。しかし、単に複数の人が寄り集まっただけでは烏合の衆にすぎない。ある共通の目的を持ち、有機的に結びついて初めて組織となる。

　経営組織も経営目的を達成するために複数の人で構成されるという意味で組織の1つである。複数の人が一緒に働くという観点から考えれば、「協働システム」といえる。

　このように、経営組織を協働システムというとらえ方をすれば、どんな小さな企業であっても経営組織は存在する。2人以上が集まって共通の経営目的を達成するために活動すれば、その活動についての調整が必要になるからである。

（2）組織化と組織原則

　経営組織を形成することを「組織化」という。組織化を行うためには、いくつかのステップが必要である。

　まず、経営目的を達成するためにはどんな仕事が必要かを明らかにしなければならない。このとき、その仕事の遂行にあたって求められる必要な能力や資格、経験等についても明確にすべきである。

　次に、抽出された仕事を１人分の職務に整理して職位を設定する。そして、これらの職位間の関係について、権限や責任、義務の３つの要素をもとに体系的に示すことが必要である。これは各種の規程や組織図等によって示される。

　最後に、各職位に具体的な人を配置して組織化が終わる。配置にあたっては、最初のステップで明らかにされた能力や資格が基準になる。

　このようなステップを踏んで経営目的達成に向けた最適な組織が構築されるが、当然のことながら環境の変化に応じて見直しが必要である。これが再組織化である。

　このような組織化を進めるにあたり、留意しなければならない点を、一般的に「組織原則」と呼び、次に掲げる５つである。

１）職務権限の原則（権限責任一致の原則ともいう）

　経営目的を達成するために必要な機能が重複や脱落なく各職位に配分され、各職位に配分された職務についてそれに等しい権限、義務、責任が照応していなければならない。

２）管理範囲の原則（統制の範囲の原則〔スパン・オブ・コントロール〕ともいう）

　１人の管理職が、直接かつ有効に管理できる部下の数には限界があり、業務内容によってもその数は異る。管理範囲に限界がある以上、組織規模が拡大すると組織構造を階層化せざるを得ない。しかし、組織効率の観点から考えると階層化は最小限にとどめるべきである。そのためには、管理者の管理能力の向上、および部下の職務遂行能力の向上を図ることが不可欠である。こうした改善を図ることで１人の管理職の管理範囲を

広げることが可能になる。

３）専門化の原則

　組織効率を上げるためには専門化することが有効である。限定された
領域の職務に専念させれば習熟効果が期待できる。しかし、狭い領域の
職務だけを分担させることは疎外感を生じがちであり、逆に組織効率が
低下するおそれもある。そこで、これを避けるために職務内容を多様化
する職務拡大策や意思決定に参加させるなどの職務充実策が必要である。

４）命令一元性の原則（指令系統の統一化の原則ともいう）

　組織秩序を維持するためには、１人の上司だけから指揮命令を受ける
ようにすべきである。しかし、この原則を徹底すると逆に組織効率は低
下することもある。たとえば、Ａ部門の担当者ａからＢ部門のｂに対し
て業務上の連絡をとるには原則的にはａの上司を通じてｂの上司から指
示してもらう必要がある。これでは非効率である。そこで一定要件のも
とで直接連絡できるような施策も必要である。

５）例外の原則（権限委譲の原則ともいう）

　定型的な事項に関する意思決定は、下位者に権限委譲し、非定型的な
事項（例外）に関する意思決定は上位者が行うとする原則である。

２　経営組織の形態

　経営組織の形態にもさまざまなものがある。どのような組織形態にす
るかは企業が置かれた経営環境によって違ってくる。通常、企業は環境
に応じて戦略を策定する。そして、その戦略を実施するうえで最適な組
織形態が選択される。いわゆる「組織は戦略に従う」である。これは、
チャンドラー（Alfred D. Chandler）が提唱したものである。

　これとは逆に「戦略は組織に従う」という考え方もある。いかに優れ
た戦略であってもそれを実行することができなければ意味はない。つま
り、その時点において組織の持つポテンシャルの拘束を受けるというこ
とであり、この考え方はアンゾフ（H. Igor Ansoff）によるものである。

　いずれも一理ある考え方であり、どちらが正しいかを決めつけることは難しい。

　最適な組織形態のあり方は経営環境によっても異なるが、主要な組織形態には次のようなものがある。

① 直系組織（ライン組織）

　直系組織（ライン組織）というのは、経営トップから一般従業員まで直線的に指示命令がなされる形態である。いわゆるピラミッド構造で、指示命令は1人の上司だけから受ける「命令一元性の原則」という組織原則が貫かれた組織である。この形態の代表的なものは軍隊組織である（→図表1-2-1）。直系組織の長所と短所は図表1-2-2のとおりである。

② 職能組織（ファンクショナル組織）

　職能組織（ファンクショナル組織）は、「専門化の原則」に基づいて構築される形態である。直系組織の場合には管理職に万能が要求されるが、そのような管理職は現実にはなかなか存在しない。そのようなことから、それぞれ専門分野を持つ管理職を配置して1人が複数の管理職から指示命令を受ける形態にしたのが職能組織である（→図表1-2-1）。職能組織の長所と短所は図表1-2-2のとおりである。

③ ライン・アンド・スタッフ組織

　直系組織では命令系統が一元化される長所がある。一方で、管理職は万能でないため専門化という点では劣るが、この短所をカバーする形で専門的スタッフを設置したのがライン・アンド・スタッフ組織である。

　この場合のスタッフは、個人を配置することも部門として設置することもある。スタッフは、命令権は持たず、助言や勧告、指示の権限を保有するにとどまる。今日の企業の多くが採用している組織形態である（→図表1-2-1）。ライン・アンド・スタッフ組織の長所と短所は図表1-2-2のとおりである。

図表1-2-1 ● 直系組織、職能組織、ライン・アンド・スタッフ組織

出所：市川彰・名取修一編著『現代経営学要論〔初版〕』同友館

図表1-2-2 ● 直系組織、職能組織、ライン・アンド・スタッフ組織の長所・短所

経営組織の形態	長　　　所	短　　　所
直系組織 （ライン組織）	・指揮命令系統が単純であること ・各職位の権限責任が明確であること ・組織秩序を維持しやすいこと	・組織が大きくなると官僚主義に陥りやすいこと ・管理職に万能が要求されること
職能組織 （ファンクショナル組織）	・専門化により管理職の育成が容易なこと ・細かい指導を行うことができること	・組織の秩序が乱れやすいこと ・あらゆる分野についての職能の専門化が困難であること
ライン・アンド・スタッフ組織	・命令統一性の確保による統一的行動を維持することができること ・専門知識の活用による経営効率が向上すること	・スタッフの偏重による、ラインへの介入・命令系統が混乱するおそれがあること ・スタッフ軽視による、専門知識の非活用・非効率となるおそれがあること

3 企業の組織

（1）企業の成長と組織

　経営管理に関する権限をトップ・マネジメントに集中させ、経営活動の統一性を図る方式が集権管理組織である。具体的には、生産部門、営

業部門、研究開発部門、財務部門などのような職能別に部門が編成される職能部門別組織である。

　しかし、事業の成功を通じて企業が成長するにつれて組織の持つ権限のあり方も変化する。企業規模の拡大や事業が多角化することによって、最上位層と下位層のコミュニケーション・ギャップが大きくなり、意思決定や実施に正確さと迅速さを欠くようになる。また、多角化された製品・顧客・地域ごとにマーケティング活動が異なるため、市場競争を有利に展開するうえでの統一的管理が困難になる。

　そのため、トップ・マネジメント層が持っている権限を下位の部門に大幅に委譲して分散化し、各単位が変化に応じて迅速な対応がとれるようにしたものを分権管理組織という。分権管理組織には、「事業部制組織」「社内カンパニー制」などがある。

（2）事業部制組織

　事業部制組織は、取り扱う製品や地域などを1つの事業として区分（事業部）し、独立して機能するように組み立てた組織形態である。それぞれの事業部は、当該事業に関しての意思決定権を付与されている。また、プロフィット・センター Key Word として位置づけられ、独立採算制が適用される。

　各事業部は、1つの企業のように特定の事業を運営できるほどに権限が委譲され、かつ利益責任を負う。「製品別事業部制組織」「顧客別事業部制組織」「地域別事業部制組織」の3つに分類される。事業部制組織の長所と短所は図表1-2-3のとおりである。

Key Word

プロフィット・センター（profit center）――プロフィット・センターとは、収益と費用の両方が計上される部門である。たとえば、事業部制の事業部はプロフィット・センターとして位置づけられる。これに対して、費用のみが計上される管理部門などをコスト・センターという。

図表1-2-3 ● 事業部制組織の長所・短所

長　　　所	短　　　所
・経営者・管理者の育成に役立つこと ・事業部内におけるモチベーションの改善につながること ・各事業部の責任範囲が明確化されること ・事業部門の健全な競争意識の醸成による経営効率の向上すること	・本部の基本方針を無視する可能性があること ・長期的視点が欠如してしまうこと ・新たなセクショナリズムにより人事が硬直化すること ・本部と事業部が組織面で重複すること

（3）社内カンパニー制

「社内カンパニー制」はカンパニーという言葉が示すように、企業の中に独立した企業が存在するような形をとる組織である。その意味では事業部制と類似しているが、事業部制をさらに独自性の強い組織形態にしたものである。

個々の事業部を疑似的に1つの会社（カンパニー）とみなして社内分社化し、各カンパニーに資産・予算・人事などの権限を大幅に委譲させるとともに、経営責任をも負わせる。各社内カンパニーは、明確な事業ミッション（使命）、対象顧客、競争相手と市場を持ち、社内の他の組織に依存することなく高い独立性を確保する。各カンパニーのトップには大きな裁量権が与えられている。社内カンパニーを切り離し、法人化すれば子会社となる。

（4）マトリックス組織

一般的には、専門化の観点から職能部門別に組織を組み立てていることが多い。しかし、全社的な課題の解決を行いたい場合などでは、職能部門別組織では対応が難しいことがある。たとえば、リスクマネジメントはすべての部門に関係しており、単一の部門のみで対処するものではない。そこで、組織横断的なつながりが必要となる。この組織横断的な組織を従来の職能部門別組織に恒久的な形で組み合わせたものが「マトリックス組織」である。

図表1-2-4 ● マトリックス組織の例

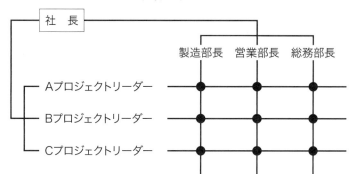

　マトリックス組織の例としては、縦の部門（たとえば、製造部、営業部といった職能部門）と横の業務の流れ（たとえば、リスクマネジメントプロジェクト）を格子状に組み合わせて、全社的観点から問題解決などの業務を推進する組織が挙げられる（→図表1-2-4）。

　マトリックス組織にすれば、通常の業務を行いながら全社的な課題にも迅速に対応できるというメリットがあるが、メンバーは2人以上の上司（たとえば、製造部長とリスクマネジメントプロジェクトリーダー）から指示命令を受けるため、混乱を生じやすいというデメリットもある。

（5）ネットワーク組織

　ネットワークとは、網の目状につながった関係である。経営環境が複雑化し、市場のニーズも多様化していく中で、自社の限られた経営資源だけで対応していくことは困難になっている。こうした状況を解消するためには、外部資源を活用することが不可欠である。そのため、外部組織とのネットワークを通じて不足する経営資源を補うものである。

　従来型の組織の枠を超え、行政、企業、業種、研究機関などの連結により外部資源を取り入れ、生産面・販売面・技術面の連携により共同研究や共同開発、市場開拓などを可能にするものである。

第3節 企業の社会的責任 (CSR)

◆企業が社会的責任を問われている背景と、その重要性を理解する。

◆コンプライアンスや企業倫理を徹底するための取り組みについて学ぶ。

◆地球環境問題に対応するため、環境問題に関する法律や経団連地球環境憲章などを学ぶ。

1 企業と社会の共生のために

　企業が事業活動を行えば、社会に対してはプラス面ばかりでなく、環境破壊や汚染、資源消費、事故・事件などマイナス面の影響を与えるケースもある。利潤を追求した結果、社会や環境を犠牲にすることがあれば、企業の存立基盤そのものが失われてしまうことになりかねない。また、社会の企業を見る目も厳しくなり、企業評価も財務的視点だけでなく社会や環境への視点も加わり、総合的に判断するようになった。

　そうした背景のもと、企業の社会的責任 (CSR) **Key Word** という考え方が普及し、企業と社会とのかかわりが一層強くなり、よりよい関係を築くことが企業にとって長期的によい結果をもたらすとの認識が広まってきた。経営におけるソーシャル・マネジメント (社会的経営) **Key Word** が注目され、企業は単なる営利追求の存在ではなく、より広く社会的価値を創造する主体と考えられるようになった。

　また、ビジネスが複雑化していく中で、対象とするステークホルダーも国内だけではなく、海外までをも含めたグローバルなステークホルダーを想定しなければならない。また、環境問題への取り組みは、将来世代への配慮という時間軸ベースの社会概念も求められており、その重要性は年々高まっている。

　個人が市民として社会において果たさなければならない責任があるのと同様に、企業も企業市民（コーポレート・シチズンシップ） Key Word として企業にも社会的責任や役割があることはいうまでもない。もし、

Key Word

　企業の社会的責任（CSR：Corporate Social Responsibility）――企業は利益・利潤を追求するだけではなく、一企業市民として企業を取り巻くステークホルダー（利害関係者）との良好な関係を構築し、経営の中に社会的公正や環境への配慮などバランスの取れた責任ある行動をとっていくという企業理念や考え方を指す。各種法令の遵守、人権擁護、環境保護、消費者保護、労働環境の整備などの分野で、新たに取引を開始するときなど、法律の基準を満たしているかどうかが問われる。そのような中、CSRは企業のリスク回避や企業イメージの向上につながるきわめて重要な企業戦略上の意味合いを深めつつある（藤江俊彦編著〔2006〕258頁を一部修正）。

　ソーシャル・マネジメント（Social Management＝社会的経営）――脱産業・近代化（ポスト・モダン）社会へのパラダイム・シフトの中で、営利・非営利いずれの経営体にとっても新たな社会的価値を創造する経営の考え方・手法が求められ、その総称をいう。基本的には、企業のソーシャル・マーケティングと行政体のニューパブリック・マネジメントとの統合概念である。企業は21世紀前後からIT化、グローバル化、時価評価、環境対応への潮流の中でCSRを強く求められ、ビジネスも需要者と共創するためのリレーションシップ（関係づくり）経営が主流となりつつある。ソーシャル・マネジメントでは、まず直面する問題を社会や利害関係者との持続的対話、コミュニケーションの中から発見、相互作用しながら良好な関係づくりによって、問題解決という価値を実現させるのである（藤江〔2006〕142頁を一部修正）。

　企業市民（コーポレート・シチズンシップ：Corporate Citizenship）――企業も社会を構成する一市民であるという考え方。

　その責任を回避したり、社会のルールに背く行動をとったりすると、市民社会からバッシングを受け、企業存続のリスクとなって跳ね返ってくる。逆に社会的責任を真摯に果たせば、その企業の社会的信頼は高まり、ステークホルダーの評価も得て、ひいては企業価値の拡大にもつながる。

　（一社）日本経済団体連合会（以下、「経団連」）は、企業行動憲章（→図表1-3-1）を制定し、企業が「良き企業市民」として高い倫理観を持って社会的責任を果たしていくとうたっている。

　このように、近年、企業倫理やコンプライアンス、企業の社会的責任は、経営にとって最重要課題となっている。

図表1-3-1 ● 企業行動憲章

企 業 行 動 憲 章
― 持続可能な社会の実現のために ―

一般社団法人 日本経済団体連合会
1991年9月14日　制定
2017年11月8日　第5回改定

企業は、公正かつ自由な競争の下、社会に有用な付加価値および雇用の創出と自律的で責任ある行動を通じて、持続可能な社会の実現を牽引する役割を担う。そのため企業は、国の内外において次の10原則に基づき、関係法令、国際ルールおよびその精神を遵守しつつ、高い倫理観をもって社会的責任を果たしていく。

（持続可能な経済成長と社会的課題の解決）
1. イノベーションを通じて社会に有用で安全な商品・サービスを開発、提供し、持続可能な経済成長と社会的課題の解決を図る。

（公正な事業慣行）
2. 公正かつ自由な競争ならびに適正な取引、責任ある調達を行う。また、政治、行政との健全な関係を保つ。

（公正な情報開示、ステークホルダーとの建設的対話）
3. 企業情報を積極的、効果的かつ公正に開示し、企業をとりまく幅広いステークホルダーと建設的な対話を行い、企業価値の向上を図る。

（人権の尊重）
4. すべての人々の人権を尊重する経営を行う。

（消費者・顧客との信頼関係）
5. 消費者・顧客に対して、商品・サービスに関する適切な情報提供、誠実なコミュニケーションを行い、満足と信頼を獲得する。

（働き方の改革、職場環境の充実）
6. 従業員の能力を高め、多様性、人格、個性を尊重する働き方を実現する。また、健康と安全に配慮した働きやすい職場環境を整備する。

（環境問題への取り組み）
7. 環境問題への取り組みは人類共通の課題であり、企業の存在と活動に必須の要件として、主体的に行動する。

（社会参画と発展への貢献）
8. 「良き企業市民」として、積極的に社会に参画し、その発展に貢献する。

（危機管理の徹底）
9. 市民生活や企業活動に脅威を与える反社会的勢力の行動やテロ、サイバー攻撃、自然災害等に備え、組織的な危機管理を徹底する。

（経営トップの役割と本憲章の徹底）
10. 経営トップは、本憲章の精神の実現が自らの役割であることを認識して経営にあたり、実効あるガバナンスを構築して社内、グループ企業に周知徹底を図る。あわせてサプライチェーンにも本憲章の精神に基づく行動を促す。また、本憲章の精神に反し社会からの信頼を失うような事態が発生した時には、経営トップが率先して問題解決、原因究明、再発防止等に努め、その責任を果たす。

出所：（一社）日本経済団体連合会ホームページ

2　企業倫理

（1）企業倫理の意義

　近年、続発する企業、官庁、病院などにおける不祥事について、経営の姿勢や取り組みの原点から反省が求められている。公共事業にからむ贈収賄、欠陥商品のリコール隠し、粉飾決算、経営者の企業の私物化など生活者市民や株主の信頼を裏切るような事件・事故が多発し、一般

社会が企業を見る目は厳しくなっている。そこで論議されるようになっ
たのが、企業の社会的責任の根本である<u>コンプライアンス（法令遵守）</u>
Key Word や企業倫理（コーポレート・エシックス：corporate ethics）で
ある。

　企業倫理とは文字どおり、企業が社会的に遵守すべき道徳、道義に関す
る規範である経営倫理とほぼ同義的に用いられている。日本では、1980
年代に証券会社の損失補てんが社会問題化したことに始まり、1991（平
成３）年に経団連（制定当時の名称は（社）経済団体連合会）が「企業行
動憲章」を制定し、企業に高い倫理観を求めている（→図表１-３-１）。
また、企業みずからが倫理委員会を設けて企業倫理綱領などを作成する
例も増加している。最近は、インターネット環境の充実によって、企業
倫理プログラムや行動憲章などを自社のウェブサイト（ホームページ）
に掲載し、対外的に情報発信するようになってきた。

（２）企業倫理の具体的な基準策定の考え方

　企業倫理を事業活動に沿って実行に移すにあたり、具体的にどのよう
な項目で基準を策定すればよいのだろうか。企業倫理の基準を策定する

Key Word

コンプライアンス（Compliance＝法令遵守）──一般に法令と倫理の遵守を意
味する。企業においては法令遵守の管理体制を指すことが多い。一般的にコン
プライアンス・プログラムを策定して実施する。実施理由は、企業や事業体が
企業倫理に反することを未然に防止するねらいがある。社会の公器である企業
が営業活動やその他の経営活動において、経営者や従業員が一個人、一企業市
民として遵守する道徳規範・行動基準を、あらかじめ明確にルール化しておく。
わが国における企業の不祥事が絶えないのは、リスクマネジメントの欠如と末
端組織までコンプライアンスが浸透していないからだといわれている。そのた
めには、ガイドラインやマニュアルの作成など構成メンバーに対する教育、研
修、牽制できるチェックシステム体制が望まれる。社会的責任を果たすための、
コンプライアンス優位の企業風土が求められる（藤江〔2006〕96頁を一部修正）。

には、対象となる企業の規模や事業内容などによっても異なるが、企業が社会に対して果たすべき責任を知ることで、企業倫理の策定基準についての考え方を理解したい。

　嶋口充輝氏は、企業の社会的責任の領域を同軸の３つの円として分類している（→図表１-３-２）。まず、「基本責任」は自己利益動機による相互同意型価値交換の推進、「義務責任」は価値交換システムの内外部不経済を排除する義務であり、「支援責任」は、より長期的な企業の社会的責任投資のことである。これら３つの責任をよりわかりやすく、具体的に解説すると、次のとおりである。

１）基本責任

　企業活動の根幹であるビジネス取引において、双方が納得し、合意し

図表１-３-２●企業の社会的責任の領域

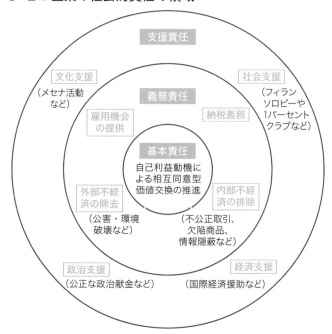

出所：嶋口充輝〔1994〕156頁

たうえで公正な取引を行わなければならないという企業本来の義務（本業に徹する社会的責任）。

2）義務責任

- 業務プロセス、会計処理、取引などで不正を行わない義務（内部不経済の排除）
- 顧客や株主などが不利益を被らない十分な情報の開示をし、説明を求められたときはわかりやすく明快に答え、投資判断に有効な資料などを提供する義務（内部不経済の排除）
- 乱開発など環境破壊、大気汚染や有害物質の発生および廃棄物の不法投棄などの公害、動植物や昆虫等の乱獲などあらゆる生態系の破壊をしない義務（外部不経済の除去）
- 男女、人種、年齢、出身地、出身階層、学歴、容姿、身体的障害などを超えた雇用機会の提供をする義務
- 国や地方自治体への納税義務

3）支援責任

- 文化施設、スポーツ、映画、演劇、美術、音楽など文化活動に対する支援
- 環境保全、国際交流、地域、福祉、教育、学術研究などの社会活動への支援
- 合法的政治献金などによる政治活動への支援
- 発展途上国への経済援助などの経済支援

これら3つの責任を自社の事業や経営の方針に沿って着実に果たし、長期的に応分の社会的問題の解決に貢献して、社会との信頼関係づくりを実現するのである。実際の基準策定には、企業の規模や事業内容などを吟味したうえで、まず「基本責任」と「義務責任」を果たし、それを踏まえて、自社で可能な範囲の「支援責任」を果たせるようにすることが重要である。

事業活動で必須となる「基本責任」とそれに伴う「義務責任」が十分に果たせていない中での文化支援や社会活動などの「支援責任」は、そ

の意義を持たない。表面的な取り組みで広報効果をねらっても、社会からの評価は得られないのである。

3　地球環境問題への対応

（１）地球環境問題と環境問題に関する法律

　企業の地球環境への経営対応は世界的に重要な課題となっている。なぜなら地球環境は、われわれ人間の社会・経済活動の源泉だからである。しかし、近代産業社会の発展は企業の利益を優先するあまり、社会や環境との調和を乖離させてしまったといえる。

　「環境白書（平成29年版、平成30年版）」では、人間の活動が地球システムに及ぼす影響を客観的に評価する方法の１つとして、地球の限界（プラネタリー・バウンダリー）という考え方を紹介している。地球の限界は、人間が地球システムの機能に９種類の変化を引き起こしているという考え方に基づいている。この９種類の変化とは、①生物圏の一体化（生態系と生物多様性の破壊）、②気候変動、③海洋酸性化、④土地利用変化、⑤持続可能でない淡水利用、⑥生物地球化学的循環の妨げ（窒素とリンの生物圏への流入）、⑦大気エアロゾルの変化、⑧新規化学物質による汚染、⑨成層圏オゾンの破壊である。これらの項目について、人間が安全に活動できる範囲内にとどまれば、人間社会は発展し、繁栄できるが、境界を越えることがあれば、人間が依存する自然資源に対して回復不可能な変化が引き起こされることとなる。

　日本においても国や地方自治体だけでなく、企業や国民が一丸となって地球環境を守るためのさまざまな取り組みを行う必要がある。1993（平成５）年に成立した環境基本法は、日本の環境政策の最も重要な法律である。同法１条には環境の保全について基本理念を定め、国、地方公共団体、事業者および国民の責務を明らかにすることが明記されている。同法８条には事業主の責務として、公害防止と自然環境の保持、適正な廃棄物処理、廃棄物の発生抑制・再使用・再資源化、国や地方自治体の

環境保全施策への協力が定められている。また、環境基本法を受けて、循環型社会形成推進基本法が制定され、さらには廃棄物処理法（廃棄物の処理及び清掃に関する法律）、資源有効利用促進法、各種リサイクル法、グリーン購入法（国等による環境物品等の調達の推進に関する法律）といった法律がある。企業はこれらの法律を遵守することはもちろん、さらに進んで地球環境を守るための積極的な取り組みが求められる。

（2）地球環境問題に対する企業の取り組み

① 地球環境憲章

　経団連では地球環境問題を踏まえて、1991（平成３）年４月に「経団連地球環境憲章」を制定し、その基本理念を図表１-３-３のように提示し、各企業に環境問題への取り組みを呼び掛けている。

図表１-３-３ ● 経団連地球環境憲章（基本理念・行動指針）

基本理念
企業の存在は、それ自体が地域社会はもちろん、地球環境そのものと深く絡み合っている。その活動は、人間性の尊厳を維持し、全地球的規模で環境保全が達成される未来社会を実現することにつながるものでなければならない。 　われわれは、環境問題に対して社会の構成員すべてが連携し、地球的規模で持続的発展が可能な社会、企業と地域住民・消費者とが相互信頼のもとに共生する社会、環境保全を図りながら自由で活力ある企業活動が展開される社会の実現を目指す。企業も、世界の「良き企業市民」たることを旨とし、また環境問題への取り組みが自らの存在と活動に必須の要件であることを認識する。

行動指針
持続的発展の可能な環境保全型社会の実現に向かう新たな経済社会システムの構築に資するため、以下により事業活動を営むものとする。 **1. 環境問題に関する経営方針** 　すべての事業活動において、(1) 全地球的な環境の保全と地域生活環境の向上、(2) 生態系および資源保護への配慮、(3) 製品の環境保全性の確保、(4) 従業員および市民の健康と安全の確保、に努める。 **2. 社内体制** (1) 環境問題を担当する役員の任命、環境問題を担当する組織の設置等により、　社内体制を整備する。

（2）自社の活動に関する環境関連規定を策定し、これを遵守する。なお、社内規定においては、環境負荷要因の削減等に関する目標を示すことが望ましい。また、自社の環境関連規定等の遵守状況について、少なくとも年1回以上の内部監査を行う。

3. 環境影響への配慮

（1）生産施設の立地をはじめとする事業活動の全段階において、環境への影響を科学的な方法により評価し、必要な対応策を実施する。

（2）製品等の研究開発、設計段階において、当該製品等の生産、流通、適正使用、廃棄の各段階での環境負荷をできる限り低減するよう配慮する。

（3）国、地方自治体等の環境規制を遵守するにとどまらず、必要に応じて自主基準を策定して環境保全に努める。

（4）生産関連資材等の購入において、環境保全性、資源保護、再生産性等に優れた資材等の購入に努める。

（5）生産活動等において、エネルギー効率に優れ、環境保全性等に優れた技術を採用する。また、リサイクル等により資源の有効利用と廃棄物の減少を図るとともに、環境汚染物質の適正な管理、廃棄物の処理を行う。

4. 技術開発等

地球環境問題解決のために、省エネルギー、省資源環境保全を同時に達成することを可能とする革新的な技術と製品・サービスを開発し、社会に提供するよう努める。

5. 技術移転

（1）環境対策技術、省エネルギー・省資源技術、ノウハウ等について、国内外を問わず、適切な手段により積極的に移転する。

（2）政府開発援助の実施に当っても、環境・公害対策に配慮しつつ参加する。

6. 緊急時対応

（1）万一、事業活動上の事故および製品の不具合等による環境保全上の問題が生じた場合には、広く関係者等に十分説明するとともに、環境負荷を最小化するよう、必要な技術、人材、資機材等を投入して適切なる措置を講ずる。

（2）自社の責によらず大規模な災害、環境破壊が生じた場合にあっても、技術等を提供する等により積極的に対応する。

7. 広報・啓蒙活動

（1）事業活動上の環境保全、生態系の維持、安全衛生措置について、積極的に広報・啓蒙活動を行う。

（2）公害を防止し、省エネルギー・省資源を達成するため、日常のきめ細かい管理が重要なことにつき、従業員の理解を求める。

（3）製品の利用者に対して、適正な使用や再資源化、廃棄方法に関する情報を提供する。

8. 社会との共生

（1）地域環境の保全等の活動に対し、地域社会の一員として積極的に参画するとともに、従業員の自主的な参加を支援する。

（2）事業活動上の諸問題について社会各層との対話を促進し、相互理解と協力関

　　係の強化に努める。
9. 海外事業展開
　海外事業の展開に当っては、経団連「地球環境問題に対する基本的見解」（平成２年４月作成）に指摘した10の環境配慮事項を遵守する。
10. 環境政策への貢献
（1）行政当局、国際機関等における環境政策の手段・方法が合理的かつ効果的なものとなるよう、事業活動において得られた諸情報の提供に努めるとともに、行政との対話に積極的に参加する。
（2）行政当局、国際機関等における環境政策の立案や消費者のライフスタイルのあり方について、事業活動上の経験をもとに合理的なシステムを積極的に提言する。
11. 地球温暖化等への対応
（1）地球温暖化問題等について、その原因、影響等に関する科学的研究、各種対応策の経済分析等に協力する。
（2）地球温暖化問題など科学的になお未解明な環境問題についても、省エネルギーや省資源の面で有効かつ合理性のある対策については、これを積極的に推進する。
（3）途上国の貧困と人口問題の解決等を含め、国際的な環境対策に民間部門の役割が求められる分野で積極的に参加する。

出所：（一社）日本経済団体連合会ホームページ

② 企業の環境問題への取り組み

　環境問題に対する時代の要請という促進要因はあっても、最終的にはそれぞれの企業の意識と実践にかかっている。すでに今日ではサステイナビリティ（持続可能性）を強く求められており、環境への取り組みは企業の存続にかかわるようになっている。そうした中、環境対応に積極的な企業・業界団体では、時代の潮流に対応していち早く取り組んできた。
　環境経営 Key Word は、事業活動に伴う資源・エネルギー消費と環境負荷の発生をライフサイクル全体で抑制し、事業エリア内での環境負荷低減だけでなく、グリーン調達や環境配慮製品・サービスの提供等を通じて持続可能な消費と生産を促進する。その結果、持続可能な社会の構築が進み、さらに環境配慮型製品・サービスの市場が拡大していく。こうした環境と経済の好循環を志向する戦略的対応に成功すれば、企業は持続可能な社会の構築に貢献するだけでなく、競争優位なポジションの獲

得によってみずからの市場競争力を強化することが可能になる。

　環境経営を体系的・継続的に実行するシステムを、環境マネジメントシステム Key Word と呼ぶ。上場企業などでは、環境マネジメントシステムが適正に機能しているか企業が独自に環境監査を行い、「環境報告書 Key Word 」として情報開示し、自社の環境経営への姿勢と実績を公表する企業も年々増えてきている。

Key Word

環境経営──地球環境問題が深刻化し、企業も再生・リサイクル商品の開発や環境負荷を軽減する企業活動などが求められており、そうした一連の事業活動を積極的、優先的に行う経営を環境経営という。

環境マネジメントシステム──環境マネジメントシステムについては、「ISO（世界標準化機構）14000シリーズ」が有名だが、環境省が主に中小企業向けに策定した「エコアクション21」などもある。

環境報告書──環境問題への関心の高まりを背景に、環境保全に対する環境経営がにわかに高まってきている。環境報告は、企業が事業年度の環境への取り組みを情報開示、公表して説明責任を果たし、社会やステークホルダーからの正当な評価を得ようとするものである（藤江〔2006〕45頁を一部修正）。

第1章　理解度チェック

次の設問に、○×で解答しなさい（解答・解説は後段参照）。

---

1 経営の方向づけをする「経営方針」と、これに即した「経営目標」が立案され、それを達成するための「経営戦略」が策定されると、次に経営戦略に則った計画が必要であり、それが「企業理念」である。

2 経営組織も経営目的を達成するために複数の人で構成され、一緒に働くという観点から「協働システム」といえる。

3 定型的な事項に関する意思決定は、下位者に権限委譲し、非定型的な事項（例外）に関する意思決定は上位者が行うとする原則が専門化の原則である。

4 職能組織というのは、経営トップから一般従業員まで直線的に指示命令がなされる形態で、ピラミッド構造で、指示命令は1人の上司からだけ受ける命令一元性の原則という組織原則が貫かれた組織である。

5 企業倫理とは文字どおり、企業が社会的に遵守すべき道徳、道義に関する規範である経営倫理とほぼ同義的に用いられている。

第1章　理解度チェック

1 ×
企業理念はその企業の考え方や価値観であり、経営目標を達成するための経営戦略に則った計画が「経営計画」である。

2 ○
人間が1人でできることは限られている。経営組織も経営目的を達成するために複数の人で構成されるという意味で組織の1つである。複数の人が一緒に働くという観点から考えれば「協働システム」といえる。

3 ×
設問は、「例外の原則」である。組織効率を上げるためには、専門化することが有効であり、限定された領域の職務に専念させれば習熟効果が期待できる。これが専門化の原則である。

4 ×
設問は、「直系組織」の説明である。職能組織は、専門化の原則に基づいて構築される形態であり、直系組織の場合には管理職に万能が要求されるが、それぞれ専門分野を持つ管理職を配置して1人が複数の管理職から指示命令を受ける形態である。

5 ○
企業みずからが倫理委員会を設けて企業倫理綱領などを作成する例も増加えている。最近は企業倫理プログラムや行動憲章などを自社のWebサイトに掲載し、対外的に情報発信するようになっている。

┃ 参考文献 ┃

嶋口充輝『顧客満足型マーケティングの構図』有斐閣、1994年

藤江俊彦編著『広報PR & IR辞典』同友館、2006年

市川彰・名取修一編著『現代経営学要論』同友館、1994年

P. F. ドラッカー、上田惇生翻訳『エッセンシャル版 マネジメント』ダイヤモンド社、2001年

そのほか行政機関、各種団体、会社等の多くのホームページやサイトを参考にした。

総務管理の基礎

この章のねらい

　日本の企業ではあたりまえに存在する総務部門だが、欧米の企業にはこれに相当する組織単位はみられないという。日本の企業においても、総務部門の役割は一義的に決まっているわけではない。企業規模が小さければ、総務部門が人事や経理についても担っていることがある。一方、大企業では、総務部とは別に法務部、広報・IR部、秘書室などが設けられていることも多い。

　したがって、総務部門をひとくくりにすることは難しいが、第1節では多くの企業において総務部門が担っている一般的な役割・機能を確認する。

　続いて第2節から第5節までは、総務部門が各部門を束ねるための管理業務について学ぶ。第2節は会議、第3節は社内規程、第4節は文書管理、第5節は文書・荷物の受・発送管理である。これらの管理業務は企業経営の基盤となるとともに、業務の円滑な遂行に欠かせないものとなっている。総務部門が各部門と調整しつつこれらの管理業務をきめ細やかに抜かりなく行うことで、企業全体が一体となって事業を進めることができるといえよう。

第 **1** 節 # 企業経営における
総務部門の組織と機能

◆企業における総務部門の位置づけと果たすべき役割について
理解する。
◆ゼネラル・スタッフとしての総務部門の備えるべき機能を理
解し、実務に生かせる能力を身につける。
◆総務部門の合理化の進め方に関する知識を理解し、アウトソー
シングを含めた解決策を学ぶ。

1 総務部門の組織と機能

（1）総務部門の位置づけと機能

① 総務部門の位置づけ

　総務部門は、いわゆるゼネラル・スタッフである。ゼネラル・スタッフとは、もともとは将軍の杖という意味だ。企業における将軍はいうまでもなく経営者であるから、杖のように経営者を補佐するのが総務部門になる。

　また、企業を扇にたとえれば、扇を構成する1枚1枚の羽が営業や製造といった部門に該当する。扇の目的は風を起こすことであり、企業の目的は存続するための収益を上げることになる。「いかに効率的に風を起こすか」は1枚1枚の羽が中心の要という留め金できちんと留められていることであり、また羽どうしがしっかりとつながっていることである。その役割を果たすのが総務部門であり、まさに扇の要なのである。

② 総務部門の機能

　「総務部門がどのような機能を持つか」は経営者の考え方によっても変わってくるが、総務部門はゼネラル・スタッフとして位置づけられ、第一義的には経営者を補佐する機能を持つ。

　そのほか、扇の1枚1枚の羽をつなぐ部門間調整機能、従業員が働きやすい環境を整える社内活動支援機能、全社的な対外活動を行う対外折衝機能、事業の基盤となる資産を整備保全する企業の資産管理機能などを持っている。これらの機能の概略を示せば次のようになる。

1）経営者補佐機能

　この機能は、経営者が業務を遂行する際にこれを補佐することだが、実際は本来経営者が行うべき業務まで代行する場合もある。あくまで補佐であって総務部門に権限があると錯覚しないことが肝要だ。

　経営者補佐機能としての業務として代表的なものは、経営方針や経営計画の策定支援である。これらは、本来すべて経営者自身が担当すべきものだが、多忙な経営者にはこうした方針や計画をじっくりと策定する時間がとれないことが多い。そこで、経営者を補佐する立場にある総務が方針や計画を策定するにあたって必要な基礎的データを収集したり、自社を取り巻く経営環境を分析したりしておくのである。

　こうした資料をもとに、経営者が経営方針や経営計画を最終的に決定する。総務部門はあくまで経営者が方針や計画を決定するための前準備をすることであり、総務部門が決定するのではない。

　ただ、こうした裏事情は他部門には理解されにくく、総務部門が勝手に方針や計画を策定しているのではないか、と非協力的な態度を取られることもあるので留意すべきである。

　また、社内規程の作成・整備も経営者補佐機能の中に含まれる業務である。社内規程は組織的活動を行ううえで不可欠なツールだが、その意義がなかなか理解されていないこともある。特に、規模の小さな企業ほどこの傾向は強い。確かに中小企業の場合には、フレキシブルに動ける組織形態のほうが便利な場合もある。しかし、組織規模が拡大してくる

と、組織運営のルールがなければ業務遂行に混乱を招くので、ある程度
の規模になればルールに基づく組織運営を行わなければならない。この
社内規程も経営者自身がみずからの考えに基づいて作成・整備するとい
うのが基本的なことだが、経営者を補佐する総務部門が全社的にとりま
とめをする役割を担っている。このように経営者補佐機能は、総務部門
の中核をなすべきものである。

さらに、企業が事業を営んでいくうえでさまざまな事件や事故が発生
し、損害を及ぼすケースが見られるが、こうしたリスクを事前に予防す
るとともにその影響を最小限に抑えることが重要である。こうしたリス
クマネジメントも経営者補佐機能の1つである。

また、株式会社においては株式業務も必要となる。株式業務には、株
式の発行、株式総会の開催などがある。株式会社以外の法人でも、それ
ぞれの法人設立の根拠となる法律などに出資や法人の意思決定機関につ
いての定めがあり、それに伴い業務が発生する。こうした業務も経営補
佐機能といえる。

2）部門間調整機能

経営組織を扇にたとえれば総務部門は要に当たる。すなわち、経営者
を中心に各部門を束ねる役目であり、これに代表されるのが部門間調整
機能である。部門間をまたがる横糸の情報や稟議のような縦糸の情報の
受け渡しを行う。このような適時適切な情報のコントロールによって、
組織は効率的に動くことができる。

なかでも稟議の進達は、部門間調整機能の代表的な業務であり、その
進達が滞ると意思決定が遅れるという弊害が生じる。稟議制度をきちん
と機能させるためには、その進め方がポイントであり、進達を担当する
総務部門の役割は重要である。

また、社内の意思決定やコミュニケーションを管理する観点からは、
社内会議の管理も大切である。ここでいう会議の管理とは、会議の運営
管理である。最近は、ホワイトカラーの生産性向上が重要だと指摘され
ているが、そうした側面からも重要である。

3）社内活動援助機能

　社内業務が円滑に運営されるためには、それなりのしくみがなければ
ならない。たとえば、従業員のモラールアップを図るような表彰制度を
設けたり、小集団活動を導入したりすることである。また、社内報の発
行によって、社内のコミュニケーションが円滑になる。

　職場の環境整備も総務部門の重要な役割である。職場環境が良好でな
ければ、従業員が心身ともに健康な状態で働くことはできない。

　さらに、企業には入社式や創立記念式典といった各種の行事がある。
これらの社内行事を主管するのも一般的には総務部門である。こうした
行事を行うのは、従業員の結束力や帰属意識を高めるためでもある。行
事運営の段取りや演出のよしあしがその効果を左右する。

　そのほか社内活動援助機能として、情報システム化が挙げられる。大
企業であれば情報システム部門が専門的に設けられるが、中小企業では
専門的なことは外注し、社内の調整などは総務部門が担うことも多い。

4）対外折衝機能

　対外折衝機能というと、営業活動を思い浮かべがちであるが、総務で
行う対外折衝機能は受付や社外広報などである。受付は、社外の来訪者
が最初に目にする企業の顔である。受付での応対が企業のイメージを決
定づけることからもおろそかにはできない。

　また、社外広報は企業のメッセージを社外に対して伝達することで、
企業の業績に直結する重要な役割である。企業が社会的責任を果たし、
地域社会との良好な関係を維持し、それを積極的にアピールしていくこ
とも求められる。

　このように、総務の行う対外折衝機能は、受付などの日常業務から社
外広報まで幅広いのが特徴である。

5）企業資産管理機能

　企業資産管理機能とは、企業の所有する土地や建物、機械設備などの
資産を管理することである。総務部門で行う資産管理は、資産を整備す
るための手続や資産の保全が中心だが、さらに資産が経営に有効に活用

図表2-1-1 ●知的資産のイメージ図

資本金
従業員数
有形資産等

技術ノウハウ　　特許　　　　　　経営理念

組織力　　ネットワーク　　人材

等々

目に見えにくい無形資産→企業競争力の源泉→「知的資産」

出所：経済産業省ホームページ「知的資産経営のすすめ」

されているかどうかをチェックすることも望まれる。

　また、最近は知的資産も重視されているが、これらは特許やブランド、ノウハウなどの「知的財産」だけではなく、組織力、人材、技術、経営理念、顧客等とのネットワークなど、財務諸表には表れてこない目に見えにくい経営資源の総称である。こうした知的資産を管理する知的資産経営も重要度を増している。→図表2-1-1

③　他部門と総務部門の機能の調整

　一般的には、他の部門が所管しない事項については総務部門の所管とすることが多い。そのため、総務部門はさまざまな業務を担当しているのが実情である。特に全社的な管理については総務が担うため、こうした管理業務は、各部門との間で調整をしながら総務部門が統括する。この場合、各部門がどこまで分担するか、総務部門がどの範囲の業務を担うのかについて調整が必要である。

　たとえば、車両管理では全社的な管理方針を定めるのが総務部門であり、実際の車両の運行管理を行うのは当該担当部門である。この場合、管

理の区分について調整をしておかないと管理が非効率になるうえ、トラブルの発生するおそれがある。同様に、文書管理や事務用消耗品の管理などについても総務部門と当該担当部門との間での調整が必要である。

　そのほか、稟議の手続についても他部門との調整が必要である。経営トップの決裁を仰ぐべき事項を稟議する際に関連部門間の調整が欠かせないが、これも総務部門が担当する。

（2）総務部門の合理化
① 合理化の必要性

　日本企業の場合、製造現場における業務の効率化は進んでおり、それが高い生産性に結びつき、製造業の強さにつながっている。

　一方で、総務部門をはじめとする事務部門の生産性は決して高いとはいえない。よく指摘されるように、労働時間が長いわりにはそれに見合う成果が乏しいのが実情である。逆にいえば、それだけ合理化の余地が残っているのである。また、企業全体の生産性を向上させるためにも、

Column　コーヒーブレイク

《総務部門は日本企業独自の組織単位》

　日本の企業ではあたりまえに存在する総務部門だが、欧米の企業にはこれに相当する組織単位は見られないという。これは、民族性の違いによるものかもしれない。総務という言葉を『広辞苑〔第七版〕』で調べてみると、「会社・団体で全体の事務を統（す）べつかさどること。また、その職あるいは人」と説明されているが、あいまいさがあることは否めない。合理的な考え方をする欧米人の場合、組織を設計するにあたって、こうしたあいまいな組織単位が入り込む余地はない。経営目的を達成するために必要な組織単位が明確な形でデザインされるということである。翻（ひるがえ）って、日本人の場合は白黒をはっきりさせない特性があるといってよいのではないだろうか。そのため、組織設計をする場合にも大くくりの組織単位だけ設けて、残りは総務部門が担うといったやり方が結構多いのではないかと思う。そのほうが日本人に適した設計ということになるのかもしれない。

総務部門の合理化が求められているといえる。

② 合理化のステップ

　総務部門の合理化を考えるにあたっては、まず現状分析を行う必要がある。どこに問題があるのかを的確に把握するのである。そのうえで、解決すべき課題を明らかにする。

　課題を取り上げたら、次に解決するための手段を検討し、いつまでに、どのように実施するかの計画を立案する。その際、達成すべき目標を明確にしておくことがその後の評価を行ううえでも必要である。

③ 合理化の方法

　合理化のための方法は、それぞれの企業が抱えている課題によっても異なる。したがって、一律にこうすればよいという方法があるわけではない。一般的な方法として次のようなことが考えられる。

１）ムダな業務の廃止

　総務部門の生産性が低い理由の１つとして、やるべき業務が明確でないことが挙げられる。そのため、先輩から教わった業務を慣習的に行っているようなケースもある。つまり、「本当に必要な業務であるかどうか」が確認されないまま継続的に行われている可能性があるのである。

　そこで、総務部門の業務調査を行い、本当に必要な業務かどうかを再チェックする必要がある。目的が明確でない業務、やめても影響がないと判断できる業務は廃止すべきである。

２）アウトソーシングの検討

　ムダな業務を廃止すれば本当に必要な業務だけが残る。ただ、それらの業務をすべて内部でやらなければならないというものではない。最近はアウトソーサーと呼ばれる企業が数多く存在し、外部委託することも１つの選択肢である。こうした事業者は当該業務に関する専門的ノウハウを保有していることが多く、内部で行うよりも効率的である場合が多い。

３）業務の改善

　アウトソーシングした後に残った業務は内部で行う。しかし、現在の遂行方法が最適なものとは限らない。当該業務の目的に照らして最適な

遂行方法をゼロから考え直すべきである。いわゆるリエンジニアリング Key Word である。業務改善によって効率化を図るということである。

4）標準化

　業務改善によって効率化を行った後、その方法の標準化を図ることが必要である。誰がやっても同じ品質の仕事ができるようにすることである。これは一度やれば終わりというものではなく、常にムダの発見と業務改善、標準化を繰り返していく必要がある。どんなに改善を行っても完全ということはありえない。

Key Word

リエンジニアリング（reengineering）──BPR（Business Process Reengineering）ということもある。仕事のやり方を、原点に立ち返って見直そうという考え方である。組織や業務フローなどを再設計することで効率化を図ることを目的とする。

第 **2** 節 **会 議**

学習のポイント

◆会議を開催する意義はどのような点にあるのか、また、その
種類や形態の区分について理解する。
◆会議を開催するためにはどのような準備が必要か、会議設営
の方法や必要な備品等について理解する。
◆会議運営の基本的な進め方を理解するとともに、議事録作成
の要領を身につける。

1 会議の意義、目的、形態

(1) 会議の意義

　企業という組織は、複数の人が協働している場である。この組織の運
営にあたっては、当然ながら相互のコミュニケーションが必要になる。
会議は、このコミュニケーションを行うための手段といえ、会議で必要
なコミュニケーションを行うことで組織運営が円滑に進む。会議は企業
の中における神経系統のようなものかもしれない。

　コミュニケーションは単に保有する情報を交換するだけにとどまらず、
その情報についての考え方を説明したり、各自が意見を表明したり討議
を行ったりすることも含まれている。知識や経験等が異なるメンバーが
コミュニケーションを行うことで、相互に影響し合う相乗効果が生まれ
る。近年、ビジネス環境は複雑化してきている。そのような中で問題解
決を図るためには、複数の人の知識や経験を活用することが求められよ
う。専門的技術や経験を持っている人が会議に出席しコミュニケーショ

ンを行うことで、よりよい結論に到達することが期待できる。

　それに加えて、会議によって出席者を動機づけることも可能になる。人間は、みずからが出した結論であれば、それに積極的に取り組もうとするものだ。会議にはこうした効用もあるといえよう。

（2）会議の目的

　会議の目的は、次のように分類することができる。

① 決定

　出席者が意見を述べて討議を行い、決議して何らかの意思決定を行う。

　決定のための会議では、判断に必要な資料を事前に出席者に配付しておき、検討しておいてもらうことがポイントになる。

② 諮問

　諮問というのは、上位者が下位者や識者の意見を求めることである。たとえば、社長が何らかの判断をする場合に、当該事項について専門的な知識を有している者から意見を聞くことが諮問である。

　諮問のための会議は、誰か1人の意見ではなく、一定の範囲の人から意見を聞くために開催する。

③ 通知・伝達・教育

　企業からの連絡事項を伝える場として会議が活用され、定期的に行われることが多い。また、たとえば新規システムの導入や業務方法の変更などの際には、伝達や教育の場として会議が活用されることもある。

④ 情報共有

　部門内や部門間で情報共有することが、事業を円滑に進めるためには欠かせない。たとえば、成功事例を部門内で共有することにより、成功事例の横展開が図れる。また、営業部門が把握している顧客の声を開発部門と共有することで、その声を開発や製造に生かすことができる。逆に、開発部門が持つ技術的な観点を営業部門と共有することで、営業部門の販売促進やアフタフォローに役立たせることができる。

　大きな区分としては以上のようなものだが、そのほかにも調整のための会議や新しいアイデアを出すための会議もある。

　調整のための会議は、たとえば部門間で生じやすい摩擦を解消するために行うものである。調整の会議を行う場合、めざすべき共通の目標を設定し、対立点を明らかにしたうえで、双方が譲り合い納得できる目標達成に向けて進めていくことが大事である。

　アイデアを出すための会議としては、ブレーン・ストーミングの手法を用いるものが代表的だ。この場合、出てきた意見を批判しない、どんなアイデアでも取り上げる、質より量を重視する、といったルールを徹底することがポイントになる。

（3）会議の形態

　会議は、企業においてさまざまな形で開催されているが、ひとくくりに会議といってもその形態は多様である。基本的には参加者が一堂に会して行うのが会議になるが、近年では、遠く離れた場所を通信回線で結んで開催するテレビ会議、Web会議なども少なくない。

　会議をどのような切り口で区分するかは、いろいろな考え方があるが、大きく次のように区分できる。

1）公式、非公式の区分

　企業内で開催される会議でも取締役会や部長会など、組織運営上、公式に開催されるものが「公式会議」である。会議運営方法がルール化され、開催日時が企業のスケジュール表にも記載されているようなものだ。

　それに対して、スケジュール表に記載がなく、必要に応じて随時集まるミーティングや打ち合わせのようなものは「非公式の会議」になる。

2）定期、不定期による区分

　毎月1回といった形で開催されるような会議は「定期的会議」である。たとえば、取締役会は3カ月に1回以上開催することが会社法で義務づけられている。

　一方で、「非定期に開催される会議」もある。特別なテーマや課題を

解決するために必要に応じて開催されるものである。

３）公開、非公開による区分

　たとえば、聴衆がいるパネル・ディスカッションであるとか、バズ・セッション Key Word のような形で討議をするタイプは「公開会議」といえる。

　逆に、聴衆がいない会議は「非公開の会議」になる。企業内における会議は一般的には非公開会議になる。

2　会議運営

（1）会議の準備と会場設営等

①　会議の準備

　会議を成功させるためには、事前の準備が欠かせない。まず、会議の趣旨を明確にしておく必要がある。目的は何か、たとえば、決定のための会議なのか、諮問のための会議なのか、何を議題として議論するのか、ということである。これを明確にすることで、出席者も、議題に基づいた調査を行ったり、みずからの意見をまとめたりすることが可能になる。

　次に、会議の趣旨に基づく出席者の選定である。会議の出席者については、取締役会や部長会のようにそもそも出席者が決まっている会議もあるが、新たに出席者を選定する会議もある。出席者を選定する場合は議題に通じた出席者を選ぶことが大事であるが、出席者の人選が偏ると、会議そのものは円滑に進むことが期待できる一方、新しい発想はなかな

Key Word

バズ・セッション（buzz session）――バズ・セッションというのは、参加人数が多いときに、少人数にグループ分けして議論を行い、グループごとの見解をまとめて報告させる討議の技法である。バズとは、蜂がブンブンと立てる音のことをいう。セッションとは、会議のことだから、蜂がブンブンと音を立てるように会議で議論することといってよいだろう。

か出てこないだろう。会議の目的と議題を踏まえつつ、バランスのよい人選を行うことが求められる。

　また、会議資料などの準備や適切な会議運営に生かすために、出席者の要望や議題に関する知識レベルなどを把握しておくことも重要となる。たとえば、どのような資料のニーズがあるのか、議題に関連する法律的な知識や技術的な知識があるか、といったことである。

　会議開催を決定したならば、開催日時と会場も早めに取り決めておくべきである。急ぎの会議でなければ、出席者が日程調整できるようにゆとりをもって始める。

　会議時間については、会議の内容にもよるが、人間が集中できる時間を考慮すると最長２時間程度が適切であり、２時間を超える場合は途中に適宜休憩を挟むようにする。なお、開始時刻は厳守を徹底することが肝要だ。

　会議の開催通知は、原則、遅くとも１週間前までに案内する。開催通知と一緒に、議題や議事進行を記載した計画書、いわゆるアジェンダを配布すれば、会議運営が効率的になる。

② 会場の設営と備品・機器の設定

　会議を行う場合、その目的や状況を踏まえた会場設営が求められる。出席者の配置は、決定や諮問のための会議では、議長や諮問を受ける上位者を囲む形となるコの字型が、情報共有やアイデア出しの会議では、出席者が等しく向かい合える円卓や四角形が適している。会議の目的が比較的多くの者への通知伝達や教育の場合、出席者数に比して会議場が狭い場合であれば、教室型の配置のほうが適している。

　会議に用いる備品としては、ホワイト・ボードまたは大判の模造紙などが欠かせない。出てきた意見の確認や意見を集約するうえで必要になる。

　最近は、ホワイト・ボードに書いた内容をそのままプリント、またはデータ化してパソコンに転送できるシステムもあり、これらを活用することで、即時に資料の共有をすることも可能となる。

　そのほか、会議で使用する機器としてマイク、プロジェクター、スラ

イド、ICレコーダーなどがある。マイク、プロジェクター、スライドを使用する場合には、これらの機器が備えてあるか、スクリーンまたは投影のための十分なスペースがあるか、会場を定めるときに見落としてはならない。会議によっては、出席者のネーム・プレートや出席者一覧表なども必要になる場合がある。

　また、テレビ会議と比較し、Web会議は、会議システムとパソコン、Webカメラといった簡易な設備で実施可能であるが、音質や画質をはじめシステムの使い勝手がよいか、参加者の設備が整っているか、ということを確認しなければならない。

（2）会議における議長

①　議長に求められる能力と選任方法

　会議において、議長は重要な役割を担っている。会議の秩序を維持しながら議事を進行させるとともに、会議の成果を上げることが求められる。そのため、議長には会議運営に関する知識、会議運営についての技術、また公正さや忍耐強さといった人的資質が必要だとされる。

　誰が議長になるかは、当該会議体の運営規定によって定められていることが多い。場合によっては、会議の中で挙手や投票によって決める場合もある。その場合には仮の議長を選任したうえで、推薦者を挙げてもらい、票決によって決定することになる。

②　議長の役割

　議長は、会議の目的を的確に把握しておかなければならない。そして、その目的達成に向けて会議をどのように進めていくのか、シナリオを描いておくべきである。そのためには議題に関する情報を収集し、整理しておくことが必要となる。

　会議が始まったならば、みずからは討議には参加せず効率的な議事進行をしなければならない。たとえば、参加者には平等に発言の機会があるように配慮しながら、会議の秩序維持の観点から議長が発言の許可を与える。このとき、発言者の名前を議事録に残すために名前を読み上げ

るようにする。また、発言内容を要約したり、議題と関係のない発言は遮断するなど、議事進行を軌道に乗せるように努めなければならない。

（3）会議の運営と進行

① 導入

会議運営は導入ステップから始まる。この段階では、まず、出席者に会議の目的、心構えなどを認識してもらい、動機づけを行う。そのうえで、議題についての説明を行う。アジェンダを事前に通知していたとしても、会議を始めるにあたって再度確認する。これによって、会議に関する出席者の情報レベルを合わせることができる。また、円滑な進行のため、会議の進め方についてもあらかじめ説明する。

② 本論

導入ステップが終われば本論に入ることになる。

討議を活発なものにするためには、効果的な質問をすることが求められる。的確な質問を行うことで、出席者が保有する情報や意見を引き出すことができる。

この質問の方法にもいくつかある。まず、出席者全員に質問を投げかける形の全体質問がある。出席者全員に対して意見を促す方法である。ただ、漠然とした形で質問してもなかなか意見は出てこない。そこで、全体質問をするにあたっては、事前に議題にかかわる問題の整理をしておくべきである。意見が出やすいような形で、より具体的な質問をすることを心がける。

全体質問だと、発言する出席者に偏りが生じるおそれもある。そこで、個々の出席者に対して、指名して質問を投げかける方法もある。個別に発言を求めることになるため、発言の少ない出席者の意見を聞きたいような場合に有効である。この場合、出てきた意見に対して、他の出席者に意見を求める質問方法もある。いわゆるリレー方式である。これは、出席者に順次発言してもらうように質問を投げかける場合にも使われる。

質問方法にはこのようなものが考えられるが、いずれにしても討議が

活発に行われるよう質問のしかたにも工夫が必要である。

　一方で、意見が活発に出てくると、会議があらぬ方向に進んでしまうおそれもある。その場合は、会議の進行を統制する必要がある。この統制方法にも、流れを全体的に統制する方法と、議長と個々の出席者がやりとりしながら個別に統制する方法がある。

③　結び

　本論でしっかり討議が行われたならば、結論に向けて意見を調整しなければならない。まず、さまざまな意見や論点を整理することとなるが、争点を明らかにするため、反対意見や少数意見も尊重しなければならない。そのうえで、出席者の意見を調整して、結論に導いていくことになる。そうした過程を出席者全員が共有するために、ホワイト・ボード等で見える化を行うことが必要となる。

　討論の結果、めざしていた結論が出ることもあれば、努力したにもかかわらず結論に至らないこともある。結論が出た場合には、その内容を出席者全員にきちんと理解させておかなければならない。誤解があると、会議後に無用なトラブルを生じることがあり、決まったことが実施されないおそれもある。また、結論が出なかった場合でも、その理由を明らかにしておくとともに、継続審議なのか、審議打ち切りなのか、あるいは権限のあるものに一任するのか、などといったその後の対応方法について決めておく必要がある。

（4）議事録

　会議の内容によっては、議事録を残す必要がない場合もあるかもしれないが、原則的には会議の経過や決議事項などについて議事録を作成すべきである。

　議事録を作成しておけば、会議で決まったことについて出席者の誤解を防止できる。また、会議出席者以外の者に対して情報を伝えることができるし、記録として残すことで後々の証拠書類ともなる。

　この議事録をどのように作成するかは、それぞれの企業で最も適した

方法をとればよい。

作成にあたっては、討議の経緯、賛成・反対意見、決議事項などを要領よくまとめることが求められる。一般的に議事録に記載すべき事項としては、日時、場所、議題、出席者、資料、議事経過、決議事項、書記の氏名などが考えられる。これについては、あらかじめ書式を定めておくとよい。

なお、議事録の作成は早ければ早いほどよく、書記担当者は、展開に注意しつつ、会議開催中に定めた書式に入力していても差し支えない。遅くとも2、3日以内にはまとめておくようにしたい。

Column ☕ コーヒーブレイク

《さまざまな会議運営の工夫》

会議の効率化や工夫についてはさまざまな取り組みがなされているが、たとえば、座って会議を行わず、立って行うことで会議時間の短縮や短縮化のための資料の準備などの効果が表れた、というものがある。また、AIを会議に使用し会話から重要な単語などをメモとして議事録を作成する、会議の雰囲気を感知しカテゴリー化して会議の生産性を測定する、などといったものもある。

また、Web会議のほか、近年チャットツールも普及しており、投稿の記録のほかデータ等の共有もスムーズに行うことができる。これらのツールによって、遠方の支店やテレワーカーなどとも物理的に集合することなく会議を行うことが十分可能となった。

第 3 節　社内規程

◆社内規程とはどのようなものか、また、社内規程を整備する
意義を理解する。
◆社内規程にはどのような種類や分類、呼称があるのかを知る
とともに、一般的な体系化を理解する。
◆社内規程の主管部門が行うべき社内規程管理事項とはどのよ
うなものかを理解する。

1　社内規程の意義

（1）社内規程とは

　創業間もない小さな企業であれば、社長は社内のすべてを把握し、従
業員も社長とのフェイス・ツー・フェイスの関係で指示を仰ぐことがで
きる。しかし、企業規模が拡大すると、社長のみで経営活動をコントロ
ールすることは困難になり、また、組織間の関係や業務の進め方も複雑
になる。仕事を円滑に進めるためには、組織のルールや定めをつくるこ
とが必要になってくる。

　そのように、企業が効果的・効率的に経営活動を行うために経営目的、
組織の運営、業務のルールや定めを系統的に成文化したものが社内規程
で、いわば企業の法律といえる。

　企業における定めとしては、「規程」以外にも「社是」「社訓」「規則」
「マニュアル」「規準」「規格」「通達」などがあり、その呼称もさまざま
であるが、広い意味でこれらすべてが社内規程に含まれる。また、社内

規程の内容は多岐にわたり、第1章で学んだ経営理念や社是・社訓等の経営方針（→第1章第1節1）、組織や権限を定めた組織規程、業務の管理・運用等を詳細に記した業務マニュアルなども社内規程といえる。

（2）社内規程の意義

社内規程を整備することによって、次のような効果が期待できる。

1）経営理念や経営目的の共有

企業の基盤となる経営理念や経営目的が成文化され、従業員1人ひとりが経営理念や経営目的を共有することが可能となる。

2）経営資源の効果的・効率的な運用

社内規程を整備することは、ヒト、モノ、カネ、情報といった経営資源を効果的・効率的に運用することにつながる。実際の運用が社内規程に従ったものになっているかが重要である。

3）組織体制の明確化

組織規程、職務権限規程等の規程が整備されることにより、社内の各部門の役割や各従業員の職務と権限が明確になり、円滑な組織運営を行うことができる。

4）経営活動の統一性・均一性

業務運営規程、マニュアル等が整備されることにより、職務遂行上で必要とされる判断の基準が明らかになり、仕事を進めるうえでのあいまいさがなくなるので、経営活動の統一性・均一性が確保できる。

5）社内の不正や犯罪の防止

仕事の進め方や業務の流れを明確にすることにより、従業員の勝手な行動を制御できる。また、社内でのチェック・アンド・バランス Key Word を制度化するとともに、コンプライアンス規程など守るべき倫理を明示

Key Word

チェック・アンド・バランス── 権力や権限が特定の部門や管理者に集中することを防ぐため、相互で抑制と均衡を保つこと。

することにより、不正や犯罪を未然に防ぐ手だてとなる。

6）従業員の教育訓練への利用

社内規程は経営目的、組織の運営や業務のルールや定めを系統的に成文化したものなので、従業員の教育訓練の教材としての意味も大きい。

7）作成過程での業務改善

社内規程の間接的な効果として、作成過程で経営の隘路（あいろ）が発見でき、それに伴い経営の合理化や改善、また各組織（部門）間の意思疎通が図れる効果も期待できる。

2 社内規程の種類と体系

（1）法定規程と任意規程

社内規程には、法律で作成が義務づけられている法定規程と、企業が任意の判断で作成する任意規程がある。

法定規程の代表的なものには定款と就業規則があり、法律によって必ず記載しなければならない絶対的記載事項が定められている。また、絶対的記載事項以外にも会社の形態や規模等によって記載しなければならない事項があり、規程を整備する際には注意が必要である。

任意規程は法律による作成の義務はないが、企業が事業を運営するうえで任意の判断で作成する。組織や従業員が守るべき倫理、行動、業務の手続など、社内の管理すべき事項が広く対象となる。当然のことであるが、任意規程であっても、法律の定めに違反したり逸脱することは許されない。

法定規程の代表的な定款と就業規則について、その概要を以下に示す。

① 定款

定款は、会社など法人の組織活動の根本規則であり、いわば法人企業の憲法に当たるものである。法人を設立する場合には必ず作成しなければならない。会社法26条1項には「株式会社を設立するには、発起人が定款を作成し、その全員がこれに署名し、又は記名押印しなければなら

ない」、また、同法575条1項には「合名会社、合資会社又は合同会社（以下、「持分会社」と総称する）を設立するには、その社員になろうとする者が定款を作成し、その全員がこれに署名し、又は記名押印しなければならない」と規定されている。なお、株式会社の設立では、定款は公証人の認証を受けなければならないが、持分会社の設立では認証を受ける必要がない。

定款には、絶対的記載事項と任意的記載事項がある。絶対的記載事項は組織形態によって異なる。株式会社と持分会社の絶対的記載事項は図表2-3-1のとおりである。

図表2-3-1 ● 定款の絶対的記載事項

	株式会社	持分会社（合名会社、合資会社、合同会社）
目的	○	○
商号	○	○
本店の所在地	○	○
設立に際して出資される財産の価額またはその最低額	○	×
発起人（株式会社）・社員（持分会社）の氏名または名称および住所	○	○
発行可能株式総数	○	×
社員が無限責任社員または有限責任社員のいずれであるかの別	×	○
社員の出資の目的（有限責任社員にあっては、金銭等に限る）およびその価額または評価の基準	×	○

注1）持分会社の社員とは、いわゆる従業員ではなく、出資を意味する言葉である。
　2）株式会社の発行可能株式総数については、定款認証時に定めておく必要はないが、会社の成立時までに定款を変更してその定めを設けなければならない。

② 就業規則

就業規則は、事業場で働く労働者の労働条件や服務規律などを定めたものである。労働基準法89条では「常時10人以上の労働者を使用する使

用者は、次に掲げる事項について就業規則を作成し、行政官庁に届け出なければならない」と規定し、就業規則の作成を義務づけている。「常時10人以上の労働者」には、いわゆる正社員や正職員のほか、パートタイム労働者や臨時のアルバイト等すべての者が含まれる。

　事業場の労働者が常態として10人未満である場合には、労働基準法上、就業規則の作成義務はないが、労働条件や職場で守るべき規律などをめぐる事業主と労働者の間の無用の争いを未然に防ぐ意味からも、就業規則を作成することが望まれる。

　就業規則には、いかなる場合でも必ず記載しなければならない「絶対的必要記載事項」と、定めをおく場合には必ず記載しなければならない「相対的必要記載事項」がある（同条）。また、これら以外の事項でも、その内容が法令または労働協約に反しないものであれば任意に記載できる「任意記載事項」がある。→図表２-３-２

図表２-３-２ ● 就業規則への記載事項

絶対的必要記載事項（労働基準法89条）
・始業・終業時刻、休憩時間、休日、休暇、交代勤務における就業時転換 ・賃金（賃金の決定・計算・支払方法、賃金の締切・支払時期・昇給） ・退職（解雇事由を含む）
相対的必要記載事項（労働基準法89条） ・退職手当（適用範囲、退職手当の決定・計算・支払方法・支払時期） ・臨時賃金等（退職手当を除く）、最低賃金額 ・食費、作業用品その他の労働者負担 ・安全、衛生 ・職業訓練 ・災害補償、業務外の傷病扶助 ・表彰、制裁の種類、程度 ・その他事業場の労働者のすべてに適用される事項
任意記載事項 ・絶対的必要記載事項、相対的必要記載事項以外の事項（心得、留意事項等）

（２）社内規程の分類

　社内規程には多様なものがあるが、その内容によっていくつかに分類することができる。社内規程を分類するときに「こうしなければならない」という唯一のルールはないが、ここでは社内規程の中身に応じた一般的な分類として、経営基本規程、経営組織規程、業務運営規程の３種類に分類する方法を提示する。

　なお、社内規程の運用にあたっての拘束順位は一般に次のようになる。

　　経営基本規程＞経営組織規程＞業務運営規程

① 経営基本規程

　経営基本規程は、企業経営の根幹を定めた規程である。言い換えれば、その企業がどのような目的で社会的に存在し、どのような企業理念のもとに、どのように経営を実践していくのかなどを企業の内外に示すものといえよう。この経営基本規程によって、経営方針、従業員の行動指針が明確にされ、企業に求められる社会的責任、ゴーイング・コンサーンと従業員の安寧がどのように保証されているかを知ることができる。

　企業理念、社是・社訓、定款、株式取扱規程、取締役会規程、内部監査規程などがこれに当たる。

② 経営組織規程

　企業の業務は、組織を通して運営される。経営組織規程は、各組織の機能と権限を定めた基本規程である。どのような部門を設置し、従業員がどのような職務権限のもとに何を担当するのかを規定している。

　組織規程、職務権限規程、業務（職務）分掌規程などがこれに当たる。

③ 業務運営規程

　業務運営規程は、企業の業務管理・運用を目的として定めた広範囲にわたる規程である。業務運営規程は、共通規程と部門規程に分けられる。

１）共通規程

　共通規程は、昇進昇格や労働条件など人事労務関係の定め、固定資産管理や文書管理など総務関係の定め、安全衛生や危機管理などリスク管

理関係の定めのように、各部門に共通する管理・運用規程である。

　人事考課規程、就業規則、文書管理規程、安全衛生規則、個人情報保護規程、危機管理規程などがこれに当たる。

２）部門規程

　部門規程は、経理部の経理や決算業務、営業部の営業管理や与信管理、購買部の購買管理、製造部の製造業務や生産管理など、各部門が適切な管理と効率的な業務運営を行うための規程である。

　経理規程、営業管理規程、購買管理規程、製造業務運営規程などがこれに当たる。

（３）規程、規定、規則

　社内規程の名称には「規程」「規定」「規則」などがあるが、どのように使い分けをしたらよいのだろうか。

　「規程」と「規定」は類似語として混同して使用されているが、一般的には、「規程」とは特定の目的のために定められた複数の定め（規定）を系統的にまとめた総体をいい、「規定」とは規程や規則などの個々の条文を指すものである。したがって、系統的にまとまった定めを示すときは、コンプライアンス規程、給与規程のように「規程」を使ったほうが好ましい。

　また、就業規則は労働基準法でこの用語が使用されているため、「就業規程」ではなく「就業規則」としている企業がほとんどである。なお、就業規則は労働基準法に違反する内容を定めることができず、そのことが「規則」という用語に込められている。

（４）マニュアル、規準、基準、規格、通達

　社内の定めには、規程以外にも、業務の作業手順等を定めたマニュアル、事務処理の手法や手続を定めた規準、判定や評価のレベルを定めた基準、標準化のための規格、解釈・判断の具体的な指針を示す通達などがある。これらの呼称は一律ではなく、企業によってさまざまであるが、広義には社内規程に含まれるものである。一般的な拘束順位は次のとお

りである。

　　規程＞マニュアル・規準＞基準・規格＞通達

　なお、マニュアル、規準、基準、規格、通達も、その内容によって、経営基本規程、経営組織規程、業務運営規程に分類することができる。たとえば、人事考課基準や生産マニュアルは業務運営規程に分類されることになる。

　マニュアル、規準、基準、規格、通達の呼称に決まりはないが、一般的な用いられ方は次のとおりである。

① マニュアル

　マニュアル (manual) は、一般的には「手引書」「指示書」または「標準書」などと訳されているもので、日常行われている業務のやり方などの基準を示したものである。

　マニュアル作成の要点としては、

　　・簡潔にわかりやすく書く（項目の整理、箇条書き・短文、図表・絵の挿入など）

　　・熟練者の仕事のコツを詳しく書く（未熟練者と熟練者の仕事のやり方の相違点など）

　　・他の関連業務とのつながりや参考事項を記入する

などが挙げられる。

　マニュアルは業務運営にとってきわめて重要である。マニュアルに沿って仕事をすることにより、生産性が上がり、業務や製品の品質も安定し、労働災害の防止など安全の確保にもつながっていく。また、マニュアルが十分整備されていれば、熟練者から指導を受けたのと同様の効果が期待でき、未熟練者の早期熟練を可能とする。

② 規準

　規準は、主に事務処理の具体的な手法や手順について定めたもので、判断や行動の手本となる規則であり、要領と呼ばれることもある。

　規準が判断や行動の手本となるためには、次のように可能な限り具体

的に記載することが望ましい。

　・何のために行うのか（目的）

　・何を行うのか（内容）

　・いつ行うのか（時期）

　・誰が行うのか（実施者）

　・どのように行うのか（方法）

　・結果を誰に報告するのか（責任者への報告）

　・必要な様式

③　基準

　基準は、判定や評価のためのレベルを定めた、物差しとなるものである。たとえば、昇進基準であれば昇進に必要な人事考課のランク、賞与支給基準であれば賞与支給に必要な出勤率などが記される。

④　規格

　規格は、標準化を図るために、モノや工程などに対して直接または間接に関係する技術的な事項の定めで、スタンダードとも呼ばれる。製造業で用いられることが多い。

　規格は、それが適用される範囲によって、次のように分けられる

　ア　社内規格：企業の内部で適用されるもの

　イ　団体規格：業者間の団体内部で適用されるもの（JEMA〔日本電機工業会〕、ASTM〔米国材料試験協会〕など）

　ウ　国家規格：一国の領土内で適用されるもの（JIS〔日本工業規格〕、ANSI〔米国規格協会〕、DIN〔ドイツ工業規格〕など）

　エ　国際規格：国際的に統一し国際間で適用されるもの（ISO〔国際標準化機構〕、IEC〔国際電気標準会議〕など）

また、規格は、それが規定される内容によって、次のように分けられる。

　ア　製品規格：製品の形状、寸法、品質、機能などを規定したもの

　イ　方法規格：試験、検査の方法、作業標準などを規定したもの

　ウ　基準規格：用語、標準数、単位などを規定したもの

社内で標準化を進める場合は、モノ（ハード）に対するものと、方法

（ソフト）に対するものを区分することが一般的である。

⑤　通達

　通達は、規程やマニュアル、規準、規格等に関し、細目や解釈、判断の具体的な指針を示したもので、社長名で社内全体に行われる社達や各部門の所属長名で関係部署に対して行われる部達などがある。

（5）社内規程の体系化

　企業規模が大きくなるにつれて、社内規程の数も多くなり、適切な管理が難しくなる。新たに必要となる規程の制定や改廃を円滑かつ的確に行うためには、社内規程を体系化しておくとよい。また、従業員が社内規程を活用するときにも、社内規程が体系化されていると、いずれの社内規程を見ればよいかがわかりやすく、便利である。情報化を推進している企業では、イントラネットで従業員が社内規程を閲覧できるようにしており、その場合も規程を体系化しておけば検索しやすい。

　社内規程の体系は、企業によってそれぞれの考え方があるが、体系化の例として、本節 **2** **(2)** の分類に基づき図表2-3-3のように整理した。

3　社内規程の管理

（1）主管部門の設定

　社内規程を適正に管理し、運用するためには、主管部門を明確に定めておく必要がある。企業によっては、部門内規程の管理を各部門にゆだねた結果、業務内容が変更された後も改定が行われず、効力を持たない規程となっていることがある。これでは規程を定めた意味がない。こうしたことを防止するためにも社内規程を統括して管理する主管部門を設定すべきである。

　社内規程の主管部門としては、次のようなことができる部署が望ましく、社内全体の管理業務を担う総務部門や企画部門部等が適している。

　　・企業の経営理念や経営戦略を理解し、社内の組織全体を把握できる

図表2-3-3 ● 社内規程の体系化の例

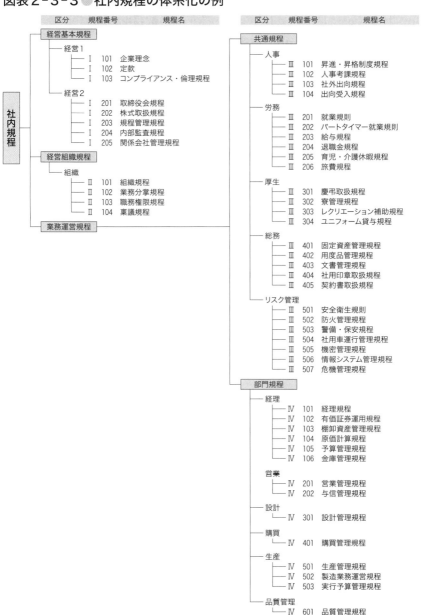

・制定および改廃した規程類を管理し、社内外に周知できる

・社会・経済環境の変化や法律の改正等の情報を察知できる

・規程類の改廃について関係部門に指示できる、または協働して行うことができる

　主管部門だけが社内規程の管理を行うのではなく、適切な管理が全社で行われるよう、主管部門は各部門関係者と連携をとり、推進役、調整役、チェック役になることが重要である。

（２）社内規程の管理事項

　社内規程が本節**1**（２）で前述したような効果を発揮するために、社内規程の主管部門は次のような社内規程の管理を行う必要がある。

① 社内規程の整備

１）社内規程の適時適正な制定・改廃

　社内規程は、法令の施行や改正、社会規範の変化に伴い、適時適正に必要な制定や改廃を行わなければならない。また、社会・経済環境の変化に伴う経営方針や経営戦略、社内組織の変更によっても見直す必要が生じる。適時適正に制定や改廃が行われているかどうかをチェックし、行われていない場合は担当部門に内容の検討を行うように促す必要がある。

２）社内規程の体系化

　主管部門は社内規程を体系化して整理し、規程番号を付して管理を行うことが望まれる。体系化し、規程番号を付すことにより使い勝手が向上する。体系化の例は図表２-３-３を参照されたい。また、体系化とともに担当部門も整理しておくとよい。

３）社内規程の整合性の確保

　社内規程相互に重複や齟齬がないように、チェックする必要がある。関係する規程類（就業規則、給与規定、退職金規定など）を整理しておくとよい。

４）社内規程の統一性の確保

　章立てや文言を統一し、読みやすく、わかりやすい社内規程をめざす

のも主管部門の職務である。

② 社内規程の運用

1）社内規程の周知・活用促進

　社内規程があっても従業員がその存在を知らなければ、ないものと同様である。従業員に周知・徹底して、社内規程が活用されるようにする必要がある。近年は社内規程を電子ファイルとしてサーバー等に保存し、従業員が必要に応じて閲覧できるようにしている場合も多い。ただし、閲覧できる部署や閲覧できる者が限定されている場合は、その公開レベルに注意が必要である。

　なお、就業規則は法令により次の方法により労働者への周知が義務づけられている（労働基準法106条、労働基準法規則52条の2）。

　・常時各作業場の見やすい場所へ掲示し、または備え付けること
　・書面を労働者に交付すること
　・磁気テープ、磁気ディスクその他これらに準ずるものに記録し、かつ、各作業場に労働者が当該記録の内容を常時確認できる機器を設置すること

2）社内規程の適正な運用

　社内規程で定められたとおり運用せずに、形骸化してしまうことがある。企業、従業員双方が社内規程に定められたとおり適正に運用しているかどうかをチェックし、適正な運用を促すことはコンプライアンスの観点からもきわめて重要な任務である。

3）社内規程のリスク防止

　社内規程には、企業機密やノウハウが記載された業務マニュアルなど管理に注意しなければならないものも多い。社外秘の社内規程が漏えいすれば、多大な損害が生じるおそれがある。各社内規程の文書管理が適切であるかどうか、また、定められた管理方法に従って管理されているかをチェックする必要がある。→本章第4節 **1** ・ **2**

　特に、社内規程が電子ファイルとしてサーバー等に保存されている場合は情報のリスク管理が重要である。→第3章第5節 **1**

<table>
<tr><td>第 **4** 節</td><td># 文書管理</td></tr>
</table>

◆オフィスで発生する文書の種類を理解し、適切な管理ができ
　るような知識を得る。
◆ファイリング・システムについての重要性を認識し、その基
　礎となる知識を得る。
◆一般的なビジネス文書についての構成や体裁を理解する。
◆ビジネス文書に関連する印鑑や印紙の知識を得る。
◆帳票管理の基本的な手法を理解する。

1 文書管理

　ひと言で文書といっても、社内には無数の文書が存在している。それ
らの文書を必要なときに必要な形態で利用することができるようにする
のが、文書管理である。

(1) 文書の種類
　文書の種類を理解することは文書管理の基本である。
① 利用目的からの分類
1) 社内文書（伝達文書、連絡文書）
　社内での連絡や伝達のための文書である。社内文書は業務指示や意見
具申のための文書と、連絡を中心とした文書がある。前者は辞令、稟議
書、掲示書、社内マニュアル、就業規則などがある。後者は回覧文書、
依頼文書などがある。

２）社外文書

　取引先に提出する文書である。社外文書は商取引上の文書と、社交上
の文書がある。前者は契約書、注文書、受諾書、納品書など。後者は案
内状、お礼状、見舞状などがある。

② 　状態から見た分類

１）完結文書

　文書の最終形ができ上がっている文書。発送直前の見積書、提出直前
の稟議書、終了したプレゼンテーション資料などがある。

２）未完結文書

　未完成な状態の文書。個人が管理している文書の多くはこれである。
内容を検討中の企画書、数値を入れていない見積書、理由欄が未記入の
休暇届などがある。

③ 　フォーマットでの分類

１）定型文書

　記載される項目やレイアウトがほぼ決まっている文書。

２）非定型文書

　記載される項目もレイアウトも決まったものがなく、臨機応変に作成
される文書。個人的なメモから対外的な企画書まで範囲は広い。

④ 　保管単位での分類

　保管単位が大きくなると管理性は高まるが利便性は低くなる。逆に保
管単位が小さいと利便性は高いが管理がしにくいという、トレード・オ
フの関係にある。

１）個人単位

　個人のデスク内やパソコン内に保管されている文書。

２）部課単位

　部、課、グループなど個人より大きな単位で保管されている文書。

３）全社単位

　原則として全社に１つしかない文書。経理資料、定款、不動産管理簿
などがある。

⑤　媒体での分類

1）紙媒体

コピー、帳票、新聞・雑誌、チラシ、パンフレットなどがある。

2）マイクロフィルム

紙媒体を縮小して写真のように焼き付けたフィルム。ISO（国際標準化機構）やJIS（日本工業規格）で、フィルムの材質や作成方法、品質、そして見読するリーダーの機能、保存方法など、細かく標準化されている。

3）電子媒体

コンピュータで読み書きができる媒体。CD、USBメモリ、DVD、FD、HDDなどがある。テキスト（文面や数値）データとしての保存形式と、イメージ（画像）データとしての保存形式がある。ワープロソフトなどで作成した文書は前者、スキャナなどで読み取った文書は後者である。

⑥　重要度での分類

1）機密文書

企業の存続にかかわる文書や、代替情報がほかに求められない文書のこと。製造マニュアル、研究報告書、経営データ、取引契約書などがある。

2）重要文書

企業活動維持のために必要な文書。重要な判断の材料となったり、企業の活動内容のチェックに用いられる。事業計画、各種基準書、企画書、許認可証書等などがある。

3）有用文書

日常的な業務において使われる文書。注文書、連絡書、稟議書、クレーム対応マニュアルなどがある。有用文書でも内容によっては重要文書扱いとする。

4）普通文書

複数の個人や部署で保有されており、またはメモ的に作成されたものであり、廃棄の対象となってもよい文書。作成目的の終了した文書も含まれる。

⑦　内容による分類

1) 一般文書

　ビジネスで一般的に用いる文書形式の書類や報告書、通信文書のこと。

2) 帳票類

　帳簿類、伝票類、コンピュータ・フォームなどのこと。

3) 図面類

　設計図、工程図、配置図、配管図などの図面類のこと。

4) 資料

　文献類、新聞の切り抜き、広告、カタログ、ホームページを印刷したものなどのこと。

(2) 文書管理の基礎

① 文書管理の必要性

　企業においては日々の業務において大量の文書が発生し利用される。それらの文書が使いにくい状態にあったり、内容が間違っていたりすると、業務に大きな影響をきたすことになる。また、重要な文書が外部に漏えいしたり紛失したりすることにより、社会的信用の損失や損害賠償の発生につながることもある。文書管理は、そのようなことを防止するためのものである。

② 文書管理のポイント

1) 管理責任部門の明確化

　その文書に対して最終的にどの部門が責任を持って管理するのかを決めておくことで、管理レベルを維持しやすくなる。無数の書類の1つひとつに責任部門・責任者を設定するのは現実的ではないので、たとえば「作成部門が管理責任部門となる」というような統一的なルールをつくり、その他、必要に応じて「契約書は法務部で管理する」など文書の種類による細則をつくる。

2) 保管場所の徹底

　文書を効率よく利用するためには、保管場所が決まっていることはもちろん、所定の保管場所に戻すというような基本的なルールの徹底が必

須である。紙媒体だけではなく電子媒体でも考え方は同じである。

３）取り扱いレベルの明確化

機密文書や重要文書など、閲覧や持出を制限する必要がある文書と、制限をかける必要のない文書に分類し、制限が必要な文書には表紙に「持出禁止」などを朱記したり、「社外秘」などの透かし文字を入れて、注意を喚起する。また必要に応じて閲覧・複写・持出等の記録を取るようにする。

４）原本唯一性と複製の最小化

文書の原本は唯一のものとしたうえで管理責任部門が管理するのが原則だが、紛失や毀損に備えて、あるいは会議の手持ち資料として、数多くの複製を作ってしまうことがある。場合によってはどれが原本でどれが複製かがわからなくなってしまったり、機密が漏洩するもとにもなりかねないので、複製は必要最小限にするとともに、必要がなくなれば複製文書を回収・破棄するようにルール化する。

2 ファイリング・システムの考え方

（１）ファイリング・システムの概念

企業では何かしらの活動を起こすたびに、書類が発生している。そして、いくつもの書類の束ができ上がっていく。これらを放置しておくと、間違いなく収納スペースが不足し、保管しきれない書類はとりあえず空いているスペースに仮置きされ、その結果、書類が見つからない、見つけるのに時間と労力がかかる、という非効率的な状態が生じることとなる。

ファイリング・システムとは、そのようなことが発生しないように、書類を一定のルールに従い、分類・整理し、保管から保存、廃棄への流れをつくるしくみのことである。単に書類をファイルにとじるという意味ではない。

ファイリング・システムを導入することにより、「書類を探す時間」「書

類を収納する時間」という人件費面と、「書類を格納するスペース」という管理費面の両方のコストを低減させることができる。

ファイリング・システムには次の３原則がある。

　原本管理：組織内では同じ書類を複数人が持たず、原本のみを管理する。

　共用管理：原本管理された書類を組織内で活用できるように管理する。

　ライフサイクル管理：書類の使用頻度や重要度に応じて、作成、保管、保存、廃棄へと流れるプロセスをつくり、その流れを管理する。

（2）ファイリング・システムの実際

① ファイリング・システムの対象

ファイリング・システムの対象は、オフィスで扱うすべての文書である。したがって、さまざまな材質、形状、利用目的、利用頻度の文書に対してファイリング・システムを検討していく必要がある。

② 保管器具

文書を保管する際に、その形状や利用頻度などに合わせて保管器具を選ぶ。

１）パイプ・ファイル

簿冊式のファイル・バインダー形式の用品。２穴用のものが一般的で多くの書類を１冊に保管することができる。

２）ファイル・ボックス

厚紙やプラスチックなどでできた、個別フォルダをまとめて収納するもの。背面にボックスに関する情報（プロジェクト名、保存期間など）を記載できるものが多い。バラバラな個別ファイルを集約して保管するのに便利。

３）個別フォルダ

１枚の厚紙やプラスチックなどを２つに折った紙挟みのこと。色を使い分けることによって保管書類の分類をすることもできる。バーチカル・

ファイリングにも用いる。バーチカル・ファイリングとは、個別フォルダに挟み、垂直（バーチカル）に立てて管理する方法である。

４）ハンギング・フォルダ

ハンギング・フォルダはキャビネットの引き出しの上辺の両端にぶら下げるためのフォルダである。ハンギング・フォルダに書類を挟んで保管する。なお、ぶら下げて保管する方式をハンギング・ファイリングと呼ぶ。

５）図面・新聞掛け挟み

図面・新聞掛け挟みとは、新聞や図面などの大判の書類を挟んでぶら下げた棒を上辺の両端から出たフックの枠に引っ掛け、ハンギング・ファイリングする器具である。新聞や図面などの大判の書類の保管に適している。

６）キャビネット（引き出し仕様）

主にバーチカル・ファイリング用の文書整理ダンスのこと。スチール製が多く縦型と横型がある。縦型はファイルを手前から奥へ並べていくフロント・ツー・バック（front to back）方式、横型は左から右に向かって並べていくサイド・ツー・サイド（side to side）方式である。

③　文書の発生、保管、保存から廃棄へ

文書は発生して時間が経つにつれて利用頻度が低くなっていく。したがって、利用頻度の高いときはオフィス内の使いやすい場所に収め、利用頻度が低くなってきたら、新しい文書のためにその場所を空けて、少し離れた場所に移動させて保管する。さらに利用頻度が低くなったらオフィス・スペースではなく、保存専用の書庫などへ移す。そして一定期間が過ぎた段階で廃棄となる。

これらのタイミングを上手に管理し実施することが、ファイリング・システムの最大の仕事ともいえる。

（3）一般文書以外の文書の整理

切り抜きや、写真、厚みのあるもの、カタログなどの一般文書以外の

文書は、形状や内容がバラバラで大変整理しにくい。まずは、縮小コピーをしたり台紙に貼り付けたり、あるいはクリア・ファイルに収めるなどにより、書類そのものの大きさをそろえると整理しやすい状態をつくることができる。図面などは折りたたみ方を工夫したり、専用のキャビネットを用意する。

　分類方法は、業務内容だけでなく、発生（収集）時期、キーワード、出典などによるものもあるので、利用と廃棄が行いやすい方法を検討する。また、仕切りやインデックスを用いて、検索しやすいように綴じ込むことも重要である。

　原本ではなくともスキャン等による電子文書での保管でよいものは、データ容量や再現性を勘案した精細度で電子保存することも検討する。

（４）文書の保存期間

　文書には発生→保管→保存→廃棄といったライフサイクルがある。発生した文書は多くの場合、発生から時間が経つとともに利用頻度が少なくなり、保存状態へと移行していく。どれくらいの年月を保存するのかは、法令で定められているものと、企業が任意に定めるものがある。

① 　法令により保存期間の定められている文書

　法令により保存期間が定められている文書の例は図表２-４-１のとおりである。

② 　企業が任意に保存期間を定める文書

　企業内のルールや利用状況などに応じて決める。保存期間の単位は、一般的に１年・３年・５年・７年・10年・永年である。

　保存期間の決定基準としては、商取引に関する文書は商取引の確認が必要となる期間、回覧物は回覧した内容が周知された後１年、その他一般業務に関連する文書は業務での必要性・再利用性がなくなるまでとなる。なお、商取引などの確認が必要となる期間として、消滅時効にかかるまでの期間と考えることができる。消滅時効の期間は、債権者が権利を行使することができることを知ったときから５年間行使しないとき、

図表2-4-1 ●法令により保存期間が定められている文書

分類	文書名	年限	根拠法文
株主総会	取締役会議議事録	10年	会社法371条
決算	貸借対照表	10年	会社法435条、商法19条
関係会社	関係会社投資関係資料	7年	法人税法施行規則59条
庶務	交際費・会議費伝票	7年	法人税法施行規則59条
設備	事務機器備品台帳	10年	商法19条
文書	後納郵便差出票	7年	法人税法施行規則59条
株式	有価証券報告書および添付資料	5年	金融商品取引法25条
人事	入社関係書類	3年	労働基準法109条
給与	源泉徴収票	7年	法人税法施行規則59条
厚生	給食関係領収書	7年	法人税法施行規則59条
保険	社会保険被保険者台帳	2年	雇用保険法施行規則143条、健康保険法施行規則34条
安全衛生	健康診断個人票	5年	労働安全衛生規則51条
貯蓄	預金関係出納簿	10年	商法19条
決算	仕訳簿	10年	商法19条、法人税法施行規則59条
資産	固定資産台帳	10年	商法第19条

もしくは、権利を行使することができるときから10年間行使しないとき（民法166条）である。

3　ビジネス文書の基本ルールと留意点

　社内文書・社外文書を問わず、ビジネスマナーに沿った適切な文書を作成することは業務を円滑に推進するためだけでなく、企業の品格が上がり社会的な信頼を得ることにもつながるものである。

　ここでは、社内文書と社外文書の基本ルールと留意点を見ていく。また、ビジネスコミュニケーションの一般的な手段となった、電子メールの基本ルールも確認する。

（1）ビジネス文書の基本ルール

ビジネス文書の一般的な構成は前付け、本文、付記である。

① 前付（まえづ）け

1）文書番号

文書番号は部署課名あるいはその略称と連続番号。年度などを明示する場合もある。いずれにしても、番号が重複して発行してはならない。

2）発信日付

官公庁への文書は原則元号表記とする。それ以外については、元号とするか、西暦とするかは企業内で統一したほうがよい。曜日があったほ

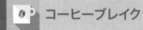

Column　☕ コーヒーブレイク

《廃棄方法》

　書類を廃棄する場合、外部に配布するような文書を除いて、普通文書であっても裁断をするようにする。重要度の高い文書や廃棄すべき書類が多い場合は、溶解や焼却処理をするが、自社での処理よりも専門業者に任せることが多い。その場合、機密保持契約を交わすのは当然だが、重要機密文書であれば裁断してから渡す、溶解・焼却の場に立ち会うといった対策をとればなおよい。

　電子媒体で保存されている文書も基本的には同様に媒体を裁断し溶解・焼却するが、稼働しているパソコンのハード・ディスク内に保存されている文書は通常の削除処理を行っても復活させることができるので、完全消去を行う専用のソフトを使って削除する。

　ただし、ハード・ディスク内は紙などに比べて物理的なスペースをそれほど必要とするわけではないので、廃棄をしなくてもよい文書や画像データなどがそのまま残っているのが現状である。

　しかしながら、そのためにハード・ディスク内に不要な文書がたまり、パソコンの処理速度が落ちたり、必要な文書が見つけられなくなったり、ハード・ディスクの容量が不足してしまったり、という事態も発生するので、どのように管理をするのが自社にいちばん適切かを考えておくことが望ましい。また、クラウドサービスを利用している場合、どのような方法で完全削除がなされるのかをサービス提供会社に確認しておくことも大事である。

うがよい場合もある。

3）受信者名

社外文書なら企業名、部署役職と氏名を2行または3行で記載する。社外文書の場合、企業名を（株）のように省略せずに、「株式会社」のように記すのが正式である。社内文書なら部署役職と氏名を1行または2行で記載する。

敬称のつけ方は次のとおりである。

御中：企業や部署などの組織体のとき

様：個人名のとき

殿：職名のみのとき（例；開発部長殿）

各位：同じ文書を多数にあてるとき

② 本文

1）件名

簡潔な文で、一見して文書の趣旨がわかるようにする。

2）前文

拝啓などの頭語に続いて、時候の挨拶を書く。

3）主文

件名の内容。「さて」「このたび」などで始める。

4）末文

今後の支援や協力を求める言葉をつけて締めくくる。そのあと、結語の敬具など。

③ 付記

・追伸……本文を書き終えたあとで付け加えるときに使う。

・同封物……資料など、同封した内容を一覧にする。

・発信者名……発信元の企業名（社外文書）、部署と担当者名を記す。社外文書では必要に応じて住所、電話番号、メールアドレスも記す。

（2）社外文書の基本ルール

① 社外はすべて「取引先」である

仕入先、販売先の区別なく、「取引先」として丁寧に接する。ただし卑屈になったり、過度に丁寧になりすぎないようにする。

② 構成

前付け、本文、付記の構成。本文は件名、前文、主文、末文の構成。ただし、挨拶状や礼状など儀礼的な文書では件名を入れないこともある。

③ 頭語と結語

近年、一般のビジネス文書では頭語や結語を省略することが多い。ただし、新社長就任の挨拶状、周年記念行事や祝賀会の招待状のように儀礼的な文書では頭語や結語を用いるのが一般的である。

拝啓：一般のときに用いる。結語は「敬具」。

謹啓：丁寧なときに用いる。結語は「謹言」「敬白」。

前略：前文を省略する場合に用いる。末文も省略して、結語は「草々」。

拝復・復啓：返信や回答の文書の場合に用いる。結語は「敬具」「敬答」。

（３）社内文書の基本ルール

① 社内だからこそ明確に

発信先が社内とはいえ、業務を遂行していくために必要な文書であるので、軽んじてはならない。

社内ゆえに、「このぐらいのことは書かなくてもわかるだろう」という気持ちになってしまいがちであるが、これが思わぬトラブルのもととなる。社内ゆえに暗黙の了解とせずに、誤解のないように明確に表現する。

② 構成

前付け、本文、付記の構成。本文では、前文や末文は原則として不要で、件名と主文のみで足りる。本文は「以上」で締めくくる。

（４）トラブルにならない表現

① 合理的に記述

１）５Ｗ２Ｈを記載

Who、What、When、Where、Why、How、How Many/How Much

の５Ｗ２Ｈを用いて正しく伝えられるように心がける。

２）論理的な表現

結論と根拠の関連が明確であり、必要な反証が提示されている。矛盾が生じないように注意する。

３）確認事項は明確に

商用文書の場合、取引の重要事項の確認になるので、特に誤解のないような文章にする。数値、期日、Yes/Noなどは特に明確にする。確認部分は箇条書きや表などにする。返信が必要な場合は、期日や返信先を明記する。

② わかりやすい表現

１）適度な丁寧さ

ビジネス文書は簡潔であることが必要だが、スムーズな人間関係が維持できる程度の丁寧さを欠かさないのが大原則である。特に社外文書の場合は、何げないひと言の有無が取引に影響を及ぼすこともあるので注意する。

２）わかりやすい表現

結論を先に、次に根拠や理由を記す。事実と推測と意見を明確に分類する。主語・述語を明確にし、誤解のないようにする。何通りかの解釈ができるような文章はやめて、あいまいさを取り除く。遠回しな表現や、比喩的な表現をあまり多く用いず、専門用語や難解な用語を使わない。必要に応じてグラフや図表を加える。

３）何をしたらよいかがわかる表現

受信した側が、どのようなアクションを起こすべきかを明確にする。たとえば、返信が必要か、判断が必要か、いつまでに何をしたらよいのかなどがわかることである。

４）表現したい内容に合った図表の選択

図表を用いることで文書の表現力を大幅にアップすることができる。ただし、適切な図表が選択されないと、相手を混乱させてしまうだけでなく、間違ったイメージを与えてしまうので注意する。

円グラフ：全体における各項目の占める比率を示したいときに用いる。
棒グラフ：各項目の差や変化を示したいときに用いる。
折れ線グラフ：時系列などでの数値の変化を示したいときに用いる。
積み上げ棒グラフ：各項目の比率の変化を示したいときに用いる。
表：数値を整理して示したいときに用いる。

（5）文書の控え

社外文書は商用文書でも社交文書でも、発信の履歴を残すとともに発信先からの問い合わせなどに備えて、控えを必ず取り、保管する。また、社内文書は社内の受信者が保管をするが、発信者も個人あるいは部署として控えを保管しておく（文書管理→本節**1**、ファイリング・システム→本節**2**）。

（6）電子メールの基本ルール

電子メールは社内・社外を問わず、ビジネスコミュニケーションの一般的な手段となっている。しかしながら、対面や電話での会話と異なり、表情や話し方などで補うニュアンスが伝わりにくいので、内容の誤解や人間関係の悪化につながる可能性がある。そのため、電子メールの基本ルールとして次のようなことに留意し、スムーズかつトラブルにならないコミュニケーションを心がける。

① わかりやすいタイトル

１日に数多くのメールを処理するので、タイトルを見ただけで、メールの内容、発信者、重要度、求めるアクションなどがある程度わかるようにする。

② あて先・発信者の明記

メール文にあて先、発信者を明記する。それぞれに企業名や所属などを明記することで、なりすましメール等の被害を避けることにもつながる。メールの最後に記載する署名の形式は社内で統一することが望ましい。

③ TO、CC、BCCの適切な使い分け

TO（あて先）、CC（Carbon Copy、参考・情報共有先）、BCC（Blind Carbon Copy＝他の受信者に送信先アドレスを隠す）を適切に使い分ける。CCやBCCの送信先が多くなりすぎると、情報漏えいにつながるリスクが高まるので必要最低限にとどめるように注意する。また、BCCは受信した側がBCCで送られていることに気づかず、全員に返信してトラブルになることがあるので、BCCで送った旨を別途伝えたほうがよい。

④ 適度なかたさの表現

メールで何度かやりとりする場合、「拝啓」や「敬具」等の頭語や結語を記述したり、あまり堅苦しい表現にしないのが一般的で、代わりに「いつもお世話になります」などと記述することが多い。ただし、失礼のない表現を心がける。

⑤ 添付ファイルに関する留意点

書類や図面などをメールに添付することも多いが、ファイルの容量を大きくしすぎないのがマナーである。一般的に3MBが許容範囲といわれている。ファイルの容量が大きいときは、ファイルを分割して送付するか、別途、大容量のファイル送信サービスを利用する。重要なファイルを添付する場合は、パスワード保護、暗号化、タイムスタンプ Key Word などのセキュリティ対策を施す。受信側がファイルの容量制限やセキュリティの制限をかけており受信できない場合もあるので、十分注意する。

⑥ 対面や電話での会話と併用する

込み入った内容や微妙なニュアンスをメールで伝えようとすると、メール作成に時間がかかるだけでなく、相手に正確に伝わらない可能性も

Key Word

タイムスタンプ——タイムスタンプとは、電子データがある時刻に確実に存在していたことを証明する電子的な時刻証明書のこと。PKI（Public Key Infrastructure＝公開鍵暗号基盤）を用い暗号化されている。タイムスタンプによって「確定時刻に電子データが存在していたこと」「確定時刻以降、電子データが不正に改ざんされていないこと」を証明できる。

高くなる。そのような事柄については、対面もしくは電話での会話を主体とし、メールはその補足的なコミュニケーションにとどめる。

　また、何らかの理由によって相手が受信できていない場合があるので、ある程度の時間が経っても返信がない場合は、電話などで確認する（電子メールの活用→第3章第4節 **2** **(3)**）。

4　ビジネス文書に関連する知識

（1）印鑑の種類

　日本ではビジネス文書における印鑑の利用は一般的であり、用途に応じて多様な印鑑が用いられる。

① 実印（代表者印）

　法人名（会社名）と代表者役職名が彫刻された印鑑で、法人の場合、法務局に印影を登記した実印が必ずある。実印は法人（企業）にとって最も重要な印鑑で、重要な契約などの場合は実印を押印し、さらに印鑑証明書 Key Word を添付することがある。

② 角印（社印）

　角印（社印）は、法人名（企業名）を記載した法人（企業）の認印である。四角形のものが多く、注文書や請求書などの社外文書や、稟議書などの社内文書に用いる。

③ 銀行印

　銀行印は、銀行において口座に関する手続を行う際に使う印鑑で、銀行に印影を届け出ることによって不正を防ぐ。経理部門など、使用頻度

Key Word

印鑑証明書——印鑑証明書とは印鑑登録証明書の通称で、個人または法人が印鑑登録（本人が当該印章を所有する証明）したことを証するものである。法人の場合、法務局で印鑑登録を行う。法人の印鑑証明書には、登録された印影と、会社法人等番号、商号、本店所在地、代表者氏名・生年月日が記載されている。

が高い部門が保管していることが多い。

④　認印

認印は、実印以外に、業務上の利便性のために登記されていない印鑑で、法人名（企業名）と代表者役職名が彫刻された認印が存在する場合がある。また、従業員の個人の姓、あるいは姓名が彫刻された印鑑がその従業員の認印として用いられることもある。

⑤　データ印

部署名・役職・日付・氏名などが一体となった印で、「どこの誰がいつ」がわかるためのものである。

（2）署名・記名と印鑑の利用方法

ビジネス文書では、署名・記名や印鑑の利用方法に一定のルールがある。

①　署名・記名

「署名」は当事者本人が氏名を手書きすることであり、「記名」は本人の手書きではなく代筆あるいはゴム印やプリンターなどで氏名を印字することである。

海外では署名が実印と同じ役割を持つ国も多い。また、国内でも外国人で実印がない場合や外国人の氏名など印鑑を作りにくい場合、署名が実印の代わりとして用いられることがある。

②　捺印・押印

署名したものに印鑑を押すことを「署名捺印」といい、「捺印」はその略である。記名したものに印鑑を押すことを「記名押印」といい、「押印」はその略である。

重要な契約の場合、法人では一般的に代表者の署名と実印が用いられる。重要度が低くなると記名押印となり、印鑑も実印ではなく、角印や認印を用いることとなる。

なお、商法546条では「当事者間において媒介に係る行為が成立したときは、仲立人は、遅滞なく、次に掲げる事項を記載した書面を作成し、かつ、署名し、又は記名押印した後、これを各当事者に交付しなければ

ならない」とされている。

③ 割印

割印は２枚以上の書類が同時に作成されたものであることや、同じ内容であることを証明するために、書類にまたがって押された印のことである。

④ 捨印

捨印は文書や記入内容に誤字等の軽微な訂正が必要になった際、文書受領側のみの判断で訂正できるようにするために、あらかじめ欄外などに印鑑を押すものである。受領側が捨印の横に訂正内容を記載することで、作成側による訂正印と同じ効力となる。悪用される危険があるので、信用できる相手でも極力避けるほうがよい。

（３）印鑑の管理

印鑑が押された文書は、印鑑の種類にかかわらず、その内容に合意あるいは承認の意思表示をしたという意味を持つ。それゆえ、印鑑が不正に利用されないように、従業員１人ひとりが使用や保管に注意を払わなくてはならない。特に、実印や銀行印のような重要な印鑑は鍵のかかった場所に保管をし、使用記録を付けるようにする。その他の印鑑でも、重要な契約書や金銭、責任が関連する書類に使用した場合は使用記録を取ることが望ましい。

（４）収入印紙の知識

契約書など、文書の種類によっては、収入印紙を貼る必要がある。

① 収入印紙を貼る必要のある文書

印紙税法により、収入印紙を貼る必要のある文書が定められており、これを課税文書という。課税文書は以下のものである。

　１）印紙税法別表第一（課税物件表）に掲げられている20種類の文書により証明されるべき事項（課税事項）が記載されていること

　２）当事者の間において課税事項を証明する目的で作成された文書で

あること

3）印紙税法5条（非課税文書）の規定により印紙税を課税しないこととされている非課税文書でないこと

文書の種類は1号から20号までに分類されている。たとえば、不動産売買契約書や金銭消費貸借契約書は1号、請負に関する契約書は2号、約束手形や為替手形は3号、株券は4号、売買取引基本契約書、代理店契約書、業務委託契約書などの継続的取引の基本となる契約書は7号、売上代金の領収書は17号となる。

② 収入印紙の額と消印

印紙税額は課税文書の種類および課税事項によって定められている。たとえば、2019（令和元）年6月現在、売上代金の領収書は5万円以上100万円以下の場合、印紙税額は200円となっている。なお、2019年6月現在の印紙税額の最低額は200円、最高額は60万円である。

課税文書であれば、所定の印紙税額の収入印紙を貼り消印 Key Word をする必要がある。収入印紙は文書1通ごとに必要であり、たとえば甲乙で交わす契約書を双方が保有する場合、それぞれの文書に収入印紙を貼らなければならない。

収入印紙を貼っていなかったり、消印をしていない場合は、その文書に必要な印紙税額を基準とした過怠税が徴収されることとなる。どのようなものが課税文書となるかしっかり確認し、課税文書かどうか不明の場合は税務署などに問い合わせをして、適正に印紙を貼るようにしなければならない。

Key Word

消印——印紙・証紙、郵便切手などが使用済みであることを示し、再使用されないために押す印である。印紙とそれを貼った書類等にまたがって押す。

5　帳票管理

　企業では注文書、見積書、売上伝票、在庫一覧など、定型的なフォーマットの帳票が数多く存在する。それらの文書は、特定の目的を達成するためのものであるが、その目的がより確実に、間違いなく達成されるためには、帳票を適切に設定し運用していくことが必要である。

(1) 帳票の設計

①　用紙

　用紙の設計の中心は、用紙サイズと用紙方向である。用紙サイズを検討する際には、帳票に表示される項目数と文字の大きさが重要な要素となる。用紙方向は項目の並び順や情報の読み取りやすさから、縦または横が決められる。

　用紙を色分けすることも、帳票の種類や重要度の判断が容易になるので、適宜カラー用紙を使用する。ただし、微妙な色の違いは作業ミスのもととなるので、明らかに色相の異なる色を使う。

②　項目

　項目の設計は帳票のよしあしに大きく影響を及ぼす。使用する状況や目的、使用者などに応じて、次の点を十分考慮して設計する必要がある。

- ・流れに沿う……業務の手順、判断の流れ、他の帳票との突き合わせなど、作業の流れに沿って項目が並んでいること。
- ・参照しやすく……転記、チェックの際に間違えにくいように工夫されていること。桁や表記方法を合わせる、文字の大きさを合わせる、同じ言葉を使うなど。
- ・書き込みやすく……手書きの記入項目は書き込みやすいように表示項目よりも大きくスペースをとる。数字や記号などは、記入ミスのないように枠を付けたり、記入例を掲載したりする。フリー・ライティング部分を減らすためにチェック・ボックスや選択肢を活用する。
- ・一目でわかる……多くの情報が記載されている場合には、文字や数

字の羅列にならないように、適切なタイトルを付ける。また、情報の区切りがわかるように、罫線、太枠、網掛け、色分けを適宜使用する。

・見やすく……表の場合、どの項目を縦に並べ、どの項目を横に並べるかによって見方や表の意味する内容が変わってくる。見やすく誤解のないようにレイアウトする。また、項目の見出しや数値の小計なども、閲覧者が理解しやすいようにする。

・業務負荷を減らす……作業の流れや他の作業との関連などを俯瞰し、業務全体としての負荷が減るように考慮する。

③　帳票の関連図を作成する

帳票は複数の業務や他の帳票と関連して使用されることが多い。そこ

図表2-4-2 ●帳票関連図

項目の転記元、転記先を矢印で示す。

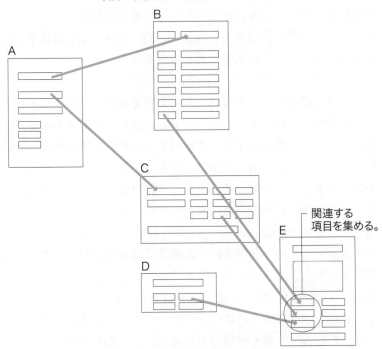

で、それらの関連を表した図を作成し、おのおのの対応や、わかりやすさが実現されるように設計されているかを確認する。→図表２－４－２

（２）帳票の運用

① ライフサイクル管理

　帳票は企業活動において最も大量に発生する文書である。したがって、ファイリング・システムに則った発生から保管、廃棄までのライフサイクル管理の主対象であり、帳票の管理レベルがファイリング・システム全体に影響を及ぼすこととなる。

② 内容のチェック

　出力帳票に記載されている数値などの情報は正しいという前提で、業務が進行している。したがって、帳票に記載されている内容を必要に応じてチェックするプロセスを業務に組み込むことが求められる。

　特に、コンピュータからの出力帳票は誤りがないと信じがちだが、導入直後は計算ロジックの誤りなどによって間違った結果が記載されることがある。また、個人パソコンから出力された帳票も、計算ロジックの埋め込みミスや、コピー＆ペーストのミスで計算式が間違っていることもありうる。

　このため、帳票の項目やレイアウト変更、プログラム変更、年度更新などの際には詳細に内容のチェックが必要になる。ただし、日ごろのルーティン処理まで内容のチェックをすると業務の進行の妨げになるので注意する。

③ 活用度のチェック

　商品構成、組織体制、業務プロセスの変更などで、帳票や項目を更新しなければならないにもかかわらず、慣例的に従前の帳票や項目を使い続けていることがある。

　このような変化が発生した場合は、帳票や項目を再確認し、変更すべきものは変更し、不要なものは削除することが重要である。

　業務プロセスなどに変化がなくとも、帳票や項目が十分に活用されて

いるか、ミスや作業効率低下の要因となっている部分はないかなどを定期的にチェックし、見直すことも求められる。

④　出力帳票の保管

　社内利用の出力帳票は紛失、破損しないように、ルールに基づいてファイリングを行う。種類別・時系列順にファイリングすることが多い。また、保存期限を決めて、必要がなくなれば廃棄する。特に、出力帳票が大量に発生する場合は、保管・保存場所を確保するとともに、ファイリングや廃棄のルールを徹底することが重要となる。

| 第 5 節 | 文書・荷物の受・発送管理 |

学習のポイント

◆郵便や宅配便などの配送手段について、適切な選択が行える
ようにそれらの特徴を理解する。
◆郵便や荷物などの荷受・発送について、適切な管理が行える
ためのポイントを理解する。

1 郵便・配送の知識

（1）信書の送付

　手紙やはがきなどの「信書」は、日本郵便株式会社と総務大臣の許可
を受けた信書便事業者に限って、その送達が認められている（郵便法4
条3項、信書便法）。信書とは「特定の受取人に対し、差出人の意思を表
示し、又は事実を通知する文書」と定義されている（郵便法4条2項）。
具体的には、図表2-5-1のとおりである。なお、貨物の送付と密接に
関連し、その貨物を送付するために従として添付される無封の添え状・
送り状は信書に該当するが、貨物に添えて送付できることとなっている
（郵便法4条3項）。

　民間事業者の信書便事業には一般信書便事業と特定信書便事業がある。
2019（令和元）年11月21日現在、一般信書便事業の許可を受けた一般信
書便事業者は存在しない。一方、特定信書便事業は創意工夫を凝らした
多様なサービスを提供する「特定サービス型」の事業で、「長さ、幅及び
厚さの合計が73cmを超え、又は重量が4kgを超える信書便物を送達す
る役務」「信書便物が差し出された時から3時間以内に当該信書便物を送

図表2-5-1 ● 信書の具体例

■書状
■請求書の類
　【類例】納品書、領収書、見積書、願書、申込書、申請書、依頼書、契約書、照会書、回答書、承諾書、◇レセプト（診療報酬明細書等）、◇推薦書、◇注文書、◇年金に関する通知書・申告書、◇確定申告書、◇給与支払報告書
■会議招集通知の類
　【類例】結婚式等の招待状、業務を報告する文書
■許可書の類
　【類例】免許証、認定証、表彰状
　※カード形状の資格の認定書などを含む。
■証明書の類
　【類例】印鑑証明書、納税証明書、戸籍謄本、住民票の写し、◇健康保険証、◇登記簿謄本、◇車検証、◇履歴書、◇給与支払明細書、◇産業廃棄物管理票、◇保険証券、◇振込証明書、◇輸出証明書、◇健康診断結果通知書・消防設備点検表・調査報告書・検査成績票・商品の品質管理証明書その他の点検・調査・検査などの結果を通知する文書
■ダイレクトメール
　・文書自体に受取人が記載されている文書
　・商品の購入等利用関係、契約関係等特定の受取人に差し出す趣旨が明らかな文言が記載されている文書
　　　　　　　　　※◇印は個々の相談において判断された事例。

出所：総務省ホームページ

達する役務」「料金の額が800円を超える信書便の役務」のいずれかに該当する必要がある（信書便法2条7項）。2019年11月21日現在、特定信書便事業者は500社を超えている。

　企業が信書を送付する場合は、郵便を利用するか、特定信書便事業者の信書便を利用することになる。なお、日本郵便のサービスでも、ゆうパック、ゆうメール、ゆうパケットは荷物の配達のため、添え状以外の信書を送付することはできない。信書を郵便または信書便以外で送ると、配送業者だけでなく、送り主にも罰則規定があるため注意したい（郵便法76条）。

（2）郵便制度および郵便物の知識

① 郵便制度

郵便物は郵便法により定めがあり、第一種から第四種に分けられている。第一種は手紙（定形郵便物、定形外郵便物）、レターパックやスマートレター（特定封筒郵便物、定形外郵便物の一種とされ、信書も送付できる）、第二種ははがき、第三種は定期刊行物など、第四種は通信教育用郵便物などとなる。郵便と呼称できるのは、日本郵便株式会社による送達のみである。

なお、郵便のオプションサービスには以下のものがある。

書留、速達、内容証明、配達証明、配達日指定、配達時間帯指定郵便、郵便局留・郵便私書箱、大型郵便受箱、指定場所配達、着払い、代金引換、料金受取人払、セキュリティサービス、新特急郵便、引受時刻証明、特定記録、交付記録郵便、本人限定受取。

② 選択の基準

いずれの郵便やオプションサービスを利用するかは、次のような基準と料金を照らし合わせて決定する。

・重量、大きさ、形状……封筒に入るか、ダンボールの必要があるか。その際に耐衝撃性も考慮
・緊急度……いつまでに届けばよいのか
・重要度……受領の証明が必要かどうか、品物の保障が必要かどうか、

Column ☕ コーヒーブレイク

《カスタマー・バーコード》

カスタマー・バーコードとは、郵便物のあて先をバーコード化し郵便番号自動読取区分機での処理を効率化するためのバーコードである。

郵便局内で印字される「局内バーコード」や「IDバーコード」とは異なり、差出人が事前に郵便物に印刷する必要がある。差出人はこれを印刷し、かつ一定の条件を満たすことにより料金の割引を受けることができる。

など

③ 料金の支払い

郵便料金にはさまざまな支払い方法がある。業務の手間を考慮して、最適な支払い方法を選択したい。

1）料金別納

10通（個）以上の郵便物を同時に出す際に、個々の郵便物に郵便切手を貼らずに料金別納の表示をして、料金を一括して支払う。切手を貼る手間を省けて便利だが、料金別納の表示は一定のルールがあるので、注意したい。

2）料金後納

1カ月分の料金を翌月に一括払いする。郵便物を毎月50通（個）以上差し出す場合に利用でき、毎月の郵便物が多い場合には便利である。事前に取扱事業所（郵便局）の承認を受け、1カ月間に差し出す郵便物の料金等の概算額の2倍以上に相当する額の担保（現金等）を提供する必要がある。

3）料金計器別納

多種多様な郵便物を大量に発送する場合に利用する。日本郵便株式会社が指定した料金計器を企業が用意し、取扱事業所（郵便局）に料金計器を持参し承認を受ける。郵便物を差し出す際は、郵便物に料金計器の印影を表示して差し出す。郵便料金は、予納または後納とすることができる。後納の場合は1カ月に差し出す郵便物の料金等の概算額の2倍に相当する額の担保を取扱事業所（郵便局）に提供する必要がある。

4）料金受取人払

消費者などに郵便料金を負担させずに郵便物を送付してもらうときに利用する。あらかじめ取扱事業所（郵便局）の承認を受け、所定の表示をした封筒やはがきを消費者などに配布する。100枚以上配布する必要があり、支払いは、料金および手数料を後納とするか配達の際に支払う。

5）国際郵便料金受取人払

海外から日本への国際郵便物の郵便料金を差出人に負担させず、国内

の受取人が料金と手数料を負担する制度である。全世界で取り扱っている。

（3）郵便以外の配送方法

郵便以外にも、信書、信書以外の書類、荷物を送る方法がある。

① 宅配便

荷物を送るときに利用し、配達先の受領確認を行うか、宅配ボックスへの配達となる。1個から大口まで利用可能。配達先への細かい時間指定、ネットでの配送状況の確認、配送伝票発行機の貸し出しなど付加サービスが充実している。添え状以外の信書は送れない。

② メール便

受領確認をしない（ポストへの投函のみ）こと、配送物のサイズを限定していることなどの制限があり、低料金で配達する。広告、カタログ、パンフレットの発送などに便利である。信書は送れない。

③ バイク便

バイクや自転車を使って、ドア・ツー・ドアで、直接届け先に配送する。大都市が中心のサービス。料金は他の方法に比べて割高だが、近距離であれば、最も早く届けられる。特定信書便事業者であれば信書も送れる。

④ 社内便

大きな企業では社内便を有しているケースもある。社内便は利用部門にとってはコストがかからず、大変便利なものであるが、ルールを守らないと企業としてのコスト増大や社員モラルの低下につながる。

また、拠点間の社内便の場合、自社で配達人の教育をしっかりとし、信頼できるようにしておくことがビジネスを支える社内物流の基本である。

そのほかにも次のような点に留意する。

・私信は社内便に乗せない、不要な社内便は極力少なくする、などの利用基準の監督

・巡回ルートや巡回頻度など、物流としてのコスト管理

2 荷受・発送管理

(1) 荷受業務の流れ

　職場に到着した文書や荷物の取り扱いについても、ルールを決めておかないと紛失や誤配などにつながり、業務に支障をきたすことになる。ポストに届いた郵便物や、配達された宅配物などは、記録や管理を正確に行うためにも総務部門が一括して受け取り、それを各部署に分配することが望ましい。

　一般的に荷受業務は、「郵便ポストなどの収受設備を確認する、または荷物を受け取る→受取部署別に仕分けする→受取部署に引き渡す」という流れとなる。

(2) 荷受業務における注意事項

① 収受

　収受の際には次のような点に注意する。

・郵便ポストなどの収受確認は、その時間やタイミングを明確にし、効率的に行う。

・受け取り確認が必要なものは、記録に残す。

・宅配便、速達、書留などはその場で記載されている受取人の確認を行う。

・代引きや着払いは料金を支払う前に必ず受取人に連絡をし、確認を取る。確認が取れない場合は、再配達してもらう。

・誤配の場合は、配送業者にすぐに連絡し、回収に来てもらう。

・取引先などから従業員個人あてに届いた郵便物や荷物で、受取人が退職または転勤している場合は、後任の者にその旨を伝え、後任の者が送付元の取引先に連絡をして、開封可能かどうか確認する。

・メール便など明らかに信書ではなく、封筒を見れば中身が広告やカタログなどであることが判明するものであれば、受取人が退職または転勤している場合であっても受取人が以前に所属していた部署に

回す。

・従業員個人あての年賀状などの私信で、受取人が退職しているとき
　は差出人に返却する。その際に、「この者はすでに退職しておりま
　す」という一文を添える。転勤の場合は社内便などで転送する。

・部署や受取人が未記入の場合は、開封し、受取人（部署代表等）を
　確認する。開封した場合は文書と封筒に受付印を押す。

・収受した郵便物等はすぐにあて先の部署別に仕分けしておく。

② 分配

分配の際には次のような点に注意する。

・紛失を防ぐ、誤配を防ぐような工夫を凝らす。

・分配のタイミングを決めておく（速達、電報など急ぐものは別）。

・受取人が席にいない場合は、所定の位置に置く。その際、部署の責
　任者にそのことを伝えておく。

・重量物などは総務まで取りに来てもらう基準を決める。

（3）発送業務の流れ

　総務部門が各部門あるいは各担当者の発送物を集約して発送する場合、
一般的に発送業務は、「各部門担当者が発送物を所定の集荷場所に持参
する→所定の締切時間に総務が集荷する→郵便ポストへ投函あるいは配
送業者に引き渡す→発送票控え等を各部門に渡す」という流れとなる。

（4）発送業務における注意事項

発送業務においては次の点に注意する。

・発送依頼者に発送記録簿に記入してもらうようにする。総務部門で
　発送する際には発送物と記録簿の照らし合わせを行う。

・宅配業者などとは事前に定時集荷の契約をしておく。

・企業所定の封筒であるか、郵便物の重量や形状などに応じて切手が
　貼られているか、信書がメール便などに混じっていないか、などを
　確認する。

第2章 理解度チェック

次の設問に、○×で解答しなさい（解答・解説は後段参照）。

1 │ 総務部門の担う経営者補佐機能としての業務として代表的なもの
  │ は、経営方針や経営計画の決定である。

2 │ 経営トップの決裁を仰ぐべき事項を稟議する際に、関連部門間の
  │ 調整が欠かせないが、これは総務部門が担当する。

3 │ 会議の導入ステップは、アジェンダを事前に通知しておくことに
  │ より省略することができる。

4 │ 社内規程の分類における業務運営規程とは、どのような部門を設
  │ 置し、従業員がどのような職務権限のもとに何を担当するのかを
  │ 定めた基本規程である。

5 │ 「押印」とは、契約書等に当事者本人が氏名を手書きしたうえで、
  │ 印鑑を押すことである。

6 │ 一般的な荷受け業務の流れは、「①郵便ポストなどの収受設備を
  │ 確認する、または荷物を受け取る→②受取部署別に仕分けする→
  │ ③受取部署に引き渡す」である。

第2章　理解度チェック

1 ✕
総務部門の担う経営者補佐機能としての業務として代表的なものは、経営方針や経営計画の策定支援であり、決定するのはあくまで経営者である。

2 ○
一般的には、他の部門が所管しない事項については総務部門の所管とすることが多く、特に全社的な管理については総務が担うため、各部門との間で調整をしながら総務部門が統括する。

3 ✕
アジェンダを事前に通知していたとしても、出席者の情報レベルを合わせるなどのために議題についての説明を行い、再確認することが必要である。

4 ✕
業務運営規程とは、企業の業務管理・運用を目的として定めた規程であり、説明分は経営組織規程について述べたものである。

5 ✕
「押印」とは「記名押印」の略であり、氏名をゴム印や印刷などの本人の手書き以外の方法で印字したものに印鑑を押すことである。

6 ○
職場に到着した文書や荷物の取り扱いについても、ルールを決めておき、紛失や誤配などのトラブルを防ぐことが肝要である。

| 参考文献 |

藤永伸一『決定版 小さな企業の総務126日カレンダー』明日香出版社、2011年

平松徹『総務・経理の基本実務』中経出版、2006年

会議・打ち合わせ研究会『図解＆事例で学ぶ会議・打ち合わせの教科書』マイナビ出版、2016年

別所栄吾『会議は長いのに、なぜ何も決まらないのか？』日本経済新聞出版社、2013年

吉澤準特『最新 会議運営の基本と実践がよ～くわかる本』秀和システム、2007年

占部都美『経営学入門〔改訂増補版〕』中央経済社、1997年

（一社）日本経営協会『ファイリング・デザイナー』2006年

小嶋経営労務事務所『小さな会社の事務がなんでもこなせる本』日本実業出版社、2006年

高橋幸子『やさしくわかる 総務・庶務と文書管理のしごと』日本実業出版社、2005年

田中昭洋『図解 ビジネス実務事典　総務』日本能率協会マネジメントセンター、2004年

そのほか行政機関、各種団体、企業等の多くのホームページやサイトを参考にした。

業務管理の基礎

この章のねらい

　総務はさまざまな業務を担う部門であり、業務が効率的かつ正確に遂行できるか否かによって企業全体に影響を与える。さらに、業務の推進・管理方式の社内標準ともなるべき部門でもある。これらのことを踏まえ、業務管理の全体像を理解する。

　まずは業務の基本的な知識を整理したうえで、よりよい状態にしていくために必要な業務改善のアプローチを考える。それに関連し、業務効率や正確性の向上に寄与する事務機器・IT機器や情報システムの基本的な特徴を理解しておく。これらについては総務部内の機器だけでなく、全社的な観点で検討できることが求められる。また、他部署からの問い合わせや相談などへの対応も総務として重要な仕事であり、適切に行えるようにする。

　近年は社会的に情報に関するリスクマネジメントが強く求められており、リスクの内容等に関して概観するとともに、関連法規についても理解する。

業務の基礎知識

◆業務を円滑に遂行するための、基本的な知識を得る。
◆円滑な業務遂行を支える事務機器やIT機器について、その導入と管理のポイントを理解する。
◆業務効率を向上させるために、情報システムの導入と情報リスクについての基礎的な知識を得る。

1 業務の基礎

　企業活動には多種多様な業務が伴う。特に総務部門は、縁の下の力持ちとして幅広い範囲の業務を適切かつ短時間に遂行しなければならない。また、総務部門は社内における円滑な業務遂行を推進する立場でもあるので、他部門の手本となるように部員各自が業務改善への高い意識を持って業務を遂行する必要がある。

（1）業務と作業

　業務とは「ある目的を達成するための一連の仕事」、作業とは「業務に必要な諸事」と分けることができる。あるいは「部・課・係・チームなどでくくれる仕事が業務、1人ひとりの行動が作業」ということもできる。たとえば、社内の備品管理にかかわる仕事を包括して「備品管理業務」、備品在庫の確認や払い出しを「作業」という具合である。業務にせよ作業にせよ目的があり、期待される結果を出すことが求められる。

（2）定型業務と非定型業務

業務は、大きく定型業務と非定型業務に分けることができる。

① 定型業務

仕事の内容やタイミングなどがある程度定まっている業務である。たとえば、受付業務や常備品の発注などは定型業務である。

② 非定型業務

その時その時で判断したり、内容が異なる業務である。たとえば、賃貸オフィスの選定や事務機器の故障対応などは非定型業務である。

（3）業務の基本的な流れ

基本的には業務は次のように流れる。

① 業務の発生

業務は何らかのきっかけがあって開始される。きっかけには次のようなものがある。

- ・計画上の開始のタイミングが到来：例）株主総会の準備
- ・上司からの指示：例）「前月の来客一覧を作成せよ」
- ・誰かからの依頼：例）天井からの水漏れ対応
- ・自発的な行動：例）社内懇親会の企画

② 業務の実行

業務の実行とは、その業務で求められる結果を出すために必要な活動をすることである。企業においては複数人あるいは複数部門で取り組むことが多いので、適切に連携しながら遂行する。また、その業務に許される範囲に資源（モノ、時間、お金など）を抑えることも大切である。

③ 業務の完了

求める結果が出たところで業務は完了となる。業務が完了したら、上司に報告するのが本来の流れである。

（4）指示命令系統

企業においては、業務は組織的に行われる。組織が効率的かつ効果的

に活動するためには適切な指示命令系統があり、従業員がそれに則って仕事をすることが大事である。そのための大原則が、「指示・命令は直属直上の上司からのみ受ける」ということである。

たとえば、部・課・係・一般という組織体系において、一般の従業員は自分の属する係の係長からの指示命令以外は受けないのが基本である。上司の側から見た場合、部長は自分の部門の課長にのみ指示を出し、係長以下や、他部門の課長などには直接指示を出さないということである。

もし、直属直上の上司以外からの指示があった場合、その人に対し、自分の上司から自分に指示が来るように依頼する。

また、「部下は上司の指示命令に従う」というルールの根拠は労働契約である。労働契約とは「労働者が一定の労働条件のもとに労務を提供し、それに対し使用者（事業主）が対価（賃金）を支払うことを約束した契約」のことをいう。「労務」は業務目的を達成するための活動であるため、それに必要な指示には労働契約上従う必要がある。

（5）報告・連絡・相談

適切に業務を遂行し、目的を達成するために重要なのが、報告・連絡・相談である。野菜のホウレンソウをもじって「報・連・相」と略される。1人ひとりの従業員が報・連・相を適切に行うことによって、組織としての効果的な活動が行える。

① 報告

報告とは、指示や依頼をした人に対して、状況や結果を伝えることである。たとえば、上司から月曜日に「今週中に前月の来客一覧を作成すること」という指示を受けた場合、水曜日に「20日までの集計が終わっています」と伝えたり、木曜日に「すべて完了しました」と伝えることである。報告は、相手から求められる前に、こちらから自発的に行うことが業務をスムーズに遂行するコツである。

② 連絡

連絡とは、自分が知り得た情報などを、その情報を知っておくべき人

に伝えることである。たとえば、A氏が外出中にA氏あてにかかってきた電話を受けたら、後でA氏に電話があったことを伝える、ということである。

③　相談

相談は大きく3つある。1つは、どうしたらよいかわからないときに誰かにアドバイスを求めることである。たとえば、自分の仕事をより効率化するための方法を先輩に教えてもらう、というようなことである。

2つ目は、自分にはできないこと、あるいは自分以外の誰かが行ったほうがいいと思われることを誰かに依頼することである。たとえば、他部門の人が直接自分に作業を依頼することが多発しているときに、上司にそれをやめてもらうようにお願いをする、というようなことである。

3つ目は、自分に権限のないことについて、権限を有する人に許可をもらうことである。たとえば、既存の観葉植物レンタル業者よりサービスのよい業者をみつけたときに、上司に業者切り替えの許可をもらう、というようなことである。

（6）上申・稟議

部下から上司あるいは企業の上層部へ意見を述べたり提案をすることで、業務がより一層よい状態で遂行できるようになったり、よりよい結果を得られやすくなる。それを組織的に適切に行う方法が、上申や稟議である。

①　上申

上申とは、上司や企業上層部に、意見や状況（特によくない事柄について）を述べることであり、「相談」よりも「訴え」に近い内容の場合が多い。一般的には、口頭ではなく上申書という書面で提出する。

②　稟議

稟議とは、自分や直属の管理職の決定権限を越えるような案件に関して、決定権者に許可を得ることである。一般的には、理由や目的を記載した稟議書を直属の管理職に提出し、そこからさらに上位役職者が順に

チェックしたうえで決定権者を持つ人が最終判断をする。たとえば、執務環境を改善するために全フロアの照明を新しいものに変える、ということを社長に提案するというようなときに行う。

2　手続業務

　手続業務とは、何かを完了させるために定められている一連の作業の流れである。総務部門は企業全体のさまざまな手続を行うだけではなく、各部門の手続を代行することもあるが、ここでは総務の本来の業務について概観する。企業の規模等によっては、人事部門、経理部門などの手続業務を総務部が兼務していることもあるが、ここではそれらの業務は除くこととする。

（1）主な手続

　手続業務には次のようなものがある。

　会議の開催手続、社内規定の制定・改定の手続、自動車や備品等の購入手続、アウトソーシングや外注の手続、オフィスや駐車場等の賃貸借手続、リースやレンタルの手続、会社行事の開催手続、株主総会開催関連の手続、保険の加入・更新手続など。

（2）承認管理

　手続を進めるにあたっては、承認が必要な事項がある。承認者は社内と社外に分けることができ、主な承認者は次のとおりである。

　・社内：当事者本人あるいは家族、管理職、企業の代表者など
　・社外：契約等の相手方、官公庁・自治体など

　それぞれの手続において、誰に承認が必要かを確認し、手続の進捗状況に付随して承認状況を管理できるようにしておくことが望ましい。

（3）期日管理

　手続には期日が定められているものが多い。その期日までに申請や手続などが完了しないと、その業務を完了できないことになる。特に、公的機関の証明書が必要な場合、大量の資料を準備する場合、複数の承認者が必要な場合、相手方とのやり取りが1回では終わらないような場合などについては、手続ごとに、何をいつまでに行わなければならないかを管理しておくとともに、進捗状況を確認し期日を過ぎてしまわないように十分注意する。

（4）手続書類の保管

　手続の多くは、作成→提出→受領→承認という流れになるが、手続の途中で書類の増減や訂正が発生することも珍しくない。したがって、進捗状況を管理しておかないと、どの書類がいま誰の手元にあるのかというのがわからなくなりがちである。また、手続書類がすぐに検索できるように、その手続案件単位に管理番号を振るとともに、一括して関連書類をファイルして保管するなどの工夫が必要である。さらに、相手方で書類をき損したり紛失したりすることもありうるので、相手方に渡す際には控えを取っておくなどの措置も行う。

　いったん手続が完了してからも、定期的に更新手続や確認手続が必要になることも多い。手続が完了した書類は、完了したことがわかるように文書管理の一定のルールに基づいて保管・保存し、手続の更新・確認・解除などの際にそのときの担当者がすぐにわかるようにしておかなければならない。

3　業務管理

　業務管理の基本的な事項を整理し、社内標準として率先して業務の遂行ができるようにしたい。

（1）社内標準としての業務管理

「管理」とはさまざまな定義があるが、「業務管理」は「業務の目的を達成するとともに、それがあるべき状態で遂行されるために行う事柄」ということができる。総務部門の仕事は企業の全部門に関係し、従業員と接する機会も多い。それゆえ、総務部門の仕事は結果だけではなく仕事のやり方も注目されている。したがって、総務部門における業務管理は、社内標準としての内容とレベルが求められるのである。

（2）正確性の担保

社内において「総務の仕事は間違っているはずがない」と認識されていることが、総務部門のあるべき姿である。

① 正確であるべきもの

各部門や従業員から依頼された内容、使用する書類やフォーマット、書類の文章形式や言葉遣い、数字・漢字・日付などである。

② 正確性を担保するもの

正確性を担保するには、「所定の様式を使う」「パソコンで原本をコピー＆ペーストして使う」「ダブルチェックをする」などの方法がある。

「元ネタは間違っているはずがない」「自分が間違っても誰かが直してくれる」などの意識があるとミスが起きやすい。業務にあたる1人ひとりが自分の責任で正確を期することが肝要である。

（3）作業時間の管理

仕事は正確であることが第1ではあるが、時間がどれだけかかってもよいというわけではない。総務部門が最小の時間で効率よく仕事をすることによって、その手法を他部門にも展開し、全社的な効率アップにつながる。

① 標準作業時間を定める

定型業務においては、作業単位あるいは一連の流れの単位で、標準作業時間を定め、それを遵守するとともに、さらに時間を短縮する工夫を

施す。

② 作業時間の記録を取る

　非定型業務は、業務報告書に作業時間を記録し、不適切に時間がかかっていれば部門としてその分析と改善に取り組む。また、似たような業務で時間がばらついている場合は、その原因を分析するとともに標準化の方法を検討する。

（4）進捗管理

　多様な業務を同時に処理する総務部門にとって、作業の進捗管理は重要課題である。

　作業の進捗管理の簡易な方法として、業務が発生した際にそれを一覧表に記載し、定期的にその進捗状況を記録していくのもよい。1人に任せるのではなく部門全体で進行中の業務と進捗が確認できるようにし、必要に応じて余裕がある者や上司がサポートに入ることで、負荷の均一化や品質の確保、納期遅延の防止などにもつながる。

　また、仕事の内容によっては完了時期が想定しにくいものもある。他部門から依頼された業務がそれに該当する場合、依頼者に進捗状況を適宜報告することも、社内の手本として行いたい。

（5）優先順位付け

　総務部門は、部門内で計画的に行う業務だけでなく、他部門からの依頼による「発生業務」が多発する。発生業務を単純に依頼された順に片付けるだけでは、常に目の前のことだけに追われるような状況に陥る。

　発生業務に振り回されず総務部門として計画的に行わなければならない重要業務もあるし、目の前の発生業務を片付けるより発生業務の根本原因を解決することが優先される場合もある。仕事は部分最適ではなく全体最適を図らなければならない。全体最適を図るためには業務の優先順位を付けることが必要となり、そのことにより結果的に業務の正確性や効率性も向上する。

　優先順位は一般的に「重要度（影響範囲）」と「緊急度」の組み合わせで考えられることが多い。「重要度・緊急度ともに高い」業務が最優先されるが、それ以外の業務の順位付けは画一的に判断するのは難しいため、さまざまな社内状況をかんがみて判断できるようにする。

（6）イレギュラー対応

　イレギュラーとは「変則的な」という意味であり、業務においては通常とは違う方法で行ったり、想定外の状況に対応することをいう。発音が似た言葉に「イリーガル（illegal）」があるが、これは「違法、不法」ということであるので間違えないようにする。

　イレギュラーな状況に対応するためには、「経験を積んでいること」「適切な情報を持っていること」という知識面の能力に加え、「冷静に判断できること」「誠実に対応できること」などの人的な能力も必要となる。

　イレギュラーが発生して対応が難しい場合には、1人で抱え込まずに上司や経験者に相談したりサポートを依頼して、適切に対応することが求められる。また、イレギュラー対応の経験を蓄積し、ある程度のイレギュラーは誰もが「想定内」とできるように部門内で情報共有することも大切である。

第 2 節　業務改善

◆企業における業務改善の必要性と基本的な推進方法を理解する。

◆他部門が業務改善を推進するときに適切なアドバイスが行えるための知識を得る。

◆業務改善の推進の概要を理解し、改善内容の定着までのポイントを押さえる。

1　業務改善とは

業務改善とは、業務の「効率化」「正確性向上」「低コスト化」「習熟容易化」などにより、企業全体の事業活動の向上をめざす活動である。

（1）業務改善の必要性

業務改善により、企業は一層高度かつ効率的に事業活動を行うことができるようになる。そのことは従業員の待遇や福利厚生の向上にとどまらず、よりよい製品やサービスを社会に提供するという社会の公器としての役割を果たすことにもつながるものである。

また、自由主義市場においては、「よりよいモノを、より安く、より早く」提供することが競争力の源となり、企業がゴーイング・コンサーン（→第１章第１節**2**）を実現するための必須条件となる。したがって、業務改善は企業がゴーイング・コンサーンを実現するための活動ともいえるだろう。

111

（２）推進役・相談役としての総務部門

　業務改善という活動は、日常の小さな改善から、しくみや手法、システムを大きく変えるものまである。いずれの場合も「もっとよくしていこう」という従業員１人ひとりの意識が原動力となり、全社一丸となって日々推進すべきものである。

　しかしながら、目の前の仕事に忙殺され、業務改善はどうしても後回しになりがちという傾向がある。また、複数の部門や職位が協力することが難しい場合もある。

　このような業務改善の推進を阻む自然な力が組織には存在しており、総務部門はそれを乗り越えて率先して推進していくことが期待されている。なぜなら、全部門や全従業員に何らかの形で接点のある総務部門が関与・推進することにより、客観的・計画的に業務改善を推進し、かつ人間関係の調整も行いやすいからである。

　もちろん、その役を担うためには、総務部門自体が日常的に業務改善に取り組み、成果を出していることが必要となる。

（３）業務改善推進の概要

　ここでは、従業員個人の業務改善ではなく、組織的に取り組む業務改善について、その概要を示す。このような業務改善は、一般的に次のようなステップとなる。

① 問題の認識

　業務における問題にしっかりと目を向けるところから業務改善はスタートする。問題を見つけるには「あるべき姿」と「現状」の比較をすることがヒントになる。たとえば、「各部門からくる備品払い出し依頼の処理が煩雑で間違いも多い」という状況は、「備品払い出しは短時間で間違いなく行われるべき」というあるべき姿から見ると、「時間がかかる」「間違いが多い」という問題があることになる。

② 課題の設定

　課題とは、改善するために取り組むテーマである。つまり、「その問題

を解消するために行うこと」である。1つの問題に対して、複数の課題が存在するのが一般的であり、その関係を解きほぐすことが重要である。また、どの程度問題が解消するのか、どの程度改善するのかという定量的な目標を設定することで、改善策の選定や効果の確認などが行いやすくなる。

③　改善策の検討

改善策とは、課題を解決するための具体的な方法である。たとえば、「各部門からくる備品払い出し依頼書の内容の正確性を高める」という課題に対して、「間違えにくい書式にする」というのが改善策である。

④　改善策の選択

改善策は1つの課題に対して複数考え、それを比較することで最適なものを選ぶことができる。比較の項目としては、「効果の高さ」「実行の容易性」「所要時間」「費用」などがある。1つの改善策が複数の課題解決につながることもあるので、それも考慮して選択する。

⑤　改善の実施

選択した改善策は、その改善実施計画を策定したうえで実行する。計画を策定することによって、実際に必要な事柄や、時間、関係者などが明確になる。また、着手日と完了日を設定することで、先延ばしにしたり、進捗が滞ったままになることも防げる。さらに、計画書を関係部署はもちろん、全社的に公示することで、改善活動への協力も得やすくなるとともに、改善推進の見本とすることもできる。

⑥　効果や結果の確認と見直し

改善策の実施途中で効果や結果が出るときもあれば、完了するまで変わらない場合もある。実施計画があれば、どのタイミングでどの程度の効果が表れるかについてもある程度の予測ができるので、予測と実際の効果を比べ、必要に応じてさらに工夫をしたり、方法を変えるなど、完了日までに確実に目標を達成するように努める。

⑦　改善効果の定着化

改善活動の結果、目標が達成されることは大切だが、それが一時的な

113

状態にならないようにすることも忘れてはならない。そのためには、改善活動がいったん終わった後に、目標として設定したことが維持されているかどうかを一定期間にわたって定期的かつ定量的に確認し、目標値を下回っているようであれば、改めて課題の設定と改善策を検討し、実行する。

2 PDCAサイクル

（1）PDCAサイクルとは

PDCAサイクルとは、業務改善などを進める際に、計画（Plan）、実行（Do）、評価（Check）、改善（Action）を繰り返すフレームワークのことである。以下に、それぞれについて簡単に説明する。

① Plan

目的や目標を設定し、それに必要な事柄について、「いつ、誰が、何をするのか」を定めたものが計画である。

② Do

計画に則って、実行することである。ただし、目的・目標から見て計画とは違うDoを行うこともあるが、その判断は慎重にすべきである。

③ Check

実行した結果の評価である。実行によって想定される状況に至ったかだけではなく、実行そのものが計画どおり行われたか、計画そのものが正しかったか、などの検証も含まれている。

④ Action

Checkの内容を踏まえ次に何をすべきかを検討し、改善活動を行うことである。Actionの直訳は「行動」「活動」であるが、ニュアンスとしては、改善、修正、決定、処置などの意味も含まれる。

Actionで必要なのは、PlanおよびDoの結果が、目的・目標の達成に対して適切であったかという観点であり、目的・目標の達成のために何をすべきかを決めることである。単純に「計画どおりに行う」という意

味ではないので、その点に留意する。

（2）PDCAサイクルの活用

　PDCAサイクルはすべての業務の遂行に有用なフレームワークであるが、特に業務改善を進める際には、大いに活用すべきものである。

　前項で記述した業務改善の推進方法についても、基本的にPDCAサイクルに準拠している。また、ISO（国際標準化機構）規格においてもPDCAサイクルが活用されている。

3 小集団活動と提案制度

（1）小集団活動や提案制度の意義

　組織的に業務改善を推進するための制度として、小集団活動と提案制度がある。ただ、小集団活動や提案制度は業務改善だけが目的ではない。

　企業では上司からの指示や命令で仕事を行うことが多く、従業員は受け身で業務を行うことになりがちである。指示や命令を待っているだけの従業員が増えれば、組織運営や業務上で何か問題が生じても問題が放置されがちである。さらに、外部環境の変化にも適切な対応が難しくなる。

　そのため、小集団活動や提案制度を導入することにより、従業員の自主性を育み、従業員間のコミュニケーションを円滑にし、従業員が常に問題意識を持ち、問題解決に向けて努力するように企業風土を変革していくことが重要となる。

　小集団活動や提案制度を推進するにあたっては、小集団活動や提案制度は組織活性化の1つの手段であることを忘れてはならない。

（2）小集団活動とその推進方法

① 小集団活動とは

　小集団活動とは、企業内の小集団が品質改善や作業能率の向上をめざして行う自主的な活動である。日本において小集団活動が始まったのは

115

1950年代で、当初は製造業で小集団活動が多く見られたが、時代とともにさまざまな業界で取り入れられるようになった。小集団活動の中でも最も代表的なのがQCサークル活動で、小集団活動＝QCサークル活動とみなすことも多い。

QCサークル活動は全社的品質管理（TQC：Total Quality Control）の一環として、5〜6名程度のメンバーによって自分たちの職場の品質改善や生産性向上などに継続的に取り組む活動である。QCサークル活動による品質改善では、分析や改善策の検討に「QC7つ道具」といわれる以下の図表が用いられることが多い。

・パレート図：データを項目別に分類し、項目の値が大きい順に棒グラフを作成し、さらに累積構成比を表す折れ線グラフを追加した図。重要な項目を抽出するために用いられる。
・チェックシート：チェックする項目を決め、記録や確認を行うためのシート。
・グラフ：折れ線グラフや円グラフ、棒グラフなど。視覚的にわかりやすくする。
・ヒストグラム：縦軸に度数、横軸に階級をとったグラフ。横軸に階級をとるため、時間帯別あるいは年代別などの階級で分析するときに便利である。
・特性要因図：特性と要因の関係を系統的に線で結んで（樹状に）表した図。「魚の骨」とも呼ばれる。問題の要因や対策などを分解して分析するために用いられる。
・散布図：縦軸と横軸をそれぞれ別の項目の量をとり、データが当てはまるところにプロット（点を打つこと）したグラフ。2種類のデータの相関を分析する。
・管理図：管理限界線を引き、時系列にデータをプロットして、管理限界内であるか、管理限界を超えていないかを分析するための図。状況安定性や異常兆候などを判断する。

② 小集団活動の推進

　QCサークル活動などの小集団活動は自主的な活動であるが、全社的に小集団活動を導入するのであれば、推進組織を設置することとなる。大企業では、小集団活動を推進する部署を個別に設けることもあるが、そうではない場合は、全社的立場である総務部門などが推進組織となることが多い。

　推進組織は、小集団活動についての広報、研修、活動発表会の開催などを担う。また、小集団活動は上からの指示がなくすべて自主的に行うものであるため、リーダーやメンバーが戸惑うことも多い。そうしたときの相談への対応も推進組織の役割である。

　小集団活動のチームは5〜6名程度の少数メンバーで編成される。少数メンバーで編成するのは、すべてのメンバーの参画を促すためである。メンバーは、小集団活動が行いやすいように労働時間や業務内容などを考慮したうえで決めることが多いが、応募制にする場合もある。メンバーが固定すると、新しい発想が生まれにくくなったり、マンネリ化しやすいので、メンバーの交代もあったほうがよい。

　なお、従業員の自主性を尊重するため、管理職や監督者はメンバーに含めないのが一般的である。メンバーでない管理職や監督者は小集団活動に直接関与せず、後方支援や配慮だけにとどめることを徹底したい。

　過労死をめぐる訴訟で、QCサークル活動が業務として認められたという判例がある。小集団活動は自主的な活動ではあるものの、企業全体で推進する場合、勤務時間外に小集団活動を行ったときは残業代を支給することとなる。

（3）提案制度とその推進方法
① 提案制度とは
　提案制度とは、従業員が経営者や企業の上層部などに直接、業務改善を提案するため制度である。報奨制度や人事考課と組み合わせることで、日ごろから「何か改善提案のネタはないか」という目で仕事を見るようになり、改善意識の高まりが期待できる。また、上司からの指示ではな

く「自分たちが考えたこと」だからこそ、改善内容の実践度が高まる。

② 提案制度の推進

　提案制度は、企業の正式な制度として導入し、全社的立場である総務部門などが推進組織となることが多い。

　提案者は個人もしくは任意グループであり、グループの場合は所属部署の限定はしない。一定の提案様式を用意し、それに記載したものを上司ではなく総務部門などの推進組織に提出する。

　提案期間は通年型や期間限定型などがあり、提案のテーマも自由に決めてよい場合もあれば、ある程度の範囲を絞る場合もある。期間とテーマを決めた例として、繁忙期前の2カ月間に「繁忙期でも定時で帰れるための業務改善アイデアを募集」などがある。いつでもどのようなテーマでもよいとなると、改善のアイデアを発想するためのきっかけがなく、かえって提案が出てこないことがある。そのため、期間やテーマを絞り込むことが行われている。

　提出された提案に対しては、必ずフィードバックを行う。その場合、経営者や企業の上層部からのメッセージとすることが、従業員の提案への意欲を高めるためには重要となる。

　改善効果の高い提案や秀逸なアイデアなどに対しては、何らかの報奨を出す場合もあるが、表彰状や寸志程度が多い。提案内容や提案回数などを一定の基準で評価して、人事考課に加点することもある。

　提案の評価については、公平を期すために、評価項目と評価基準を明文化するとともに、正式な評価委員会を設けることが望まれる。評価委員会のメンバーは上層部だけでなく各部門の中堅や若手を加えることで、部門間や上下間のコミュニケーションがとりやすくもなり、社内の風通しをよくする一助にもなる。

　評価の項目としては、「効果性」「コスト」「難易度」「独創性」などがある。業務改善という視点からは定量的な効果に重きを置きがちだが、提案制度としての目的からすれば、「社員どうしの理解が深まる」などの定性的な効果も評価することが求められる。

（4）推進において考慮すべき事項

① 経営者の積極的な姿勢

　小集団活動も提案制度も従業員の自主性が重視されるものではあるが、企業全体で推進するためには、経営者が制度の導入を表明し積極的な姿勢を見せることが重要となる。たとえば、経営者みずからが小集団活動の発表会に出席して発表に耳を傾ける、すべての改善提案に目を通してフィードバックするといったことが、従業員のモチベーションとなる。

② 従業員の意識の醸成

　小集団活動や提案制度では、従業員1人ひとりが自主的に取り組もうという意識を醸成することが欠かせない。そのためには、社内報やポスターなどによる制度の周知はもちろんであるが、最初のハードルを下げ意欲を高めるための研修会を実施したり、改善活動や改善提案の成果を発表して表彰する機会を設けるなど、さまざまな取り組みが必要となる。

③ 継続は力なり

　日常業務とは異なるこれらの活動は、「業務が忙しい」「該当者がいない」などさまざまな理由で継続が困難になることがある。しかしながら、それを乗り越えて継続してこそ、組織の活性化や業務改善につながる。活動が尻つぼみになったり、いつのまにか立ち消えになっては、企業と

Column ❤️ コーヒーブレイク

《生産管理の技法を学ぶ》

　業務改善に求められる考え方は、実は生産管理と非常に似ている。生産管理は製品を製造するためのものだが、それを「事務作業としてのアウトプットをつくり出すもの」と置き換えれば、参考になる考え方やノウハウが数多く見つかる。たとえば、段取り、品質管理、レイアウト、備品の置き場所、部品の共通化、最適な製造工程、負荷調整などである。機会があればぜひ一度、生産現場の様子を見学してみるとよい。そこには、「よいものを、早く、ミスなく、安くつくるノウハウ」がたくさん詰まっている。

しての姿勢も問われる。

　総務部門などの推進組織は継続のための旗を振り、従業員の自主的な活動をサポートしていくことが求められる。

④　「小さな改善」の積み重ねを大切に

　従業員が「改善は大きな効果を上げなければならない」というイメージを持つと、それが負担となって自発的な行動が起こりにくくなる懸念がある。小集団活動にしても提案制度にしても、重要なのは組織の活性化であり、業務改善だけを求めるものではない。「小さな改善」の積み重ねを大切にしていくことが、小集団活動や提案制度の意義につながる。

第 **3** 節　**事務機器・IT機器**

◆事務機器やIT機器を管理するための基本的な知識を理解する。
◆業務に必要な情報機器の種類と特徴を、効率的な利用を考えることができる程度に理解する。
◆業務遂行に欠かすことのできない通信機器について、その導入と管理のポイントを理解する。

1　事務機器・IT機器管理の基本

　企業ではさまざまな事務機器やIT機器があり、それらに問題が発生すると、直ちに業務に影響を及ぼす。これらの機器を常に正常な状態で利用できるようにしておくことは、総務部門として重要な仕事である。

（1）信頼性・可用性・安全性

　さまざまな業務で事務機器やIT機器を円滑に利用するためには、「信頼性」「可用性」「安全性」が重要である。
　○信頼性
　　信頼性とは、その機器自体の壊れにくさのことである。信頼性は根本的にはメーカーの製造品質やメンテナンス品質に依存するが、利用環境にも影響される。
　○可用性
　　可用性とは、使いたいときに使えるかということである。可用性の土台となるのは信頼性ではあるが、利用者における運用の工夫などに

121

よって可用性を高めることができる。

○**安全性**

　安全性とは、文字どおり安全が確保されているかということである。通常の利用における安全性を担保するのはメーカーではあるが、利用者の側でも利用ルールや機器の扱い方などで安全性を高める努力が必要である。

（2）事務機器・IT機器の管理

　事務機器・IT機器を管理する視点としては、次の3点を押さえておくとよい。

- ・機械的な信頼性、可用性、安全性の確保
- ・ライセンスや契約面での可用性確保
- ・利用状況の把握

① 機械的な信頼性・可用性・安全性の確保

　それぞれの機器が装置として正常かつ安全に稼働する状態を確保しておくことが、機器管理の基本である。そのためのポイントとしては、次の4点がある。

1）障害の防止

　これには利用者による防止策と、納入業者による専門的なメンテナンスがある。利用者としては、共有の財産である各種の機器を、業務に支障のない程度に丁寧に扱うということが一番効果的である。たとえば、ボタンを乱暴に押さない、ふたの開閉をそっと行う、物をぶつけたり落としたりしない、花瓶やカップなどを近くに置かない、タバコの煙を吹きかけない、などである。

　サーバー型パソコン、コピー機、電話機、ネットワーク機器など利用頻度の高い機器は、納入業者とメンテナンス契約をして、定期的に点検し内部清掃やパーツの交換などを行うことによって、障害が発生する可能性を低くすることができる。

　また、障害が起こった場合には原因を特定し、同じ理由による障害が

二度と発生しないようにすることも必要である。

2）障害からの迅速な復旧

いくら注意を払いメンテナンスをしていても、絶対に障害が発生しないという保証はない。したがって、障害が発生した場合に、その影響や被害の拡大をいかに食い止め、迅速に復旧するかを事前に考えておくことが重要である。

まず、安全面での危惧がある場合は、利用を中止したり、注意喚起の掲示などをして、けがや事故などが発生しないようにすることが最優先となることはいうまでもない。

さらに障害が発生した場合に備えて、「復旧までの代替手段をどうするか」「復旧作業をどこに依頼するか」「復旧後にどのような手順で正常なオペレーションに戻すか」といったことをあらかじめ決めておくとよい。

3）消耗品の常備

複写機やファクシミリなど消耗品を必要とする機器の場合、消耗品切れのために利用できず、業務に支障をきたすことがある。

そうしたトラブルを防止するために、消耗品は発注から納品までの期間を考慮し、一定数量まで減少したら発注するようにして、品切れが起こらないように十分注意しなければならない。また、トナーのように残量警告が出てもしばらく使えるようなものは、どの段階で交換・補充するかも決めておくとよい。

4）外部リソースの利用

サーバー型パソコンのように業務の根幹を担うような機器の保守負荷を低減させるために、自社保有とせずにクラウドサービス Key Word やホスティングサービス Key Word を利用するという方法も検討に値する。また、障害時に代替機提供のサービスが付随しているリースの利用も検討する。

② ライセンスや契約面での可用性確保

機器としては正常に動作する状態だとしても、契約の期限切れや契約内容の問題により、利用できなくなったり、違法利用になったりするこ

とがある。たとえば、電話会社との公衆回線契約、プロバイダとの接続契約、リース物件などは注意しなければならない。

特に、パソコンの利用拡大によって大きな問題となるのが、それぞれのパソコンにインストールされているソフトウェアの利用ライセンスである。インストール台数の制限や、同時利用台数の制限、使用期限、アップデートの状態などの管理が必要となる。また、アップデート費用の支払いは忘れがちとなるので注意したい。

③ 利用状況の把握

設置されている機器が、十分に活用されているかどうかをチェックすることは、コストや管理負荷の面だけでなく、業務の効率化の観点からも重要である。

利用状況を調査すると、使われないままに遊んでいる機器があったり、逆に利用者の順番待ちができて業務が滞っていることがある。また、利用頻度が高すぎることで故障が頻繁に発生していることもある。

もし、遊んでいる機器があれば台数を減らし、逆に業務が非効率になっている場合は台数を増やしたり、処理能力の高い機器にリプレースすることが求められる。また、職場の状況によってはクラウドサービスや

Key Word

クラウドサービス──インターネット上にあるハードウェア、ソフトウェアなどのリソースを、利用者がその存在場所を意識せずに使える環境を提供するサービス。一般的には、データベース・サーバー、ファイル・サーバー、アプリケーション・サーバー、Webサーバーなどを提供している。自社でリソースを保有しないので、故障対応、OSのアップデート、老朽化によるリプレースなどの管理負担を軽減できる。

ホスティングサービス──ホスティング事業者から、業務システムや自社データベースなどを稼働させるサーバーを借り受け、通信回線を利用して自社から利用する形態である。サーバーなどは一般的に事業者の敷地内に設置されており、ハードウェア面での管理は事業者が行うが、そこで稼働する業務システムやデータの管理については自社が行う。

ホスティングサービスの利用を進めるのがよい場合もある。

いずれにしても利用頻度や利用状況に合わせて、機器を適正配置することがコストや管理負担の軽減につながるとともに、業務の効率化に資することとなる。

消耗品コストやメンテナンス・コストを受益者負担とするという発想や、ムダな消耗品コストを削減するという目的から、利用部署単位での課金管理を行うことも検討の余地がある。

2　事務機器・IT機器の種類・機能と管理

（1）固定電話の機能と管理
① 構成機器

オフィスで使用する電話は一般的に次の機器で構成されている。

1）構内交換機（PBX：Private Branch eXchange）

公衆回線（外線）と社内の回線との接続や、内線電話どうしの接続などを担う装置。PBXを設置することにより、1つの外線番号を社内にある多数の電話機で共有することができる。また、PBXどうしを接続すれば、公衆回線を使わずに遠隔地との内線電話網を構築できる。構内で内線電話機が複数のフロアに分かれている場合は、各フロアに中継端子盤（IDF：Intermediate Distribution Facility）が必要となる。

2）電話機

発信・着信、通話を行う装置。有線型と無線（コードレス）型がある。
② 電話の機能

電話会社の提供するサービス、PBX上での機能、電話機固有の機能の組み合わせで、次のような機能を利用できる。

・直通着信：外線からの直通番号で特定の内線に着信する。
・転　　送：着信した電話を他の電話や内線に転送する。
・保　　留：保留メロディーなどを鳴らして電話を一時保留にする。
　　　　　　保留している電話を他の電話機で取ることもできる。保

留中に他の内線電話と会話することもできる。
- 不在転送：不在時に他の内線電話に自動的に転送する。
- 着信拒否：特定の電話番号からの着信や発信者の番号通知がない着信を拒否する。
- 自動応答：単純に応答メッセージを流して相手のメッセージを録音したり、プッシュボタン操作で必要な部署に転送したり、メッセージを流したりする。ファクシミリ送信をする機能もある。
- フリーダイヤル：受信者による料金負担サービスである。
- ナビダイヤル：コールセンターなどに用いられる転送サービスの一種で、全国共通の番号で使える。通話料は発信者負担、ただし、発信者の利用している電話料割引サービスは使えない。

③ 管理上の留意点

固定電話は企業の公式な通信手段として重要な機器である。特に長時間の話し中や故障などによって着信ができないと、クレームや信用度低下につながるので注意する。

（2）携帯電話・スマートフォンの種類と管理

① 携帯電話

無線により通話し、持ち運ぶことのできる形状の電話機のこと。現在の通信方式はデジタル方式である。

② スマートフォン

携帯電話をさらに多機能化させたもの。携帯電話との大きな違いは、タッチパネルでの操作、アプリ（アプリケーションソフトウェア）がインストール可能、Wi-Fiが利用可能、などである。内蔵しているSIM（Subscriber Identity Module）を差し替えることで利用する電話会社を変えられる。

③ 応用的な電話機器

IT技術の汎用化により、企業における通信面でも低コストで利便性の高いサービスが利用できるようになってきた。

１）VoIP（Voice over Internet Protocol）

VoIPとはいわゆるインターネット電話のことである。インターネット回線を用いることで、距離に関係なく一定の料金で通話が可能。VoIP対応のPBXと組み合わせることで、すべての社内通信をインターネット経由に一元化できる。外線との接続も可能で、また、フリーダイヤルをVoIP化することで通信コストを抑えることもできる。特別な契約をしなくともスマートフォンにアプリをインストールするだけで、すぐに利用できるサービスも登場している。

２）ビジネスフォン

職場内では内線電話として、外部へは公衆回線を使って利用できる携帯電話。携帯者がどこにいるかにかかわらず、連絡をとることができるので、コミュニケーション・スピードの向上やかけ直し作業の低減が図れる。

④　管理上の留意点

携帯電話やスマートフォンは、紛失、盗難、破損などの危険が大きい。また、顧客の個人情報や企業のデータなどが保存されていることもあるので、紛失・盗難の場合は被害にあう可能性が高くなる。そのような場合は、すぐに上司に報告するようなルールが必要である。また、紛失や盗難に備えて、パスワードロックをかけるようにする。さらに、紛失時や盗難時は遠隔操作で使用できないようにしたり、データを削除したりできるように、あらかじめセットしておく。

従業員個人の携帯電話やスマートフォンを業務で使うと、料金負担についてルールや清算が複雑になり、データ管理の責任もあいまいになる。このようなことを踏まえ、従業員個人の携帯電話やスマートフォンは業務では使わないことをルール化し、業務用は企業が貸与する。

（3）パソコンの種類と管理

① パソコンと集中処理型コンピュータの違い

　パソコン（Personal Computer）は企業活動にとって不可欠な機器となっている。また、企業によってはパソコンだけではなく、汎用機、オフコン（オフィス・コンピュータ）、サーバー型パソコンと呼ばれる集中処理型のコンピュータが設置されていることもある。

　このような集中処理型コンピュータと従業員個人用や各部門のパソコンとの最大の違いは、利用者が自分自身で情報処理のしくみをつくるかどうかである。

　従来、集中処理型コンピュータは利用者あるいは利用部門の要求を専門家に依頼して情報処理システムを構築し、それを利用者がマニュアルに従って操作する、というのが基本的なスタイルであったが、近年は汎用的なパッケージシステムを利用することも多くなった。集中処理型コンピュータには専用の機器が用いられることもあるが、近年はパソコンの性能が上がったため、パソコンをその機器として利用するのが主流である。販売管理、生産管理、財務管理などといった基幹システムと呼ばれる企業の核となる情報システムは集中処理型コンピュータを用いることが多い。集中処理型コンピュータへのアクセスは、IDやパスワードの設定により、アクセス権限のある者のみに限定することができる。セキュリティ上、適切な運用を行いたい。

　一方、従業員個人用や各部門のパソコンは、従業員自身あるいは利用部門がその使い方を決定していくEUC（エンド・ユーザー・コンピューティング：End User Computing）というスタイルである。企画書作成、見積書作成、プレゼンテーション資料作成、情報共有といった非定型業務は、パソコンを中心としたEUCとなることが多い。

② パソコンの種類

　サーバー型以外のパソコンは、主に従業員個人が業務を行うために利用するのが一般的である。パソコンにはノート型とデスクトップ型があり、ノート型は小型軽量で携帯性に優れ、デスクトップ型は大きな画面

やキーボードを接続して使いやすくなっている。

　一般的な業務における従業員の個人使用の場合、省スペースであることや持ち運びの容易性から高機能タイプのノート型パソコンを導入しているケースが多い。ノート型パソコンの場合、配線がほとんど不要なのでパソコン周りがスッキリするという点や、バッテリーが付属しているので停電や瞬断によるトラブルが起こりにくいという利点もある。ただし、外出することがほとんどなく、オフィス内の決まった場所で長時間パソコンを操作するのであれば、操作性に優れたデスクトップ型を選択するのもよい。

　また、ノート型パソコンよりもさらに小型軽量で、タッチパネルで操作するパソコンをタブレットという。タブレットは外出先での簡単な入力に利用したり、消費者に指でタッチパネルに入力してもらうなど急速にその活用が広がっている。

　サーバー型パソコンは、共同利用するプログラムを稼働させたり、グループウェアでの共同作業や情報の共有保管場所などとして用いられる。また、基幹システムの規模の大きなシステムを稼働させることもある。そのため従業員個人利用のパソコンに比べると処理能力、データ容量、対故障性、拡張性などが格段に高く、取り扱いにも専門的な知識が必要である。ハードウェアやソフトウェアの観点からパソコンに分類されるが、いわゆる「普通のパソコン」ではないので専門家以外が扱うケースはまれである。サーバー型パソコンの物理的管理においては特に振動、煤塵、温度・湿度、電源の安定化に注意を払う必要がある。

③　管理上の留意点

　集中処理型コンピュータは、専門部門や委託先のコンピュータシステム会社などが一括して管理することが多いが、従業員個人使用のパソコンは利用者が管理の大部分を担うことになる。

　パソコンは業務を円滑化・高度化するためのツールであり、企業の資産である。従業員個人に貸与されたとしても決して個人の所有物ではない。また、パソコンには企業の機密情報や個人情報が記録されているこ

ともある。そのため、パソコンの利用規定を策定し、従業員に利用規定を遵守させることが必要となる。また、企業としても対策を講じて、パソコンそのものやパソコンに記録されているデータを企業の資産として守る必要がある。

　基本的なこととして、業務以外のパソコンの利用やパソコンの勝手な持ち出しがないように、厳重に管理しなければならない。就業時間終了後、パソコンが所定の位置にあるかをチェックしている企業もある。また、常に最新のバージョンのシステムやウイルスチェックソフトに更新することや怪しいメールを開かないように注意を促すことも重要である。

　企業としてもできるだけの対策を講じる。たとえば、自由にソフトウェアをインストールできないようにする、外部記憶媒体を接続できないようにする、社外ネットワークとは接続できないようにする、操作履歴や閲覧履歴をとる、メールをチェックするなどのハードウェア面やソフトウェア面での措置をとる、などである。

　また、パソコンが破損すると、保存してあるデータが消失して業務に大きな支障をきたすことになるので、データのバックアップが肝要であることはいうまでもない。近年は従業員個人用のパソコンからファイル・サーバーにアクセスし、ファイル・サーバーにすべてのデータを保存し、従業員個人用のパソコンにはデータを残さないようにする企業が増えている。ファイル・サーバーは頻繁にバックアップをとることでデータの消失を防ぎ、従業員個人用のパソコンにはデータを残さないことでデータの流出や漏洩を防ぐことができる。

（４）パソコンの周辺機器の種類と管理

① 周辺機器の種類

　パソコンの主な周辺機器としては、入力機器、出力機器、外部記憶装置などがある。

１）入力機器

　入力機器の基本はキーボードだが、スキャナ、タッチパネル、手書き

入力のためのペン・プロッタなどを用いることもある。また、バーコードリーダーを利用することによって、入力を省力化したり、入力ミスを防ぐことが可能となる。バーコードには主に英数字や記号をコード化した一次元コードと、より多様で多量の情報をコード化した二次元コードがある。

2）出力機器

出力機器としては、液晶モニターとプリンタが一般的である。プリンタにはインクジェット式とレーザー式があり、要求品質、印刷量、印刷コストのバランスで選択することになるが、大量に印刷するオフィスではレーザー式が多い。そのほかに、会議や説明会などで画面を投影するためのプロジェクター、大型の図面やポスターなどを印刷するプロッタなどがある。

3）外部記憶装置

外部記憶装置としては、他のパソコンとのデータ交換によく使われるUSB（Universal Serial Bus）メモリ、配付用としてのCD（Compact Disc）やDVD（Digital Versatile Disc）、データ・バックアップのための外付けハード・ディスク装置（HDD：Hard Disc Drive）などがある。また、外部記憶装置の代替としてクラウドサービスを利用し、インターネット経由でデータの保管や共有を行う場合もある。

② 管理上の留意点

周辺機器の故障も業務遂行に支障をきたすことになる。使用頻度の高いものを中心に、可用性が下がらないように、状況の把握、メンテナンスの実施、消耗備品の補充などを適切に行う。

また、USBメモリ、CD、DVDには大量のデータの保存が可能となっており、それらを外部に持ち出すことが情報の流出や漏えいにつながることがあるので十分な管理が必須となる。データの保存やデータの送付は社内システムを利用し、従業員がUSBメモリ、CD、DVDなどを職場に持ち込むことを禁止したり、職場内にUSBメモリ、CD、DVDなどを一切置かないようにしている企業も見受けられる。

（5）複写機の機能と管理

　複写機はオフィスにおいて最も身近な事務機器の１つである。それだけに利用頻度も高く、業務に最適な機器を選択することや、それを使いこなすことは、業務効率に大きく影響するため、その管理者としての総務部門の責任も大きい。

① 複写機の種類

　複写機には複写専用機と複合機がある。複合機は複写だけでなく、パソコンの入出力機としてのスキャナ機能やプリンタ機能、およびファクシミリ送受信機能などが付随している。プリンタと同じくレーザー式とインクジェット式があるが、大量に複写するオフィスではレーザー式が多い。

　カラーコピーは、対象物の色をRed（赤）、Green（緑）、Blue（青）の光の三原色（RGB）に分けて信号化し、それを色の三原色であるYellow（イエロー・黄）、Magenta（マゼンタ・紅）、Cyan（シアン・藍）とBlack（ブラック・墨）で再現している。機種によってはさらに多くの色を使って高品質な印刷ができるものもある。

　オフィスでの利用では大量のコピーを行うことから、印刷部数単位に仕分けするソート装置や、自動的にホチキス留めをするステープル装置が付加された機器を導入することが多い。両面印刷や縮小印刷機能も紙資源節約の観点からは、必要なものといえる。

　複合機は、各機器をそれぞれ設置する場合に比べ、スペースを大幅に削減できるというメリットがあるが、操作の複雑化や同時使用の制限、処理速度の問題などを考慮して導入する必要がある。

② 管理上の留意点

　複写機は利用頻度が高いので、問題なく使える状態を常に維持しておく必要がある。特に、事務所内に１台しかない場合は、故障の際にコンビニエンス・ストアのコピーなど代替手段を用いると、コストが非常に高くなるので注意が必要である。

　通常、レーザー式複写機を利用するためには、コピー用紙（普通紙）

とトナーがあればよい。また、定期的な点検や故障時の出張サービスなどを受けるために、ディーラーと保守契約を結ぶのが一般的である。消耗品であるトナーは、純正品だけでなく格安なリサイクル・トナーを利用することも考えられるが、リサイクル・トナーを使って故障した場合にディーラーの保守サービスを受けられなくなるといった問題もある。

また、紙幣など、法律上コピーしてはならないものがあるので注意が必要である。→図表3-3-1

図表3-3-1 ●法律でコピーが禁じられているもの

> 国内において流通する紙幣、貨幣、政府発行の有価証券、国債証券、地方債証券。
> 外国において流通する紙幣、貨幣、証券。
> 政府の模造許可を取らない限りの未使用の郵便切手、官製はがき。
> 政府発行の印紙、酒税法や物品税法で規定されている証紙。

（6）ファクシミリの機能と管理

ファクシミリは、文書、図表、写真などを電話の通信回線を用いて伝送するしくみまたはその機器のことで、FAXとも呼ぶ。

① ファクシミリに必要な設備・備品

ファクシミリによる伝送を可能にするには、一般にファクシミリ専用の電話回線（直通もしくはPBX経由）、ファクシミリ機器、消耗品（トナー/感熱フィルム）が必要となる。小規模のオフィスでは、ファクシミリ専用の回線を引かずに、ISDN（Integrated Services Digital Network）回線の追加番号サービスを利用し固定費を抑えることも可能である。また、パソコンに電話回線をつなぎ、ファクシミリ・ソフトをインストールすることにより、ファクシミリの送受信が可能となる。

② 管理上の留意点

近年、電子メールにファイルを添付することで、簡単に文書や資料を送付することが可能となり、ファクシミリの利用は著しく減少した。しかし、手書き書類の授受や相手側の都合などによりファクシミリを利用

133

するケースもある。

　利用頻度が低いと、いざ使おうとしても使い方がよくわからない、消耗品が切れて使えないということが起こりがちである。利用の可能性があるのであれば、すぐに利用できるように使い方を確認し、消耗品の常備しておくことが必要となる。

Column	☕ コーヒーブレイク

《ダブルモニターによる業務効率アップ》
　ノート型パソコンは筐体が小さいので省スペースで済むというメリットの反面、モニターが小さいので集計作業やデータを比較しながら行う作業などの効率は非常に悪くなる。その1つの解決策として、モニターを1台追加するという方法がある。導入には若干の費用がかかるが、作業効率のよさを考えれば十分検討に値する。もちろん、追加のモニターが乗るように机上がきれいになっていないといけないが……。

第4節 情報システム化

◆情報システムの構築に関する基礎的な事柄を理解する。
◆情報システムの活用による業務の効率化のポイントを理解する。
◆一般的な情報システムツールの特徴を理解する。

1 通信の基礎知識

（1）LAN・Wi-Fiの基礎知識と管理

多くのオフィスで敷設されているLAN（Local Area Network）についての特徴と管理方法について述べる。なお、Wi-Fi（Wireless Fidelity）は、Wi-Fi Allianceが保有する登録商標で、IEEE802.11規格を使用したデバイス間の無線での相互接続が認められたことを示す名称である。簡単にいえば無線LANのことであるので、ここではLANとして扱う。

① LANの構成

LANを構成する機器はおよそ次のものがある。

1）クライアント

個人利用のノート型パソコン、デスクトップ型パソコン、タブレット、スマートフォンなどがある。

2）サーバー

データを一元管理するファイル・サーバーや、インターネットとの接続を管理するパソコン、グループウェアなどの共同で使うソフトウェアを稼働させるアプリケーション・サーバーなどがある。

3）周辺機器

　LANに直接接続できるプリンタ、スキャナ、ファクシミリなどがある。

4）ネットワーク機器

　各機器を接続するLANケーブル、共用の範囲を決めるルータ、多数の機器を接続するためのハブ、LAN非対応のプリンタをLANに接続するためのプリント・サーバーなどがある。Wi-Fiの場合は、無線を送受信するための、Wi-Fiルータが必要となる。

② LANの利用目的

　さまざまな機器をLANに接続することにより、①サーバーなどにあるデータの共有、②プリンタなどの周辺機器の共用、③グループウェアなどによるグループ活動の支援、④インターネット接続の共用などを実現し、業務効率の向上や機器コストの低減を図ることが主な利用目的となる。

③ 機器の接続方式

1）有線方式

　LANケーブルを用いて接続する方式。ケーブルやハブなどのネットワーク機器は安価で、通信の安定性やセキュリティ面に優れているが、①ケーブルの取り回しが煩雑、②オフィス・レイアウトの変更が行いにくい、③断線の可能性がある、などのデメリットもある。

2）無線方式

　法律で定められた周波数を利用して、無線でデータ通信を行う方法。結線する必要がないのでパソコンや周辺機器の配置や移動が楽。ただし、壁やデスクなどの影響で電波強度の濃淡が発生し接続が不安定になったり、無線機器の干渉調整などが難しいというデメリットがある。また、電波が強い場合など社屋外まで電波が届き、ハッキングなどの危険もある。

（2）インターネットの基礎知識と管理

　インターネットとは、世界中の大小さまざまなコンピュータやスマートフォンなどが、通信回線によって相互に結びついて形成されている巨大な通信網のことである。そもそもは、アメリカが軍事利用のために遠

隔地にあるコンピュータを相互接続する技術として開発し、その後、技術が民間に解放されて爆発的に拡大した。

　インターネットに接続するためには、インターネット・プロバイダと呼ばれる接続業者が提供するネットワークを介して行う。インターネットに接続すると、自動的にIPアドレス Key Word が割り振られる。また、ドメイン名 Key Word を使用するためには、ドメイン名登録機関に対し登録申請をする必要がある。

　インターネットには全体的な管理主体がなく、インターネットに接続されているコンピュータなどの機器（ノード）を特定するためのIPアドレス（グローバルIPアドレス）やドメイン名などは、非営利法人団体のICANN（Internet Corporation for Assigned Names and Numbers）が管理している。

　ICANNのもとに地域レジストリという組織があり、地域内のIPアドレス割り当て業務を行う役割を担っている。さらに、地域に含まれる国における管理組織がある（すべての地域・国ではない）。日本の場合は、APNIC（Asia Pacific Network Information Centre）の地域に属しており、一般社団法人日本ネットワークインフォメーションセンター（JPNIC：Japan Network Information Center）が管理している。

　一般的にインターネットは、ホームページに掲載されている情報の検

Key Word

IPアドレス——ネットワークに接続されているパソコンなどの機器を特定するための番号。大きく分けてグローバル・IPアドレスとプライベート・IPアドレスがあり、インターネットではグローバル・IPアドレス、LANでは自由な番号を振ることができるプライベート・IPアドレスとなる。

ドメイン名——インターネットに接続するネットワークの組織名を示す文字列で、一般的には、ホームページのwwwの後ろの部分、メールアドレスの@以降の部分に、IPアドレスの代わりに用いられる。ドメイン名はICANNによって世界中で重複しないよう管理されている。ドメイン名とIPアドレスを紐づけるしくみとしてDNS（Domain Name System）がある。

索や動画配信などのように情報の受発信に利用したり、電子メールやデータの送受信、チャット、ネット会議などの通信手段として利用されている。

（3）WANの基礎知識と管理

　WAN（Wide Area Network）とは、遠隔地とのコンピュータどうしやLANどうしの通信ネットワークのことである。たとえば、本社のサーバーを支社のLANに接続されているパソコンから利用できるようにするためなどに用いられる手段で、閉ざされた環境でのネットワークである。LANの構築には専用回線と呼ばれる契約者が占有する回線を使うものと、インターネットVPN（Virtual Private Network）と呼ばれるインターネット上に仮想の専用線を使う方法がある。いずれの場合も、通信業者に構築を依頼し、利用料を支払う。料金は主に回線の速度や許容量によって異なるが、一般的に専用線のほうが高い。その分、VPNに比べ専用線は信頼性や安全性なども高い。

　WANに関する管理は、利用方法や技術的なことよりも、利用状況に応じて契約内容の見直しや、トラブル時に通信業者と連携して早期解決を図ることなどが主となる。

（4）通信に対するセキュリティ

　多数のパソコンがネットワークで接続されるので、トラブルを回避するためにセキュリティについての考え方（セキュリティ・ポリシー）を明確にし、具体的な対策をとることが必要である。

① インターネットとの接続

　インターネットはある意味無法地帯であり、悪意を持った個人や集団による企業へのサイバー攻撃、ハッキング、コンピュータ・ウイルス拡散などの危険が存在する。そのため、インターネットに不用意に接続するとシステムの破壊、データの漏えい、ウイルスの感染などにつながりかねない。また、外部とのeメール送受信においても、この危険はつき

まとう。外部との接続許可機器の設定やウイルス対策ソフト導入、ファイア・ウォール（防護壁装置）の導入は必須である。また、社外にて公衆Wi-Fiに接続することは危険を伴うため、原則的には禁止するか、セキュリティ対策を施したうえで限定的な利用にとどめるべきである。

② データへのアクセス

　社内に存在する重要なデータの漏えいや改ざんの防止策を施す必要がある。IDとパスワードによるアクセス管理、USBメモリ・CD・DVDなどの外部記録媒体の取り扱い、サーバーなどが置かれている部屋への入室管理などのルールを定め、ルールを遵守させるための体制を整備する必要がある。

2 事務の情報システム化

（1）文書の電子化

　おおよそ現在の事務処理においては、ほとんどの文書は電子的なファイルとして作成されている。文書の電子化において、事務処理の効率化のためのポイントを見ていく。

① 利用ソフトウェアの統一

　電子的な書類を作成できるソフトウェアは無数に存在している。それらのソフトウェアを従業員がバラバラに自分の好みで使っていたのでは、文書の私有化につながってしまう。また、ファイル形式に互換性のないソフトウェアどうしで作られた書類は、せっかく電子化されているにもかかわらず、再利用や電子配付などが行えない。さらに、多数のソフトウェアが存在していると、そのライセンス管理も大変煩雑となる。

　そのため、利用するソフトウェアを社内で統一することが望ましい。またその際には、取引上の業界でのデファクト・スタンダード（事実上の標準）となっているソフトを選択する。

　他社との電子ファイルのやり取りを考えた場合、ソフトウェアは常に最新バージョンにするのではなく、最新バージョンが登場して、それが

一般に浸透するのを待ってから自社のバージョン・アップを行う。なぜなら、新バージョンで作成されたファイル形式は旧バージョンでは使えない可能性があるからである。

② ファイル名の命名ルールの統一

紙媒体の書類でも同じだが、ファイル名の命名規約を決めておくことは重要である。特に非定型文書の場合は、「○○会社資料.docx」というように作成者以外の人には何のファイルだか、さっぱりわからないことになりがちであり、作成者自身でさえも時間が経つとファイル名を忘れてしまって、探すのに苦労するというムダが発生する。

ファイル名は、誰が見ても一目で内容などがわかるようにすることが重要である。また、電子文書は簡単に複製できるので、どれが原本であるかわかるようにしておく必要がある。

〈ファイル名命名ルールの例〉

原本/複製区分_社内/社外区別_作成年月日_重要度_案件名_文書内容_作成者従業員番号_廃棄予定日

③ ひな型の作成と利用

電子化された文書の最大の特徴は、複製を行いやすいことである。適切なフォーマットでひな型が作られていれば、それに沿って文書を作成することにより、大幅に負荷やミスの軽減が図られる。ひな型の原本は管理担当者を決め管理を一任し、紛らわしいひな型や古いひな型が社内に氾濫してしまわないようにする。

④ 紙媒体の電子化

来客受付票など、どうしても手書きが残る文書もある。これらの文書はスキャナで読み込ませて電子化し、適切なファイル名を付けて保存することで、管理や処理がしやすくなる。

⑤ パスワードなどによる保護

不用意な複製や不注意による変更、あるいは改ざんや漏えいなどのリスクを避けるために、文書の重要度や利用目的に応じてパスワードや暗号化による保護を行う。

⑥　パソコン操作の習熟

　パソコン操作を習熟することで、作業速度を上げることやミスを減らすことが可能である。たとえば表計算ソフトなどで集計作業を行う場合は、ソフトに組み込まれている自動計算などの機能を活用すれば、複雑な集計も簡単かつ正確にできるようになる。

（2）データの共有と一元管理

　電子化された文書は複写や配布が容易にできることから、情報の共有化が進み業務の効率化を図ることができる。しかしながら、無秩序に行われると混乱が生じ、ミスや効率低下の弊害をもたらしかねない。

　LANを利用して、文書をファイル・サーバーに集約して保管している場合、サーバー内のファイルの数や空き容量を定期的にチェックしておかないと、いつの間にか、不明なファイルで満杯になり、収拾がつかなくなってしまう。そうなると、どのファイルを削除したらいいのか、どのファイルを個人所有に戻せばいいのかなどがわからなくなってしまい、結局、新しいファイル・サーバーを追加で購入する以外に解決策がなくなるというケースもある。

　ファイル・サーバーの設置は、集中保管をするには大変便利であるが、命名規約の厳守や、ファイル・サーバーに保管するファイルの選別などのルールを各従業員に周知徹底させる努力が必要である。

（3）電子メールの活用

　電子メールは手軽で安価な通信手段として一般化しているが、特性やマナーを理解して利用しないと、トラブルにつながる可能性がある。

① 電子メールのしくみ

　電子メールを構成する機器は、大きく分けるとメール・サーバー、パソコンやスマートフォンで、それらがインターネットに接続していることが必要となる。

　パソコンでの電子メールの送受信について簡単に説明すると、パソ

ンから送信されたメールは、いったん自社が契約（または保有）しているメール・サーバーに蓄積され、その後、インターネットを経由して受信相手が契約（または保有）しているメール・サーバーに送られる。

メール・サーバーに届いたメールは、その受信相手がパソコンから「メールの取り込み」という作業を行うことによって、受信者のパソコンに届く。

○○○@△△△.co.jpというメールアドレスの場合、@より後ろの△△△.co.jpがドメイン名と呼ばれるサーバーの所属を示す部分、@より前の○○○がそのドメイン内で配信されるあて先となる。

したがって、同じドメインであれば@より前に同じアドレスが複数存在することはないが、ドメインが異なれば、@より前が同じということはありうる。また、同じドメイン名を異なる企業や個人が保有することはないが、なりすましメールなどの不正なメールの場合は悪意の第三者が勝手に企業のドメイン名を用いる可能性もある。

② 電子メール利用上の注意

ア）相手先のメールアドレスを確認する

「佐藤」などよくある名前の場合、アドレス帳からメールアドレスを選ぶ際に間違えて別のドメイン（企業）に存在する同名の者のアドレスを選択し、誤送信するおそれがある。たとえ内容がそれほど重要ではないとしても、ビジネスのうえでは信用を失うことにつながるので十分注意する。

イ）相手が受信したことを確認する

パソコンへのメールは相手がメールの取り込みを行わないと相手の目に触れない。したがって、急ぎや重要な用件の場合は、電話で受信を確認するか、メールソフトの開封確認機能（相手がメールを開封した際に、開封確認を要求するメッセージが表示され、相手が承認すると自動的に送信者に開封確認のメッセージのメール送付される）を利用したい。

また、メールを受信し、返事が必要な内容であればできるだけ早く

返信するのがマナーである。特に、顧客からのメールや重要な用件の場合ですぐに返事ができない場合はいったん、受信したことと、内容の返事がいつごろになるかを伝えるメールを送信するようにする。

ウ）なりすましメールに注意する

詐欺やウイルス拡散の手段として、なりすましメールがある。電子メールに付与される「送信者アドレス」は、簡単に普段の取引先を装うことができる。急かすような振り込み依頼がきたり、従業員の個人情報や業務とは無関係の資料の請求などがあったときは必ず上司に相談する。

エ）重要事項は暗号化する

一般的に、電子メールは平文と呼ばれる、暗号化されていない状態で送信される。平文はインターネット上の悪意の第三者によって簡単に読み取ることができる。

したがって重要な内容の場合は、メール文を暗号化して送るか、暗号化した添付ファイルに記載して送るほうが安全である。暗号化した添付ファイルを送付する場合、安全面からキーワードは別メールで送らなければならない。

オ）発信・受信したメールを整理する

発信・受信したメールはパソコン内に保存されるが、受信したメールの見過ごしを防ぎ、仕事の効率アップのするためにメールを適宜整理することが必要となる。発信・受信したメールは一定のルールに従ってフォルダに分類して一定期間保存し、必要がなくなったメールは削除する。また、重要なメールは紙に打ち出し、文書として保管するとよい（電子メール作成の基本ルール→第2章第4節 **3** (6)）。

（4）メッセージング・ソフトの活用

メッセージング・ソフトとは、主にスマートフォンで文章やスタンプと呼ばれるイラストを送受信するものである。電子メールに比べ簡便に利用でき、既読確認やグループ化が可能である。写真やファイルも送れ

るので、電子メールの代わりとして使うこともできるが、企業の公式な通信手段というよりは知り合いどうしの間で用いられるので、特に取引先などに対して用いる場合はマナー上の注意が必要である。

なお、携帯電話のショートメッセージ（SMS：Short Message Service）は、携帯電話どうしで電話番号をあて先にしてメッセージをやり取りするサービスであり、メッセージング・ソフトの一種類ではある。ソフトのインストールが不要で、電話番号さえわかればすぐにメッセージを送信できる点は便利だが、「既読確認ができない」「グループ化ができない」「一度に送れる文字数に制限がある」などの点で、いわゆるメッセージング・ソフトとは使い勝手が異なる。

（5）インターネットによる情報収取等

インターネットはもはや企業活動には不可欠なものであり、上手に活用することで業務効率の向上などにつながる。特に、情報収集ツールとしては大変便利である。

インターネットで検索をすると、たくさんのホームページやサイトが表示されるが、必ずしも正しいことを書いてあるものばかりとは限らない。特に、個人のブログなどのSNS（ソーシャル・ネットワーキング・サービス）に掲載されている情報は、記述者の私見が混じっていたり、解釈が間違っているケースも多い。業務で使用する情報を探す際には、省庁、行政、企業などの、信頼性が高いと考えらえるホームページやマス・メディアのニュースなどを利用する。正確性に不安がある場合には、複数のホームページやサイトを閲覧して比較検討し、正しい情報を得るように努める。

また、情報収集以外にも、商品の購買やセミナーの申し込みなどでも便利に使うことができるが、これらの中には怪しいホームページもあるので、信頼性のあるホームページかどうかを確認することが重要である。特に、ホームページ上でクレジットカード決済などの支払いを行う場合には、十分注意しなければならない。

（6）テレビ会議の利用

　通信機器を利用して、遠隔地にある支社や取引先などとテレビ会議を行うことができれば、時間とコストを大幅に削減することができる。

　以前のように高価な専用の設備を設置しなくても、パソコンやスマートフォンにカメラやスピーカーを接続し、インターネットを利用して安価で手軽にテレビ会議を行うことができるようになった。ただし、インターネットや無料のソフトは品質やセキュリティ上の問題は避けられない。そのため、機密事項が含まれる会議には適さない。

　企業の状況に応じて、テレビ会議を行うべきかどうか、どのような形態でどのような内容のテレビ会議を行うのが適切か、コストも含め慎重に検討したい。

（7）グループウェアの利用

　グループウェアとは、複数人で共同作業する業務において、効率よく作業するためのソフトウェアである。利用にはLANやインターネットなどの通信回線と、パソコンやスマートフォンなどの端末、および専用のソフトウェアが必要である。機能としては、グループ内のメッセージング、掲示板、電子会議、設備予約、文書管理、スケジュール管理、ワークフロー、プロジェクト管理などがある。

　グループウェアは、ネットワーク上で重要な情報を扱うことになるので、任意のグループが自由に行うのではなく、企業として適切なルールのもとに使用するべきである。

　ソフトウェアによって得意な分野が異なり、また、ソフトウェアを購入しただけでは使いこなせない場合も多いので、導入にあたっては事前に十分な検討が必要である。

（8）テレワークの推進

　テレワークとは、従業員の自宅やサテライトオフィス（本社以外の小さなオフィス）などの、本来のオフィスから離れた場所で情報通信機器

を利用して仕事をすることである。従業員の自宅、または自宅や外出先に近いサテライトオフィスなどを利用することにより、通勤や移動にかかる時間を削減できるというメリットがある。日本では、ワーク・ライフ・バランスや働き方改革の実現のための有効な手段として、総務省や厚生労働省などを中心に、その促進が行われている。

① テレワークに必要な設備

1）パソコン

自宅などで仕事をする場合でも、セキュリティ上の観点から、個人保有のパソコンではなく、企業が業務専用に貸与したパソコンを利用するのが原則である。ただし、状況によっては、十分にセキュリティを確保したうえで、自宅の個人保有のパソコンから「リモートデスクトップ方式」 Key Word や「仮想デスクトップ方式」 Key Word などにより仕事を行う方法もあるので、柔軟な対応も検討する。

2）ソフトウェア

セキュリティを確保するためのウイルス対策ソフトや暗号化ソフトだけでなく、グループウェアなどの業務ソフトが必須である。また、仕事の進捗管理や情報漏えいを防止するための操作記録ソフトなども必要となる。

② テレワーカーの適切な管理

Key Word

リモートデスクトップ方式──手元のパソコンから離れた場所にあるパソコンにリモート接続して、手元のパソコンではなく離れたパソコンを操作する方式。テレワークでは自宅などのパソコンからオフィスにあるパソコンにリモート接続して仕事ができることとなる。

仮想デスクトップ方式──サーバーに仮想デスクトップ基盤（VDI：Virtual Desktop Infrastructure）と呼ばれる仮想パソコンを設定し、手元のパソコンからそこにリモート接続して、サーバーの仮想パソコンを操作する方式。テレワークでは自宅などのパソコンからオフィスにあるサーバーの仮想パソコンにリモート接続して仕事ができることとなる。

　テレワークで仕事を行う従業員（テレワーカー）に対して適切な管理を行うことも、テレワーク推進のうえでは重要な事柄である。特に、他の従業員との良好な人間関係維持、超過労働の防止、孤独感などによる心理的ストレスの緩和など、テレワーク本来の目的が達成できるようにすることが求められる。そのためには、テレワーカー本人だけでなく、その管理者に対しても十分な教育とフォローが必要となる。

（9）電子文書に関する法律

　情報化の進展に伴い、紙の文書は電子文書に置き換わり、電子文書の受け渡しや電子文書での保存が増加した。しかし、法令は紙の文書を前提として制定されていたので、電子文書を活用する際にさまざまな弊害が生じることとなった。そのため、次のような電子文書に関する法律が制定され、企業における電子文書の活用の法的基盤が整備された。

１）**電子帳簿保存法**（電子計算機を使用して作成する国税関係帳簿書類の保存方法等の特例に関する法律）

　電子帳簿保存法により、所轄税務署長等の承認を受けて、国税関係帳簿を電子文書やコンピュータ出力マイクロフィルムによって保存できるようなった。

２）**IT書面一括法**（書面の交付等に関する情報通信の技術の利用のための関係法律の整備に関する法律）

　IT書面一括法により、企業が顧客などに対して紙で書面を交付（手渡しや郵送）することを義務づけたさまざまな法律を改正し、電子的手段で書面を送付できるようになった。

３）**電子署名法**（電子署名及び認証業務に関する法律）

　電子署名法により、電子署名が手書きの署名や押印と同等に通用するようになった。電子署名が本人のものかどうかを証明するサービスを「認証業務」といい、認証業務は認証事業者が行っている。

４）**e-文書法（電子文書法）**（「民間事業者等が行う書面の保存等における情報通信の技術の利用に関する法律」および「民間事業者等が行う

書面の保存等における情報通信の技術の利用に関する法律の施行に伴う関係法律の整備等に関する法律」の2法の総称）

e-文書法により、各種法令で保存が義務づけられている書面を電子文書で保存できるようになった。

情報のリスクマネジメント

学習のポイント

◆企業の情報システム・リスクとして、どのようなものがあるかを確認する。

◆情報システム・リスクへの対策の進め方をPDCAサイクルに沿って学習する。

◆個人情報保護法、マイナンバー制度などを十分理解し、法令を遵守した個人情報保護が行えるようにする。

1 情報システムのリスク対応

(1) 情報システム・リスク

　近年、企業が保有する個人情報や機密情報の漏えい、コンピュータ・ウイルスの感染による被害、ホームページの改ざん等の事件が頻発している。こうしたシステム障害をもたらす原因はさまざまである。まず、システム障害をもたらす原因となる、情報システム・リスクにはどのようなものがあるかを確認する。

① 犯罪以外のリスク

1) ハードウェアやソフトウェアに起因するもの

　情報システム機器の長年の使用、劣悪な状況下での設置、乱暴な取り扱いなどによるハードウェアの劣化は故障の原因となる。また、処理能力を超えるアクセスなどによるオーバーフロー（処理できないために発生するエラー）やソフトウェアが内包する脆弱性などによりソフトウェア障害が起きている。

2）自然災害

システム障害は、地震、水害、火災、煙害などの自然災害によっても発生する。特に、わが国では地震や台風による被害が発生しやすい自然環境下にあり、自然災害によるリスクが大きい。特に、自然災害による電源喪失はシステムに大きな障害をもたらす。したがって、最悪の事態を想定した対策を事前に施すとともに、被害を受けた場合の早急な復旧措置のための備えが必要となる。

3）ヒューマン・エラー

システム障害の原因が人間の過失であるケースも数多く報告されている。ヒューマン・エラーの原因には、情報システム構築上の不備（プログラム・ミス、接続・配線の誤りなど）、操作マニュアルの不備、作業者のモラル意識の欠如、不注意などが挙げられる。

また、情報管理が適切に行われていないと、データの重複、古いバージョンの存在、データの誤削除、過剰なデータによるリソース（処理能力、記憶容量など）の占有などにより、業務に支障をきたすこととなる。

② 犯罪によるリスク

悪意を持った人物が企業やその情報システムに損害を与える行為である。情報システムに関する犯罪の主なものには不正アクセス、不正侵入、不正持ち出し、コンピュータ・ウイルスなどが挙げられる。

1）不正アクセス

通信ネットワークを経由して、他のコンピュータに許可なく侵入する不正行為のことである。企業や官公庁などのサーバーに不正アクセスしてウェブ・サイトの情報（コンテンツ）を改ざん・消去・盗み見する行為、また、情報漏えいに発展する行為が多発している。パスワードが管理されているデータベースに侵入しパスワードを書き換えることによって、そのIDでの業務等が行えなくなるという被害もある。

2）不正侵入

犯罪者による建物の外部からの侵入、従業員による他人のIDやパスワードを使ったコンピュータ室への不正侵入などにより、情報システムを

破壊したり、情報機器や機密情報を持ち出す行為である。

3）不正持ち出し

　企業や保有する個人情報や機密情報などを違法コピーしたり、持ち出したりする行為である。悪意を持った第三者が行うケースのほか、従業員が顧客情報などを不正に持ち出すケースもある。

4）コンピュータ・ウイルス

　電子メールやホームページ閲覧などによってコンピュータに侵入して被害を与える不正なプログラムである。コンピュータ・ウイルスに感染すると、パソコンのデータが破壊されたり、パソコンを起動できなくなったりする。コンピュータ・ウイルスには、自己伝染機能（自己を複製し他のコンピュータに感染を広げる）、潜伏機能（特定の条件がそろうまで活動を待機する）、発病機能（データの破壊、システムを不安定にする）があり、コンピュータ・ウイルスに感染した被害者が感染を知らずに他人に感染させ、加害者となってしまう場合もある。

（2）情報システム・リスクへの対策の進め方

　情報システム・リスクへの対策は、ハードウェア・ソフトウェア面の対策、ヒューマン・エラーへの対策、犯罪への対策などがあり、それらの対策を確実に行っていくためには、PDCAサイクルで管理していくことが重要である。

① 情報システム・リスク対応計画の策定（Plan）

1）目的、方針の明確化

　組織として情報システムのリスクマネジメントを推進していく場合、基本目的や対応方針を明示することが必要である。組織の最高責任者が事業の継続、戦略性・信頼性の確保等の面から情報システムの重要性を明確にし、リスク対応の目的・基本方針を従業員等の関係者に文書で明確に表明する。

2）情報システム・リスクの分析

　情報システムのリスクを適正に把握する。次に、把握したリスクがど

の程度顕在化する可能性があるのか、また、顕在化した場合の損害がどの程度なのかといったリスク分析をする。そして、リスク対応の優先度を決める。

3）リスク対応計画の策定

　優先度の高い情報システム・リスクから順に、その対策を策定する。情報システムのリスク対策は、事前対策と事後対策（緊急時対策と復旧時対策）に分けて検討する。それぞれの計画に盛り込むべき必須の項目は、対策の具体的内容、関連部署におけるリスク対策の日程、利用する経営資源、責任の範囲と所在である。

　たとえば、システム障害に関する対策の内容としては、システムの多重化、データのバックアップ、定期メンテナンスの実施などが挙げられるが、こうした対策をどの部署が、いつ、どのように行うのかといった点を具体的に決めることが必要である。

② リスク対応策の実施（Do）

　策定されたリスク対応計画に従って、関係各部署が具体的な施策を実施する。具体的な施策とは、たとえば、サーバーへの不正アクセスを防止するためのファイア・ウォールの設定、プログラム開発業務の実施手順書作成、従業員に対する情報セキュリティ教育の実施などである。リスク対応策の実施にあたっては、対策の実施手順を文書化したり、進捗状況の報告を義務づけるなどして、確実に実施されるように管理すべきである。

③ リスク対策の評価（Check）

　不正アクセスやコンピュータ・ウイルスなど情報システムを取り巻くリスク要因は年々、巧妙化・悪質化している。このため、情報システムのリスク対策は一度実施したから確実ということはあり得ない。そのため、情報システム・リスクの動向を把握したうえで、組織における対策の実施状況を定期的に評価分析し、改善していくことが必要である。

④ リスク対策のさらなる改善（Action）

　リスク対策の評価の結果、具体的にどのような改善を実施するかを検

討する。特に、リスク発現の可能性が高いものや被害が大きいものについては、早急に対策をする。さらに、環境の変化などにより今後新たに発生する可能性のあるリスクも想定する。また、すでに対策済みの事項であっても、技術の進歩やリスク対策サービスの多様化によって、より低いコストやより簡便な方法で実現できるものもあるので、情報の収集に努める。加えて、技術的な対策だけでなく、従業員の意識を一層高めるための教育や啓もうなども積極的かつ継続的に行うべきである。

2 個人情報保護の知識

（1）個人情報保護の必要性

　インターネットの普及に伴って、不正に個人情報を入手し、それを詐欺、恐喝、不法売買などに悪用する犯罪が後を絶たない。また、犯罪とならないまでも、個人の情報が意図しない相手に開示されることは社会生活上好ましいことではない。

　企業が扱う個人情報には、氏名、住所、経歴などの個人の属性に関するものだけではなく、クレジットカード情報、パスワード、商品購入履歴など、きわめて重要な情報も多く存在する。

　企業は顧客からの信頼を得るという営業上の理由だけでなく、社会的責任として個人情報を適切に管理することが求められている。

（2）名簿の種類と管理

　企業にはさまざまな種類の名簿や個人データがある。それらを適切に管理する必要がある。

　名簿や個人データの例としては、次のようなものがある。

　社員名簿、賃金台帳、社会保険関連書類、健康診断書、就職応募用紙、株主名簿、取引先名簿、来訪者受付票、受発注情報、商品問い合わせ記録、銀行口座番号、運転免許証番号、マイナンバー、クレジットカード番号、会員番号、パスワード など

　これらの情報は保有している企業の立場ではなく、保有されている個人や他社の立場でその重要性を認識すべきである。それを踏まえ、管理の視点としては次のようなこととなる。

- ・情報の漏えいを避ける
- ・不必要に開示や提供をしない
- ・情報の正確性を維持する
- ・情報の棄損や逸失を避ける
- ・情報提供者からの情報に関する要求に応える

（3）個人情報保護法の概要

　情報化の進展に伴って、個人情報の利用が著しく拡大するとともに、個人情報を巡る問題もクローズアップされるようになった。こうした背景から、個人情報保護法（個人情報の保護に関する法律）が成立し、施行されている。同法の概要は次のとおりである。

① 基本理念（3条）と目的（1条）

　本法は「個人情報は、個人の人格尊重の理念の下に慎重に取り扱われるべきものであることにかんがみ、その適正な取扱いが図られなければならない」（3条）、という基本理念のもとに制定されている。本法は個人情報における個人の権利利益を保護することを目的としており、個人情報の適正な取り扱いに関し、国および地方公共団体の責務等とともに、個人情報を取り扱う企業の遵守すべき義務等を定めている。

② 定義（2条）

　本法では、「個人情報」とは、「生存する個人に関する情報であって、当該情報に含まれる氏名、生年月日その他の記述等（文書、図画若しくは電磁的記録で作られる記録をいう。）により特定の個人を識別することができるもの（他の情報と容易に照合することができ、それにより特定の個人を識別することができることとなるものを含む）」と定義されている。

　したがって、個人情報に該当するかどうかの判断基準は「特定の個人

を識別できるかどうか」であり、「氏名、生年月日その他の記述等」の「等」には、氏名などの文字情報だけではなく、写真や音声なども「特定の個人を識別することが判断できるもの」である場合は、個人情報となる。また、死者に関する情報であっても、同時に遺族等の生存する個人に関する情報でもある場合には、当該生存する個人に関する情報となる。なお、法人その他の団体そのものに関する情報は個人情報とはならないが、その団体に属する役員、従業員等に関する情報は個人情報となる。

そのほか、本法における用語の定義は次のとおりである。

・個人情報データベース等……個人情報を含む情報の集合物（検索することができるように体系的に構築したもの。一定のマニュアル処理情報を含む）

・個人情報取扱事業者……個人情報データベース等を事業の用に供している者（国の機関、地方公共団体、独立行政法人等、地方独立行政法人は除く）

・個人データ……個人情報データベース等を構成する個人情報

・保有個人データ……個人情報取扱事業者が開示、訂正等の権限を有する個人データ

③ 個人情報取扱事業者の義務と罰則

同法では、個人情報取扱事業者（企業等）に対し、個人情報利用目的の明示、安全管理措置、委託先の監督などの義務を定めている。個人情報取扱事業者の義務のうち、主なものを列挙すると、次のとおりである。

1) 個人情報取扱事業者の義務

ア）利用目的の特定：15条

・個人情報を取り扱うにあたっては、その利用目的をできる限り特定しなければならない。

・利用目的を変更する場合には、変更前の利用目的と相当の関連性を有すると合理的に認められる範囲を超えて行ってはならない。

イ）取得に際しての利用目的の通知等：18条

・個人情報を取得した場合は、あらかじめその利用目的を公表して

いる場合を除き、速やかに、その利用目的を、本人に通知し、または公表しなければならない。

ウ）**安全管理措置**：20条
- 取り扱う個人データの漏えい、滅失またはき損の防止その他の個人データの安全管理のために必要かつ適切な措置を講じなければならない。

エ）**従業者の監督**：21条
- 従業者に個人データを取り扱わせるにあたっては、当該個人データの安全管理が図られるよう、当該従業者に対する必要かつ適切な監督を行わなければならない。

オ）**委託先の監督**：22条

Column　コーヒーブレイク

《個人情報の利用目的をどう具体的に特定するか》

　個人情報保護法15条では、「個人情報取扱事業者は、個人情報を取り扱うにあたっては、その利用目的をできる限り特定しなければならない」と定めており、個人情報取扱事業者にとっては、個人情報の利用目的をどのように記載すれば「利用目的をできる限り特定」したことになるのかの判断が必要になる。これに関し、個人情報保護委員会の「個人情報保護法ガイドライン」では、利用目的を具体的に特定していない事例と特定している事例が示されているので、参考としたい。

■利用目的を具体的に特定していない事例
- 「事業活動に用いるため」
- 「マーケティング活動に用いるため」

■具体的に利用目的を特定している事例
- 事業者が商品の販売に伴い、個人から氏名・住所・メールアドレス等を取得するにあたり、「○○事業における商品の発送、関連するアフターサービス、新商品・サービスに関する情報のお知らせのために利用いたします」等の利用目的を明示している場合

出所：個人情報保護委員会〔2016〕

　　・個人データの取り扱いの全部または一部を委託する場合は、その取り扱いを委託された個人データの安全管理が図られるよう、委託を受けた者に対する必要かつ適切な監督を行わなければならない。

カ）第三者提供の制限：23条

　　・あらかじめ本人の同意を得ないで、個人データを第三者に提供してはならない。

キ）開示：28条

　　・本人から、当該本人が識別される保有個人データの開示を求められたときは、本人に対し、書面（本人が同意した方法があるときはその方法）により、遅滞なく、当該保有個人データを開示しなければならない。

2）罰則

　個人情報法保護法に違反した場合には、是正措置の勧告（42条）や罰金に処せられる場合（84条、85条）がある。

④　個人情報の取り扱い

　企業等が個人情報を取り扱う際の留意点として、主なものを挙げると次のとおりである。

1）個人情報の利用目的の特定：15条

　個人情報取扱事業者は、個人情報を取り扱う場合、その利用目的をできる限り特定しなければならない。この「できる限り」とは、利用目的を漠然と抽象的に表示するのではなく、可能な限り具体的に特定せよということである。

2）本人の同意

　個人情報取扱事業者は、あらかじめ特定した利用目的の範囲を超えて個人情報を取り扱う場合、本人の同意を得なければならない。個人情報保護委員会 Key Word の「個人情報の保護に関する法律についてのガイドライン（通則編）」（以下、「個人情報保護法ガイドライン」）によれば、本人の同意を得る方法として、本人から口頭または書面（電磁的記録を含む）で確認する方法、本人からの同意する旨のメールの受信、本人に

よる同意する旨のホームページ上のボタンのクリックなどが挙げられている。

⑤　安全管理措置

　個人情報保護法ガイドラインでは、個人情報取扱事業者が講じなければならない安全管理措置を次のように挙げている。

１）組織的安全管理措置

・組織体制の整備
・個人データの取り扱いに係る規律に従った運用
・個人データの取扱状況を確認する手段の整備
・漏えい等の事案に対応する体制の整備
・取扱状況の把握および安全管理措置の見直し

２）人的安全管理措置

・従業者に、個人データの適正な取り扱いを周知徹底するとともに適切な教育を行わなければならない。なお、従業者に個人データを取り扱わせるにあたっては、法21条に基づき従業者に対する監督をしなければならない

３）物理的安全管理措置

・個人データを取り扱う区域の管理
・機器および電子媒体等の盗難等の防止
・電子媒体等を持ち運ぶ場合の漏えい等の防止
・個人データの削除および機器、電子媒体等の廃棄

４）技術的安全管理措置

Key Word

個人情報保護委員会──個人情報保護委員会は、個人情報（特定個人情報を含む）の有用性に配慮しつつ、その適正な取り扱いを確保するために設置された独立性の高い機関である。個人情報保護法（59〜62条）およびマイナンバー法（37〜39条）に基づき、個人情報の保護に関する基本方針の策定・推進、個人情報の取り扱いに関する監視・監督や苦情あっせん業務を行っている。

・アクセス者の識別と認証
・アクセス制御
・外部からの不正アクセス等の防止
・情報システムの使用に伴う漏えい等の防止

⑥　個人情報取り扱いに関する情報の開示・公表

　個人情報取扱事業者は、保有個人データに関し、当該個人情報取扱事業者の氏名または名称、すべての保有個人データの利用目的等について、本人の知り得る状態に置かなければならない（27条）。このため、下記に示す事項等について記載したプライバシー・ポリシーを作成し、ホームページやパンフレットなどを通じて、開示・公表することが望ましい。

■プライバシー・ポリシーに記載すべき事項
・収集・保有する個人情報の内容
・個人情報の利用目的、利用部門
・外部委託、第三者提供の有無
・外部委託先、第三者との機密保持契約の有無
・情報セキュリティ対策
・情報提供者の関与権利（開示・訂正・削除など）と社内対応窓口
・関係法令の遵守
・社内管理体制

（4）マイナンバー法の概要

　マイナンバー法（行政手続における特定の個人を識別するための番号の利用等に関する法律）は番号利用法、番号法とも呼ばれ、日本に住民票を有するすべての個人（外国人も含む）に12桁の番号（個人番号、マイナンバー）を付与し、それを社会保障・税・災害対策の３分野で、複数の機関に存在する個人の情報が同一人の情報であることを確認するために活用するための法律である。

　2016（平成28年）１月から個人番号の利用が開始され、従業員等からマイナンバーの提供を受けて、源泉徴収票にマイナンバーを記載して税

務署に提出するなど、マイナンバーを取り扱う業務があるすべての事業者にマイナンバー法は適用される。

マイナンバー制度によって行政の効率化などが期待されるが、その反面、マイナンバーが不当に利用されて各種の情報が連携され漏えいしてしまうと、個人の社会生活に甚大な被害が及ぶ可能性が高い。マイナンバーの取り扱いについて種々の規制が設けられ、不正な取得行為等に対する罰則も定められている。

企業においてマイナンバーを扱う業務は非常に限定されているが、個人の社会生活に大きな影響を与えるものであるので、十分な注意が必要である。

マイナンバーが個人のものであるのに対し、すべての法人等に対して指定される13桁の法人番号というものがある。マイナンバーと異なり、原則として公表され、誰でも自由に利用できる。法人番号は、国税庁法人番号公表サイトで公表されており、そこに掲載されている情報は、「法人番号」「商号又は名称」「本店又は主たる事務所の所在地」「変更履歴」である。

① 企業におけるマイナンバーの事務（2条13項、6条）

企業は法令に基づき、従業員のマイナンバーを必要な書類に記載して行政機関や健康保険組合などに提出する。具体的には、給与所得の源泉徴収票や支払い調書などを記載する場合などを指す。この事務を行うものを「個人番号関係事務実施者」という。

② マイナンバーの取り扱いに関する規程

1）マイナンバーの提供先企業（19条）

個人がマイナンバーを提供する企業としては次のようなものがある。

ア）勤務先

勤務先は、税の関係における源泉徴収票や社会保障の関係における各種届出書類に、マイナンバーを記載して、税務署等に提出する必要がある。そこで、①給与や退職金などを受け取る人、②厚生年金、健康保険および雇用保険の資格を取得する人、③国民年金の第3号被保

険者（従業員の配偶者）などは、勤務先からの提供の求めに応じて、マイナンバーを提供することになる。

イ）契約先

個人に対して業務委託料や講演料などを支払う契約先は、税の関係における支払調書に、マイナンバーを記載して、税務署に提出する必要がある。そこで、報酬、料金、契約金を受け取る方等は、契約先からの提供の求めに応じて、マイナンバーを提供することになる。

2）マイナンバーの取得

ア）本人確認（16条）

個人番号利用事務等実施者（個人番号利用事務実施者および個人番号関係事務実施者）は、マイナンバーの提供を受けるときには、本人確認をしなければならない。この本人確認の方法は、本人の身元確認と本人の番号確認の2つがある。なお、マイナンバーカードがあれば、この2つの本人確認がマイナンバーカード1枚で済ませることができる。

本人確認書類について、本人確認を対面で行う場合は、本人確認書類の「提示」を受けることが原則とされている。また、本人確認を郵送で行う場合は、本人確認書類の写しの「提出」を受ける必要がある。

イ）利用目的の明示（個人情報保護法18条1項・2項）

マイナンバーは個人情報であるので、個人情報保護法に基づきマイナンバーを取得する場合には、本人に利用目的をあらかじめ明示しなければならない。

3）収集・保管（20条）

何人も、19条で限定的に明記された場合を除き、他人のマイナンバーを含む特定個人情報 Key Word を収集または保管してはならない。

4）マイナンバーの廃棄（19条、20条）

マイナンバーを含む特定個人情報は、その必要がなくなった場合には、できるだけ速やかに廃棄または削除しなければならない。

ただし、所管法令によって一定の期間、保存が義務づけられている書類等については、マイナンバーが記載されていても、その保存期間は保

管する。

5）安全管理措置（12条）

　マイナンバーを含む特定個人情報の管理のために、必要かつ適切な安全管理措置を講じなければならない。

　マイナンバー法における安全管理措置を講ずるうえでの検討手順としては、①マイナンバーを取り扱う事務の範囲、②マイナンバーを含む特定個人情報等の範囲、③マイナンバーを含む特定個人情報等を取り扱う事務に従事する従業者、を明確にすることが重要とされている。

　なお、従業員の数が100人以下の中小規模事業者（一部の事業者を除く）に対しては、特例的な対応方法が示されている。

　「特定個人情報の適正な取扱いに関するガイドライン（事業者編）」（個人情報保護委員会）では、安全管理措置として次の事項を挙げている。

　　ア）基本方針の策定
　　イ）取扱規程等の策定
　　ウ）組織的安全管理措置
　　エ）人的安全管理措置
　　オ）物理的安全管理措置
　　カ）技術的安全管理措置

6）委託・再委託（10条、11条）

　企業は、個人番号利用事務または個人番号関係事務の全部または一部について、委託・再委託をすることができる。ただし、その場合、委託

Key Word

特定個人情報── 特定個人情報とは「個人番号をその内容に含む個人情報」（マイナンバー法2条）であり、個人情報保護法における「個人情報」よりも厳格な各種の保護措置が設けられている。一例として、個人情報保護法における個人情報は（本人の同意等を前提として）利用範囲に特に制限はなく、自由に利用目的を決められるが、特定個人情報は（本人の同意があっても）利用範囲が「税・社会保障・災害対策」に限定されており、その範囲内で利用目的を決める必要がある（9条、30条）。

元には、当初の委託元の許諾を得ることに加え、委託先に対する「必要かつ適切な監督」を行うことが求められている。

なお、個人番号利用事務または個人番号関係事務の全部または一部を委託・再委託された者は、マイナンバーを利用することができる。

7）マイナンバーの漏えいによる企業の報告（平成27年特定個人情報保護委員会告示2号）

企業はマイナンバーを含む特定個人情報の漏えいが発覚した場合に講ずる措置として、①事業者内部における報告、被害の拡大防止、②事実関係の調査、原因の究明、③影響範囲の特定、④再発防止策の検討・実施、⑤影響を受ける可能性のある本人への連絡等、⑥事実関係、再発防止策等の公表、が挙げられている。また、内容によって、個人情報保護委員会への報告も求められている。

Column ☕ コーヒーブレイク

《SNS時代の情報セキュリティ》

フェイスブック、ツイッター、インスタグラムなどのSNS（ソーシャル・ネットワーキング・サービス：Social Networking Service）のを利用して、個人や企業が情報をリアルタイムで発信することが一般的となっているいま、企業としては「悪意のない情報漏えい」に注意をしなくてはならない。たとえば、従業員がオフィスで同僚と写真を撮り、それをフェイスブックに投稿したとしよう。もしかすると、その写真にはオフィス全体の様子が写ってしまっているかもしれないし、パソコンの画面に表示されている情報が写り込んでいるかもしれない。あるいは、営業パーソンが取引先の前で「これから大事なプレゼンです！」というメッセージを書き込んだ際に、GPSの位置情報から取引先の社名がわかってしまうかもしれない。

このように、意図して情報を漏えいさせるつもりはないが、自分自身の情報発信とともに企業の情報を流出させてしまうことが多発している。企業としては、SNS利用規約や教育などを施し、万全を期しておく必要がある。→第7章第2節 **3**

第3章　理解度チェック

次の設問に、○×で解答しなさい（解答・解説は後段参照）。

----

1 | 手続業務とは、何かを完了させるために定められている一連の作業の流れである。

2 | PDCAサイクルの「Action」において重要なのは、「どうすれば計画どおりに行えるか」を検討することである。

3 | 事務機器などにおける「可用性」とは、機器自体の壊れにくさのことである。

4 | テレワークとは、従業員の自宅などの本来のオフィスから離れた場所で、情報通信機器を利用して仕事をすることである。

5 | 情報システムのリスクのうち、犯罪以外のリスクには「ハードウェアやソフトウェアに起因するもの」「自然災害」「ヒューマン・エラー」がある。

第3章　理解度チェック

1　○
手続業務とは、定められた一連の流れに沿って処理を完了させるものである。主な手続業務には、「備品等の購入手続」「株主総会開催関連の手続」などがある。手続業務を遂行するにあたっては、承認の要・不要、期日、手続書類の保管などにも留意する。

2　×
Actionで重要なのは、PlanおよびDoの結果が、目的・目標の達成に対して適切であったかという観点であり、「目的・目標の達成のために何をすべきか」を決めることである。単純に「計画どおりに行う」という意味ではない。

3　×
「可用性」とは、使いたいときに使えるかということであり、利用者における運用の工夫などによって可用性を高めることができる。機器自体の壊れにくさは「信頼性」である。

4　○
テレワークとは、従業員がオフィスから離れた場所で情報通信機器を利用し仕事をすることで、それによって通勤や移動時間の削減、ワーク・ライフ・バランスの実現などに有効な手段である。

5　○
情報システムのリスクには大きく「犯罪によるリスク」「犯罪以外のリスク」の２つがある。前者のほうが注目されがちだが、両方に対しての十分な対策が必要である。

┃ 参考文献 ┃

個人情報保護委員会『特定個人情報の適正な取扱いに関するガイドライン（事業者編）』2014年

内閣府大臣官房番号制度担当室『行政手続における特定の個人を識別するための番号の利用等に関する法律（逐条解説)』2014年

個人情報保護委員会『マイナンバー（個人番号）ハンドブック』2017年

個人情報保護委員会『マイナンバーガイドライン入門』2018年

個人情報保護委員会『「個人情報」と「特定個人情報」』2019年

(一社)日本テレワーク協会編『テレワーク導入・運用の教科書』日本法令、2018年

秀和システム編著『最新 基本パソコン用語事典〔第4版〕』秀和システム、2017年

総務省『テレワークセキュリティガイドライン解説書〔第4版〕』2018年

(独)情報処理推進機構（IPA）『リモート環境におけるセキュリティ』2007年

総務省「AIネットワーク社会推進会報告書 2019」2019年

総務省サイバーセキュリティタスクフォース「IoTセキュリティ総合対策 プログレスレポート2019」2019年

(一財)日本科学技術連盟QCサークル本部『QCサークル誕生50周年記念史 1962〜2012』日本科学技術連盟、2012年

そのほか行政機関、各種団体、企業等の多くのホームページやサイトを参考にした。

第 4 章

職場環境整備と
資産管理の基礎

この章のねらい

　第2章で学んだように総務部門の重要な機能の1つとして資産管理機能がある。企業が所有する資産には資金、債権、不動産、機械、備品など多種のものがあるが、総務部門は、そのうち不動産、機械、備品などの「モノ」の管理を主に担当する。「モノ」の管理が適切に行われることで生産性が上がり、従業員が快適な職場で高いモラールを持って働くことができる。また、経営の羅針盤となる財務状況の正確な把握のためにも「モノ」の管理は重要である。

　そのため、本章では総務部門における「モノ」の管理として、第1節「職場環境整備」、第2節「資産管理」を学ぶ。第1節の職場環境整備では従業員が健康で快適に働くための職場環境の知識を深める。第2節の資産管理では用度品、棚卸資産、固定資産およびリースの適切な管理方法を理解し、資産の有効活用を図る。

　職場環境整備や資産管理は全部門・全従業員にかかわるため、基礎をしっかり学んだうえで各部門と調整を図りながら推進することが重要となってくる。

第 1 節　職場環境整備

◆職場環境整備にはどのような業務があるのかを学び、直接および副次的なさまざまな意義があることを理解する。

◆職場のスペース計画では、スペース計画の流れを理解するとともに、ゾーニングや動線の知識を学ぶ。

◆職場における照明、空気調節、防音、受動喫煙対策などの基本的な知識を学ぶ。

◆身近な職場環境整備として、5S、清掃管理、3R、廃棄物処理について理解する。

1 職場環境整備の概要

(1) 職場環境整備の概要

　総務部門の重要な職務の1つに職場環境整備がある。従業員はオフィスや事務所だけでなく、工場や倉庫、売り場やバックヤードなどさまざまな職場で働いている。総務部門はそれらすべての職場の整備が仕事の範囲となる。

　職場環境整備において、総務部門がかかわる主な業務として、次のものが挙げられる。

① 職場となる建物・スペースの整備・管理業務

　不動産の購入や賃貸等により職場となるスペースを確保するとともに、スペース計画により生産性が上がるレイアウトを行っていく。また、地震国である日本においては建物の点検・保全も重要な仕事である。

② 設備の整備・管理業務

　職場には給排水設備、電気設備、衛生設備（洗面所等）、照明設備、通信設備、空気調和設備（エアコン等）、消防用設備、昇降機設備（エレベーター等）など各種の設備が必要である。それらの設備に不具合があれば、従業員の安全と健康が脅かされる。総務部門として最優先の業務の1つとして取り組まなければならない。

③ 清掃管理・3R・廃棄物処理業務

　清掃管理は従業員の健康や衛生確保だけでなく、生産性向上にも直結するものである。総務部門が全社をリードして推進していかなければならない。また、企業の社会的責任として地球環境へ配慮し、3Rや廃棄物処理業務にも積極的に取り組んでいく必要がある。

④ 警備・保安・防災業務

　従業員の安全を守るとともに、企業の資産の流出を防ぐために、警備・保安・防災業務は欠かせない。警備・保安・防災業務については第8章第2節「警備・保安・防災の基礎知識」で詳しく学ぶ。

（2）職場環境整備の意義

　職場環境の整備は、直接的には従業員の心身の健康の確保、生産性の向上に資するもので、副次的には従業員のモラール向上、優秀な人材の確保、企業のイメージアップ、防災対策、地球温暖化防止などの効果も期待できる。

　特に、お客様が頻繁に出入りする商業施設では、お客様のためにも環境整備は欠かせないものであり、業績や収益に直結するものである。

① 従業員の心身の健康の確保

　労働時間が1日8時間とすると、休憩時間も含めれば1日の3分の1以上を従業員は職場で過ごすことになり、職場環境は従業員の心身に大きな影響を及ぼす。暑すぎたり、寒すぎたり、あるいは照明が暗いなどの問題があれば、従業員の心身への影響は計りしれない。また、空気環境や給水などの衛生面も重要である。職場環境を安全・衛生の両面から

整備することは、労働災害を未然に防ぐことにもつながるものである。

② 生産性の向上

　職場環境が快適であれば、従業員は疲れにくく、仕事の能率は自然とアップする。また、適切にゾーニングされ動線がスムーズであれば、移動のための時間が節約でき、ムダな動きも減少する。生産性向上によるコスト削減、労働時間短縮などに資する職場環境の整備はきわめて重要である。

③ 従業員のモラールの向上

　休憩室、食堂などの設備が充実し、従業員が気持ちよく働くことができれば、「がんばって働こう！」という意欲もわき、モラールも向上する。

④ 優秀な人材の確保

　優秀な人材を採用するためには、職場のイメージも大切な要素である。見学した職場が暗く、雑然としていたために、せっかく内定した会社を断るということは実際に起こりうる。明るく清潔で、整備が行き届いた職場は優秀な人材の確保にもつながるものである。

⑤ 企業のイメージアップ

　商業施設はもちろん、事務所や工場などでも顧客、取引先、金融機関などさまざまな来客がある。職場環境がきちんと整備されていれば企業イメージがアップするし、逆に、職場の印象が悪ければ、事業不振を疑われたり、取り扱う商品の品質に疑問を持たれたりしかねない。顧客や取引先などから信頼を得るためにも職場環境の整備が必要である。

⑥ リスク防止

　地震などの自然災害や火事などが起こった場合、消防設備が整備され、家具の転倒防止、防炎製品の使用などが行われていれば、危険が少なく、避難も行いやすい。また、部外者が侵入しにくいレイアウトや入退室管理の徹底は盗難防止、情報漏えい防止に役立つ。

⑦ 地球環境への配慮

　クールビズやウォームビズ、３Rの推進などは、１社では微力かもしれないが、地球温暖化防止や循環型社会の実現につながるものである。

企業の社会的責任として積極的に取り組む必要がある。→本節**3** (5)・
4 (2)

2 職場のスペース計画

(1) 職場のスペース

　職場はオフィス、工場、商業施設など多様で、必要となるスペースや
施設・設備も業種や職場によって異なっている。

　しかし、いずれの職場においても、実際に働く場所以外に、洗面所、
休憩室など従業員の職場生活には欠かせないスペースがある。さらに、
移動のために廊下、階段、エレベーターなども必要となる。

　ここで一般的に職場にはどのようなスペースがあるかを図表4-1-1

図表4-1-1 ● 職場のスペース

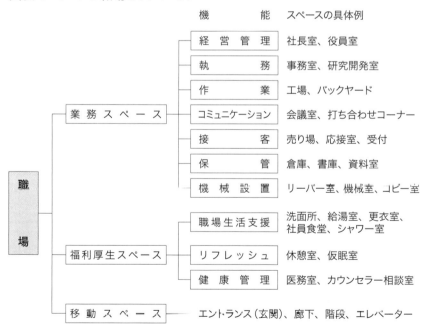

で示した。もちろん、業種・業態や企業規模の違いにより必要なスペースは異なる。また、社長室が応接室を兼ね接客スペースとなったり、更衣室が休憩室にもリフレッシュスペースにもなったりすることもよく見られ、必ずしも各スペースが1つの機能しか持っていないわけではない。

（2）福利厚生スペースの確保

　職場のスペース計画を行う場合、どうしても実際に仕事を行う業務スペース優先で、福利厚生スペースはおざなりになりがちである。しかしながら、従業員の心身の健康の確保やモラールの向上のためには、福利厚生スペースこそ重視しなければならない。

　福利厚生スペースは、従業員を業務から解放するためできれば業務スペースとは切り離して設置することが望ましい。スペースを独立して確保できない場合は間仕切りするなど、オープン・スペースでの設置は避けるべきである。福利厚生スペースはただ設置すればよいというものではなく、多くの従業員に活用してもらうことが重要である。そのためには、従業員の声を聞いて居心地のよい空間になるように整備しなければならない。

　なお、労働安全衛生規則 Key Word や事務所衛生基準規則 Key Word では、便所の数や休憩の設備などについて定められており、それらの基準を守るようにしなければならない。また、福利厚生スペースの設置は、人事・労務管理とも密接に関係するため、人事関係部門と連携して行う必要がある。

Key Word

　労働安全衛生規則──労働安全衛生法に基づき定められた厚生労働省令で、労働安全衛生に関する詳細な定めがある。
　事務所衛生基準規則──労働安全衛生法に基づき定められた厚生労働省令で、事務所の衛生基準に関する詳細な定めがある。

（3）職場のスペース計画の流れ

　職場のスペース計画の一般的な流れとしては、①現状の調査・分析、②基本コンセプト・改善の方向性の明確化、③スペース配分、④スペース配置、⑤レイアウト、の順に行うことになる。

①　現状の調査・分析

　職場のスペース計画を行うときは、職場の新設や移転、現状の職場のレイアウト変更などさまざまであるが、まずは現況のスペースの利用状況、問題点の把握、従業員へのヒアリング・アンケート調査など、現状の調査とその分析からスタートする。経営者の意向を確かめることも重要である。

②　基本コンセプト・改善の方向性の明確化

　調査結果や問題点を踏まえて、基本コンセプトや改善の方向性を明確化する。セキュリティ重視なのか、仕事の能率アップをめざすのかなど基本コンセプトや改善の方向性によって、職場のスペース計画は大きく変わってくる。経営者の意向を踏まえて、社内で議論を尽くすことが必要である。

③　スペース配分

　職場のスペース計画を行うにあたって大前提となるのは、確保できるスペースの広さである。通常、移動スペースの廊下、階段、エレベーター、洗面所、給湯室などの位置は建物に依存し動かせないので、それ以外のスペースの配分を考えることになる。

　スペース配分の方法はさまざまであるが、一例を挙げると次のとおりである。

1）業務スペース、福利厚生スペースそれぞれに必要な具体的なスペースの洗い出し

　　例：必要な業務スペース…社長室、事務室、会議室、書庫など
　　　　必要な福利厚生スペース…更衣室、休憩室など

2）スペースの必要面積の算定

　　事務室であれば、家具・備品の面積、家具・備品を使用する動作

域の面積、通路面積、分割・遮へい面積、余裕面積などを加算して求められる。

3）スペースの配分調整

　　全体のスペースを勘案しつつ、業務スペースと福利厚生スペースの配分調整、業務スペース内、福利厚生スペース内での配分調整を行う。

　一部の恵まれた企業を除けば、理想とする広さよりも狭く、限られたスペースしかないことがほとんどである。そのため、事業の性格や業務内容に応じ、優先順位を設定したスペース配分が必要となる。たとえば、来客が多い企業、外部関係者との会議や研修などが多い企業では、接客スペースを広くとり、会議室や研修室などを多数設けることが優先される。

　また、限られたスペースの中で配分を行うための工夫としては、できるだけ1つのスペースを多機能多用途に利用することを考えるとよい。たとえば、ユーティリティ・スペースとして接客コーナー兼休憩コーナーを設ければ、その状況に応じて、接客スペースにもリフレッシュスペースにもなりうる。さらに、部屋を大きくしたり小さくしたりできるように可動式間仕切りを設けたり、柔軟にレイアウト変更できように移動式家具を導入するなどの方法もある。

④ スペース配置

　必要となる具体的なスペースとその配分が決まったら、それぞれのスペース配置を検討する。スペースを配置する際の考え方にゾーニングと動線がある。

　「ゾーン」は日本語に訳すと範囲とか区域という意味で、ゾーニングは類似したスペース、関係が深いスペースをまとめて配置することである。

　ゾーニングの代表的な基準として、次のものがある。

1）来客が入れるスペースと従業員のみが入れるスペースを分けて、ゾーニングを行う

　　来客が入れるスペース（受付、応接室、会議室等）と入れないスペース（事務室、書庫等）を明確に分けることで、むやみに社外の者

が事務室などに立ち入れないようになる。来客が多い企業やセキュリティが重視される企業で用いられることが多いゾーニングである。

2）機能でゾーニングを行う

事務、コミュニケーション、接客、保管などの機能でゾーニングを行う。機能と業務は密接に関係しているため、仕事が効率的に行えるようになることが多い。

3）関連が深い部署や組織でゾーニングを行う

たとえば、2階は営業部やマーケティング部、3階は総務部、人事部、経理部、4階は経営企画部、秘書室、役員室にするなど、関連が深い部署をひとまとめにする。関係が深い部署や組織のコミュニケーションがとりやすく、仕事の流れもスムーズとなるからである。

なお、ゾーニングは必ずしも1つの基準のみで行うとは限らない。たとえば、フロアを来客が入れる応接室や会議室のゾーンと来客が入らない事務室や書庫のゾーンを分けた後、事務室や書庫のゾーンを総務部、人事部、経理部と組織でゾーニングすることがある。

また、ゾーニングの際に、特に注意しなければならないのが動線である。動線とは、ヒトやモノの動きの経路のことで、仕事上の動線は短く、かつできるだけ交差しないことが望ましい。さらに、セキュリティにも留意する必要がある。社外の者の動線を考え、社外の者が職場内にむやみに立ち入らないように考えなければならない。

ゾーニング後の具体的なスペース配置では窓、柱、出入り口などの諸条件にも留意する必要がある。事務室は法律上窓がなくてもよいが、できれば窓があるほうが従業員にとって快適でストレスも少ない。柱が真ん中にあると邪魔になるので、柱が部屋の区切りになるようにすることが望ましい。また、倉庫などでは搬入搬出しやすい出入り口が設置できる場所に配置するとよい。

⑤ レイアウト

スペース配置の後は、実際の人や設備の配置を行うためのレイアウトが必要である。ここではオフィス・レイアウトを例に挙げる。

オフィスは個人執務スペースのほか、コミュニケーションスペース、書庫などの収納スペース、休憩スペースなどが設けられる。個人執務スペースやコミュニケーションスペースはローパーティションで区切れば、立位での見通しを確保し、プライバシーとコミュニケーションの両立を図ることができる。

オフィス・ワーカー1人当たりの必要面積は、業務の内容や職制などによって異なる。職制別1人当たりの面積の目安は、役員18.0〜25.0m²、部長13.0〜18.0m²、課長6.5〜8.5m²、一般事務4.5〜7.0m²である。

デスク・レイアウトとには、向かい合って座る対向式レイアウトと同じ方向を向いて座る同向式レイアウトがある。→図表4-1-2

オフィス・レイアウトでは、留意したいポイントとして、次のようなものがある。

・1人ひとりのワークスペースを十分に確保する。
・狭くて動きづらい箇所、歩行しにくい箇所、ぶつかりやすい箇所がないように注意する。
・オフィス・ワーカーやモノの動線はできるだけ短く、交差しないようにする。
・プライバシーに配慮する。
・コミュニケーションスペースを確保する。
・窓や照明器具、空調設備との位置関係に配慮する。
・パソコン、コピーなどOA機器の配線に注意する。
・コピー機の音や打ち合わせの声など音の問題に配慮する。
・入り口付近は余裕をもたせ、オフィスに入りやすいようにする。
・従業員が圧迫感を感じないように配慮する。

3　照明・空気調節等

照明・空気調節等の設備も職場によってさまざまであるが、ここでは代表的なオフィスの設備について取り上げる。

図表4-1-2 ● デスク・レイアウトの例

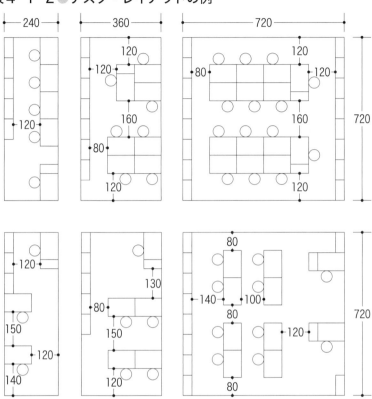

出所：日本建築学会〔2005〕

（1）照明・採光

　照明や採光が不十分だと目の疲れを引き起こし作業効率も落ちる。また、健康面でも悪影響が心配される。そのため、照明・採光には十分留意しなければならない。

　オフィス内の光源としては自然光と人工光を併用するほうが好ましい。これは、人工光よりも自然光のほうが心理的側面でよい影響を及ぼすからである。ただし、自然光は、季節や天候などの気象条件により安定的な明るさを確保することが難しい。そこで、人工光を併用することが必

要となる。

また、人工光では省エネのために LED照明 `Key Word` が推奨され、職場での主力光源となっている。LED照明は電球型だけでなく蛍光灯型もあり、導入費用もLED照明が発売された当時と比べると低価格となっている。

① 設定すべき照度

オフィス内での必要な明るさは、業務内容によっても違いがある。細かい作業を行うような場合には、それなりの明るさが必要である。事務所衛生基準規則では、精密な作業は300 lx（ルクス） `Key Word` 以上、普通の作業は150 lx以上、粗な作業は70 lx以上となっている。また、JISの照明基準総則は図表4-1-3のとおりで、推奨照度をみると、事務室が750 lx、会議室500 lx、受付300 lxなどとなっており、事務所衛生基準規則より厳しい基準となっている。一方、休憩室などは明るすぎると落ち着かない。

② グレアの防止

不快に感じ、モノが見えにくくなるまぶしさをグレアという。グレアは照明の光源の輝度 `Key Word` が高かったり、光がパソコンのディスプレイに反射したりすると起こりやすい。

グレアを防ぐためには直接照明より間接照明がよい。オフィス・ワーカーの目に直接光が入るような位置に輝度の高い照明を設置することは

Key Word

LED照明── 発光ダイオード（LED）を使用した照明器具である。低消費電力で長寿命という特徴を持つ。発売当時に比べると低価格となり、職場の主力光源となっている。

lx（ルクス）── 照度の計量単位。1 m^{2}の平面を1 lm（ルーメン）の光束が一様に照らすときの表面の照度。1 lx = 1 lm/m^2。

輝度── 光源における単位面積当たりの明るさのことで、単位はcd（カンデラ）。物理学で、発光体の表面の明るさを示す量。

図表4-1-3 ● JISの照明基準総則

主な作業領域・活動領域の照度範囲

JIS Z 9110：2011		
		単位：lx
領域、作業または活動の種類	推奨照度	照度範囲
設計、製図	750	1,000～500
キーボード操作、計算	500	750～300
事務室	750	1,000～500
電子計算機室	500	750～300
集中監視室、制御室	500	750～300
受付	300	500～200
会議室、集会室	500	750～300
宿直室	300	500～200
食堂	300	500～200
書庫	200	300～150
倉庫	100	150～ 75
更衣室	200	300～150
便所、洗面所	200	300～150
電気室、機械室、電気・機械室などの配電盤および計器盤	200	300～150
階段	150	200～100
廊下、エレベーター	100	150～ 75
玄関ホール（昼間）	750	1,000～500
玄関ホール（夜間）、玄関（車寄せ）	100	150～ 75

出所：経済産業省ホームページ

避け、前方からの照明光がデスクや紙などで反射しないように配慮する。

　また、ディスプレイを用いた作業の場合、ディスプレイに照明器具の光が映ると強い間接グレアの原因となる。照明器具の対策のほか、ディスプレイの向きや角度を変える、グレア対策がなされているノングレアモニターを使用するなどディスプレイ側で対策をとることでグレアを防ぐことができる。

（２）空気調節（エア・コンディショニング）

　照明・採光に加え、オフィス内の温度、湿度、室内の気流や空気の清浄度もオフィス・ワーカーの業務に大きな影響を与える。そのため、オフィス内の空気調節を行うことが必要となる。

　空気調節（以下、「空調」）とは、屋内の空気の温度、湿度、気流および、粉じんや臭気などの空気の清浄度を、人工的に調節することである。

① 温度・相対湿度

　事務所衛生基準規則では、部屋の気温が10度以下の場合は暖房するなど適当な温度調整の措置を講じ、空気調和設備（以下、「空調設備」）を取り入れている場合は、室温17度以上28度以下、相対湿度40％以上70％以下となるように調整するよう努めることになっている。

　暑すぎたり、寒すぎたりすれば仕事の能率が落ちるし、湿度が高すぎると蒸し暑さを感じ、低すぎると乾燥感を感じ、静電気の発生など、OA機器にも影響を与える。事務所衛生基準規則で定められた範囲で、空調の温度や相対湿度をどの程度に設定するかは、部屋の中での温度差や個人による体感差もあり、難しい問題であるが、オフィス・ワーカーが快適に効率的に仕事に打ち込めるよう配慮して調整する。なお、環境省では、地球温暖化防止のために、夏の冷房時には室温28度、冬の暖房時は室温20度を目安に、無理のない範囲での室温管理を呼びかけている。

② 気流

　気流は、空気の流れのことでオフィス内の風である。空気の流れがまったくないと、熱や臭気などが滞留して不快な原因となる。逆に気流が強すぎると、冷気で肌寒さを感じる、資料が飛ぶなどの業務上の支障が生じる。事務所衛生基準規則では、気流は0.5m毎秒以下になるように空調設備や機械換気設備を調整するよう定められている。定められた範囲で適度な気流を確保することが必要である。

③ 粉じん・一酸化炭素・二酸化炭素

　快適なオフィス環境づくりでは、粉じんや一酸化炭素、二酸化炭素の含有率などの空気の清浄度にも配慮することが必要である。建材や家具

などから発生する<ホルムアルデヒド> Key Word によって、職場でもいわゆる<シックハウス症候群> Key Word になることがありうる。ほこりによる空気の汚れの問題もある。最近のビルでは窓の開閉ができないことも多く、換気には十分に配慮しなければならない。

④ 空調にあたっての留意点

空調にあたっては、オフィスの構造、空調設備の機能・配置、執務するオフィス・ワーカーの人数、使用するOA機器の台数や配置、喫煙室の位置など、オフィス環境を総合的な視点で考えなければならない。特に、複写機やパソコンのプリンターなど、放熱による温度上昇や粉じん発生（トナー交換時など）の原因となる機器類の設置場所や、喫煙室の位置、また、臭気発生源となるゴミ捨て場の位置などには十分な配慮が必要である。

空調は、フロアごと、スパンごとに設定できるようにすることが望ましく、業務が集中する決算時期や休日出勤の際には、スポット的に空調設備が運転できるようにすることが経費的な面からも効率的である。

さらに、オフィス内の間仕切りの位置や高さも空調に影響することになるので、オフィス内のレイアウトを行う場合、あるいはレイアウトを変更する場合には、空調との関係を考慮する必要がある。

（3）防音・振動の防止

オフィス内では、人の会話や歩行、電話、OA機器、空調設備などからさまざまな音や振動が発生している。最近の建築物は防音や振動防止の対応がとられているが、オフィスによっては外からも自動車、工事などによる騒音や振動などが入り込む。これらの音や振動は、オフィス・

Key Word

ホルムアルデヒド──有機化合物の一種で、濃度によって人体に悪影響を及ぼす。
シックハウス症候群──建材や家具などから放出されるホルムアルデヒドなどの化学物質によって、室内の空気が汚染されることにより体調不良になること。

ワーカーに不快感を与えたり、集中力を阻害したりするなど、業務遂行に影響を及ぼす。また、音に関しては、オフィス・ワーカーの業務遂行への影響だけでなく、隣室の会話や会議室の討議の声が外部者に漏れるなどセキュリティ面での問題発生の原因にもなる。一般に、静かな事務室は50dB（デシベル） Key Word 程度である。

　事務所衛生基準規則では、騒音や振動に対しては隔壁を設ける等その伝播を防止するため必要な措置を講じるように求めている。防音の対策としては、①静音のOA機器の設置、防音機能のあるカバーの取り付け、電話の呼び出し音の調節など、音の発生源への対応、②遮音性や防音性の高い材質の間仕切りの利用、吸音性の高いカーペットや内装材の利用など、音の遮断・吸収への対応、などが考えられる。

（4）受動喫煙防止対策

　2018年（平成30年）7月に健康増進法が改正され、受動喫煙防止対策が強化された。

　学校、病院、児童福祉施設等、行政機関は2019（令和元）年7月より敷地内禁煙で、例外として屋外で受動喫煙を防止するための必要な措置がとられた場合に喫煙場所を設置できる。それ以外の多数の者が利用する職場などの施設では2020（令和2）年4月より原則屋内禁煙で、喫煙専用室内でのみ喫煙できる。ただし、当分の間、加熱式たばこは飲食等も可能な喫煙室で喫煙できる。また、経過措置として、一定の中小企業の客席面積100m²以下の飲食店は、原則屋内喫煙の対象から除外される。

　さらに、職場などの施設の管理者は、20歳未満の従業員などを喫煙可能場所に立ち入らせてはならないこととなっている。職場の施設管理者や事業者などが受動喫煙を防止する措置を講ずる努力義務等があり、総

Key Word

dB（デシベル）── 音の強さ、音圧やエネルギー密度などのレベルを示す単位。電話の発明者ベルにちなむ。Decibel、略はdB。

務部門がリードして、国のガイドラインに示された喫煙室の設置や受動喫煙防止対策の周知などを推進していくことが求められる。

（5）地球温暖化防止に配慮した対応

　企業の社会的責任として、職場における地球温暖化防止対策を推進していかなければならない。特に重要なのは、温室効果ガスとなるCO_2の排出量を減らすための省エネや節電である。

　空調設備は大きなエネルギーを消費しており、その対策として環境省が呼びかけているのが、NOネクタイ、NO上着を中心とした夏のビジネス用軽装で勤務するクールビズ（COOL BIZ）と、冬用の暖かい服装で勤務するウォームビズ（WARM BIZ）である。企業がクールビズ、ウォームビズにより冷房の設定温度を28度、暖房の設定温度を20度に抑えれば、日本全体の節電効果がきわめて大きい。また、ブラインドや窓、扉の開閉による調整など、できるだけ空調設備に頼らずに快適なオフィスになるよう努めたい。さらに、省エネ型の空調設備の導入、建物の断熱化などを行えば、同じ冷暖房の設定温度でも消費電力はより少なくなる。空調設備だけでなく、省エネ型の設備機器やLED照明への変更も効果がある。さらに、必要のない照明はこまめに消灯する、離席のたびにパソコンのモニターの電源をオフにするなど、日ごろの取り組みによっても節電できる。

　省エネ・節電は企業にとってもコスト削減につながる。総務部門として積極的に推進していくことが必要である。

4　清掃管理と廃棄物処理

（1）5Sと清掃管理

　5Sと清掃管理は、生産性の向上と従業員の安全・健康の確保にきわめて重要であるが、後回しになりがちである。総務部門が率先して5Sや清掃管理をリードしていかなければならない。

① 5S

5Sは「整理・整頓・清掃・清潔・しつけ」を意味し、職場環境整備のスローガンで、どのような職場でも重要な仕事の基本である。総務部門は全社で5Sが実行されるように、意識を高めていく必要がある。

整理（せいり、Seiri）：必要なものと不必要なものを区分し、不必要なものを捨てる。

整頓（せいとん、Seiton）：必要なものを決められた場所に置き、いつでも取り出せる状態にしておく。

清掃（せいそう、Seisou）：すみずみまで掃除する。

清潔（せいけつ、Seiketsu）：汚れを取り除き、衛生を保つ。

躾（しつけ、Shitsuke）：決められたルール・手順を正しく守る習慣をつける。

② 清掃管理

労働安全衛生規則と事務所衛生基準規則では、事業者は「日常行う清掃のほか、大掃除を、6月以内ごとに1回、定期に、統一的に行うこと」が定められており、衛生的な職場環境を保持するためには清掃は欠かせない業務である。

複数の企業が利用する賃貸の共同ビルでは、洗面所、廊下、階段、エレベーターといった共用スペースは所有者である貸主がビル管理会社などに委託して清掃を行っていることが一般的であるが、その場合でも清掃が行き届いているか確認し、問題があれば速やかに改善を依頼する。もちろん、自社が専用で利用しているスペースは自社が責任を持って清掃することになる。

一方、自社が建物を所有している場合は、建物全体の清掃を考えなければならない。

清掃の方法としては、①ビル管理会社など外部業者への委託、②清掃などの管理人の雇用、③従業員が分担して実施、などが挙げられる。

大規模なビルなどは対象面積も広いため、外部のビル管理会社に委託する場合が多い。それでも、執務室内の日常清掃のみはセキュリティ上、

従業員が分担して行うほうが安心である。セキュリティの問題がある事務室などの清掃を外部業者に委託する場合は、棚などにしっかり鍵をかけるといった対策が必要となる。清掃などの管理人を雇用している場合でも、1人きりの時間があればセキュリティ面の注意が必要である。

　清掃を従業員が分担する場合には、業務に支障がないように、また、負担が偏らないようにしたい。なお、当然のことながら女性従業員のみに、通常の業務に加えて清掃をさせるのは男女雇用機会均等法に違反する。

　日常の清掃だけでなく、大掃除についても6カ月以内に1回、定期的に統一的に行う必要がある。対象となる箇所をいつ、誰が、どのように大掃除を行うか、計画を立てて実行していかなければならない。

（2）3Rと廃棄物処理

　企業の社会的責任として、事業活動によって生じたゴミを減らすために3Rを推進するとともに、廃棄物を適正に処理しなければならない。

① 　3R

　循環型社会形成推進基本法が制定され、3R（サンアール）を実践することで循環型社会の実現を推進することが定められている。3Rとは、以下の3つの語の頭文字をとっている。

　　　Reduce リデュース：廃棄物の発生抑制

　　　Reuse リユース：再使用

　　　Recycle リサイクル：再資源化

　循環型社会を実現するために、企業も分別回収を徹底し、リサイクル・リユースにより廃棄物を減らすことが求められている。また、廃棄物処理には費用が発生するので、廃棄物の減量はコスト削減にもつながる。総務部門は従業員の意識啓発、分別収集のルール化などを率先して推進していかなければならない。

　リデュース・リユース・リサイクル推進協議会は3Rキャンペーンマークを定めており、3R活動を推進するためのポスターなどに利用するとよい。→図表4-1-4

図表４-１-４●３Ｒキャンペーンマーク

デザインコンセプト
人と大地と空のために踏み出す一歩

英語のR（Reduce・Reuse・Recycle）を
モチーフとした、3つの図形が一歩を踏み出
し、前進する様を表現している。
3つの色は左からそれぞれ〔オレンジ→人間〕
〔グリーン→大地〕〔ブルー→空〕を表している。

出所：リデュース・リユース・リサイクル推進協議会ホームページ

② 廃棄物処理

　３Ｒを推進しても廃棄物を完全になくすことはできないので、排出された廃棄物は適正に処理する必要がある。企業の廃棄物は産業廃棄物と業務系一般廃棄物に区別される。産業廃棄物は事業活動に伴って生じた廃棄物のうち、燃え殻、汚泥、廃油、廃酸、廃アルカリ、廃プラスチック類、その他政令で定める廃棄物となっている。それ以外は業務系一般廃棄物となる。

　産業廃棄物は排出事業者に処理責任があり、産業廃棄物を処理・処分できる許可を受けた産業廃棄物処理事業者へ処理・処分委託することになっている。

　業務系一般廃棄物は事業者がみずから処理するか、市町村または市町村の許可を受けた一般廃棄物処理業者に処理・処分を委託しなければならない。多くの市町村で業務系一般廃棄物の処理について条例が定められており、条例に従って適正な処理をする必要がある。

資産管理

◆企業の保有する資産の種類を知るとともに、資産管理の重要
性を確認する。
◆用度品の種類を知るとともに、用度品管理のための基礎知識
を学ぶ。
◆棚卸資産管理のために、棚卸資産の入出庫や記録、棚卸の実
際、棚卸資産の評価などを的確にできるようにする。
◆固定資産の種類を知るとともに、固定資産管理の基礎知識を
学ぶ。
◆リースのしくみ、リースの流れ、リースの業務関係の知識を
学ぶ。

1 企業の資産と資産管理

（1）企業が所有する資産

　企業が所有する資産にはさまざまなものがある。企業の財務諸表の1
つである貸借対照表（→図表4-2-1）をみると、資産には流動資産、
固定資産、繰延資産の区別があることがわかる。流動資産とは現金また
は原則1年以内に現金化される資産のことで、現金、売掛金、棚卸資産
などが含まれる。一方、固定資産は企業が事業のために継続的に使用す
る資産で、不動産や機械設備などが含まれる。繰延資産は、支払った費
用の中で将来にわたって企業に利益をもたらすと考えられる資産で、例
えば開業費や開発費がある。

図表4-2-1 ● 貸借対照表の例

資　産　の　部		負　債　の　部	
Ⅰ　流動資産		Ⅰ　流動負債	
現　金　預　金	○○○○○	支　払　手　形	○○○○
受　取　手　形	○○○○	買　　掛　　金	○○○○○
売　　掛　　金	○○○○	短　期　借　入　金	○○○○
棚　卸　資　産	○○○○	未　　払　　金	○○○○
短　期　貸　付　金	○○○○	借　　受　　金	○○○○
未　収　入　金	○○○○	預　　り　　金	○○○○
仮　　払　　金	○○○○	未　払　法　人　税　等	○○○○
流　動　資　産　計	○○○○○	流　動　負　債　計	○○○○○
Ⅱ　固定資産		Ⅱ　固定負債	
1 有形固定資産		長　期　借　入　金	○○○○○
土　　　　　地	○○○○○○		
建　　　　　物	○○○○○○		
車　　　　　両	○○○○○	固　定　負　債　計	○○○○○
機　械　装　置	○○○○○	負　債　合　計	○○○○○○
2 無形固定資産		純　資　産　の　部	
特　　許　　権	○○○○	Ⅰ　株主資本	
3 投資その他の資産		1 資　　本　　金	○○○○○○○
投　資　有　価　証　券	○○○○	2 利　益　剰　余　金	
差　入　保　証　金	○○○○	繰越利益剰余金	○○○○○
固　定　資　産　計	○○○○○○	（うち当期純利益）	○○○○
Ⅲ　繰　延　資　産			
開　　発　　費	○○○○○	株　主　資　本　計	○○○○○○
繰　延　資　産　計	○○○○○	純　資　産　合　計	○○○○○○
資　産　合　計	○○○○○○○	負債・純資産合計	○○○○○○○

　会計上は貸借対照表に資産計上されているものだけが企業の資産であるが、現実には貸借対照表には計上されない資産がある。減価償却資産（→本節 **4** **(4)** ②）は、原則、貸借対照表に固定資産として計上されるものだが、税制上、10万円未満の減価償却資産は取得後、使い始めた時点で全額費用処理できることとなっており、貸借対照表に計上されない

ことが一般的である。そのため、オフィス家具やパソコンなども貸借対照表上の資産でないことがある。また、貯蔵品（→本節 **3**（1）④）も、原則、貸借対照表に流動資産として計上されるものだが、税制上、金銭等価物（切手や収入印紙等）以外のものは、各事業年度におおむね一定数量取得し、経常的に消費するという条件を満たせば、購入時に全額費用処理できるため、貸借対照表には通常計上されない。そのため、事務用品なども企業の大切な資産だが、貸借対照表では資産として扱われていない。

（2）資産管理

　資産管理の業務は多岐にわたるが、大別すると①資産の購入・取得、②資産の保守・保全、③資産の評価、④資産の売却・廃棄、がある。①資産の購入・取得では、資産の選択、交渉、契約などの業務が含まれ、高額な資産であればその選択や交渉などの優劣が企業の経営を左右することもある。②資産の保守・保全は、資産を長く有効活用するためには必要不可欠な業務である。③資産の評価は、経営の指針となる財務状況を正確に把握するために重要となる。④資産の売却・廃棄では、本章第１節 **4**（2）でも述べたように、社会的責任として３Ｒを推進するように努めなければならない。資産の売却が可能であればできるだけ有利に売却し、廃棄する場合は適正な廃棄物処理を行わなければならない。

　資産管理は総務部門だけでなく、通常、各部門が分担して行っている。各部門の一般的な分担を図表４‐２‐２に示した。製造・販売用以外の棚卸資産、有形固定資産、無形固定資産は総務部門が管理を担当することが多い。

2 用度品管理

（1）用度品の概要
① 用度品とは

図表4-2-2 ●資産管理の各部門の分担例

管理担当部門	資産の種類	資産の具体例
経理部門、財務部門	①流動資産のうち、現金預金、換金性の高い資産 ②固定資産のうち、投資その他の資産	①現金預金、受取手形、売掛金、短期貸付金、未収入金、仮払金等 ②投資有価証券、差入保証金等
製造部門、販売部門、仕入・購買部門、物流部門などの現業部門	①流動資産のうち、製造や販売用の棚卸資産 ②固定資産のうち、製造や販売用設備等 ③貸借対照表に計上されない製造や販売用の消耗品	①商品、製品、半製品、仕掛品、原料、材料、貯蔵品 ②生産機械、測定器、包装用機械、レジスター、厨房機器等 ③包装用材料、燃料、油、釘等（各事業年度におおむね一定数量取得し、経常的に消費するもの）
総務部門	①流動資産のうち、全部門に共通する貯蔵品（棚卸資産） ②固定資産のうち、有形固定資産（現業部門が管理する設備等は除く） ③固定資産のうち、無形固定資産 ④貸借対照表に計上されない消耗品（現業部門が管理する消耗品は除く） ⑤貸借対照表に計上されない什器、備品等 ⑥リース物件	①複数年分の会社案内パンフレット、切手、収入印紙等 ②土地、建物、車両、コピー機、電動式移動棚等 ③特許権、商標権、ソフトウェア等 ④事務用品、トイレタリー等（各事業年度におおむね一定数量取得し、経常的に消費するもの） ⑤机、いす、キャビネット、パソコン等（取得価額10万円未満） ⑥リースしたコピー機、車両等

　用度品は、事業活動を行うために必要な資産で、企業が日常の業務で使用する事務用品から什器まで多種多様なものがある。

　一般的に、用度品は決算で減価償却や棚卸の必要がないものである。税法上、取得額10万円未満の減価償却資産は固定資産として計上せずに全額費用処理できるため、10万円未満の什器や備品は用度品として管理することが多い。なお、販売用の製品や商品、製造用の原材料などは用度品には含まれない。

② 用度品の種類

- 什器とは企業で日常的に使用する調度品類で、事務机、事務用いす、応接セット、キャビネットなどがある。
- 備品とは職場内に備えつけるもので、業務上必要な機器工具類などをいう。
- 消耗品とは使用することによって消耗していくもので、事務用品などがある。

なお、耐用年数が1年以上のものを備品とし、耐用年数が1年未満のものを消耗品とし、区別している場合もある。

③　常備品と非常備品

常備品とは、常に在庫を持つもので、要請があったらすぐに渡すものである。事務用品、コピー用紙、トナーやトイレタリーなど、主に消耗

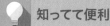

Column　知ってて便利

《幽霊資産があるわけ》

　貸借対照表は企業の決算時点の資産（左側）と、資産を得るための資金をどのように調達したか（右側）を示している。損益計算書は期間（通常1年間）の損益を表し、企業の成績表といえる。

　損益計算書の作成で、損益計算を行うためには、事業の運営にかかった費用を知る必要がある。そのために、減価償却の計算や、使用した消耗品を確定する棚卸の業務が発生する。しかしながら、少額の資産まで減価償却の計算をしたり、事務用品など多種類の消耗品の棚卸をしたりすることは企業の大きな負担になる。そこで、10万円未満の減価償却資産は取得して使い始めた時点で、毎年おおむね一定数量を購入し経常的に使っている消耗品は便宜上購入した時点で、全額費用として認める措置がとられている。購入金額すべてを一度に費用として認めれば、面倒な減価償却の計算や棚卸がいらないからである。税務署も一応、企業に配慮しているのだ。

　損益計算で資産の購入金額をすべて費用として認めるということは、その資産をすべて消費した、あるいは資産価値がゼロになったという意味である。そのため、損益計算で全額費用処理すれば、貸借対照表に資産として計上されないことになる。実際には資産として存在していても貸借対照表上は幽霊資産なのだ。

品が該当し、以下のような特徴がある。

・使用頻度が高く、継続的に使用されるもの

・各部門で共通・大量に使用されるもの

・低価格で、まとめて購入すると割安なもの

・規格や仕様が一定で、技術的な進歩がないもの

・保管上の費用があまりかからないもの

・品切れになると業務上支障をきたすもの

　一方、非常備品とは、要請があったら購入すればよいものである。主に什器や備品が非常備品となる。

（２）用度品管理の意義と知識

① 用度品管理の意義

　用度品は、一品ごとは高額なものではないだけに、どうしても管理に甘さが出てしまう。しかし、机や棚、機器といったある程度高額の商品もあるので、経費の中で用度品の金額の占める割合は小さくはない。

　また、用度品は企業活動を円滑に進めるために必要不可欠なものである。効率よく仕事をするためには、用度品は従業員に十分行き渡らなければならず、かなりの数量が必要で、また、適切に配分・配置することが求められる。

　用度品の購入と管理にかける費用をできるだけ削減しつつ、業務に支障がないように、適切に管理しなければならない。用度品管理は企業の経費節減と業務の効率化にかかわる重要な業務である。

② 用度品担当者に必要な知識

　担当者の仕事は、用度品を必要とする部門に払い出したり、在庫として保管したりすることである。在庫数の不足や在庫切れなどを起こしてはいけない。また、それらが本当に適切な品質・価格の物品であるかを判断し、できるだけ安い価格で購入しなければならない。そのため用度品管理には次のようなことが求められる。

１）商品に関する知識

　部門の要求する商品、妥当な金額の商品を提供するためには、事務用品売場などに定期的に足を運んだり、カタログに目を通したりして、できるだけ多くの商品を比較検討し、体系的な商品知識を身につけなければならない。

２）各部門の業務の理解

　各部門から出される用度品の要求に対し、それが本当に業務に適したものであるか、妥当な価格であるかを判断しなければ、担当者としての役目を果たせない。そのためにも各部門の業務を理解し、業務の流れを把握したうえで、要求された用度品がマッチしたものでなければ、要請を拒否し適切な用度品を提案することが重要である。

３）適切な用度品の購入・在庫数量の維持

　用度品は多種多様であり、その中から適切なものを購入することになるが、企業内で統一された机やいすおよびキャビネットなどは、追加も同じ規格のものを購入したほうが使い勝手や見映えがよい。特別に用途が指定される場合は、その用途を理解し、合ったものを選択する。

　事務用文房具などは、必要な機能を満たした廉価な商品を選択する。比較的長く使うものは、初期コストだけでなく、ランニングコストも含めたトータルコストを納入業者の見積書で比較するとともに、各商品の機能や品質を考慮して慎重に選ぶようにする。

　職場の保管スペースには限りがあり、多くの在庫を持つことは資金繰りの悪化にもつながる。まとめて購入すると割安となるとしても、在庫が多くなりすぎればデメリットも大きい。経済的合理性などの諸条件を勘案して、適正な在庫数量を維持することが求められる。

（３）用度品の購入

① 常備品の購入

　年度の常備品の購入計画では、前年度も含めて過去数年の使用数量を種類別・部門別などで集計し、今年度の全社計画や部門別計画などを勘案して使用数量の増減を予測し、購入数量を決定する。さらに各部門へ

の割り当てや在庫数量も計画する。

年度予算として確定されたら、総務部門は非常備品と合わせて、その執行責任を果たさなければならない。

② 非常備品の購入

非常備品は、各部門が必要なつど購入を依頼するので、希望する納品日までの期間がタイトなことがある。担当部門としては、非常備品は購入に関するルールを明確にして、購入依頼に対してどのように対応するかをあらかじめ決めておくとよい。購入に際しては、購入依頼が必要であるかを確認し、購入依頼品の用途・価格・品質、さらに代替品はないのか、将来的にも利用価値があるかなどを考慮して購入する。

〈非常備品の購入に関するルール例〉

　・規模の大きい企業は、非常備品の購入規程を作成して、それに従う。
　・購入依頼書・払出依頼書などを作成して、総務部門へ提出することを義務づける。

③ 購入先の決定

購入先は、担当部門として選択条件を明確に決めて数社をリスト・アップしておく。インターネットを利用して購入先を探すことも多くなっている。ただし、購入先があまり分散すると、支払業務が煩雑になる、購入をまとめることによる値引きが受けられない、送料が多くかかるなどのデメリットもあるので、そうした事情も勘案して、購入先の数があまり多くなりすぎないように注意する。

購入金額が大きい場合は複数の業者から見積書を取得して、取引条件を検討のうえ、購入先を決定する。購入金額が小さいものについては、カタログやネット上の価格等の表示を見て、購入先を決定してもよい。自社の営業絡みでの依頼もあるので、臨機応変に対応する。

（4）用度品の管理業務

① 受け入れ・払い出しの手続

用度品が届いたら注文どおりの品物や数量であるか、汚れたり壊れた

りしていないかなどを必ず確認し、問題があればすぐに購入先や配達業者に連絡しなければならない。

用度品のうち常備品はほとんどが在庫から払い出されるので、手続が複雑であったり、承認が多かったりすると円滑に仕事が進まない場合がある。総務部門として効率のよいシステムを構築する。

什器や備品などの非常備品は、納入されたらすぐに要求部門に渡すことになる。

② 用度品の保管

常備品など用度品の保管スペースが狭い場合も多い。スペースを効率的に使うためには整理整頓が欠かせない。使用量の多い用度品から保管位置を決めていくとよい。また、過去の使用実績で在庫数量の推移を勘案して注文時期や注文数を調整する等、在庫はできるだけ少なくする。用度品受払台帳は必ず記入して、記録を残す。

非常備品は、要求部門に責任を持って管理させることが必要である。

③ 従業員への意識啓発

用度品は文房具などすべての従業員が利用するものが多い。そのため、

Column　ちょっとご注意

《期末の節税対策》

期末が近づくと、決算対策、節税対策という名目で、事務用品や備品などを購入するという話を聞いたことはないだろうか。会社が予定より利益が出ると、法人税をたくさん納めなくてはならない。少しでも税金を減らしたいのが人情である。そこで、用度品などを購入して費用を増やし、利益を減らして、節税しようということになるのだ。

しかしながら、事務用品をすべて費用として処理するためには、毎年おおむね一定数量を購入し、経常的に使っているという条件を満たす必要がある。例年に比べ、あまりに多くの事務用品など消耗品を購入すれば、税務調査で指摘を受ける可能性があるので注意したい。節税対策で期末に会社案内などのパンフレットを2年分、3年分印刷してすべて費用処理するのもNGである。

195

総務部門が中心となり、用度品管理は従業員全員が責任を持って行うという意識啓発が求められる。文房具などを軽い気持ちで自宅に持ち帰ってしまう従業員がいるかもしれない。しかし、たとえ安価であっても大切な会社の財産である。会社のものを無断で持ち帰るのも犯罪の1つであるという意識を従業員全員に徹底していかなければならない。

また、社章、社名入りの制服などは悪用されるおそれがあり、保管や貸出返却の手続を厳密に行うとともに、紛失の場合は始末書の提出を義務付けるなどの懲罰規程を整備することが求められる。

3 棚卸資産管理

棚卸資産は流動資産の1つで、商品、製品、原材料、貯蔵品などの在庫のことである。商品、製品、原材料は、販売部門、製造部門、仕入・購買部門等の現業部門が管理することが一般的だが、切手や収入印紙などの貯蔵品の管理は総務部門が担当することもあり、棚卸資産の管理方法を理解しておきたい。

（1）棚卸資産の種類

棚卸資産とは、棚卸によって現物を確かめることのできる資産で、1年以内に消費するか、販売するもので、具体的には以下のとおりである。なお、「棚卸」とは店頭や倉庫や事務所などに保管してある商品や製品の数量と金額および保管状態を確認することである。

① 販売を目的としたもの：商品、製品

商品とは、企業が販売をする目的で、他企業から購入し保有する品物である。

製品とは、企業が将来販売する目的で生産・加工して保有する物品で、すでに完成し販売できるものである。

② 製造途中のもの：半製品、仕掛品

半製品とは、完成品でないが、そのままでも外部へ販売可能な製造物

である。他の製品の材料などとして、そのまま保管または販売できる状態になっている。

仕掛品とは、製造工程の途中にある未完成の製品である。そのままでは、販売することも保管しておくこともできない点で、半製品とは異なる。

③　製品のもとになるもの：原料・材料

原料・材料とは、製品・半製品のもとになるもので、合わせて「原材料」ともいう。原料とは、製造工程で化学的に変化し、製品にその原形をとどめないもので、たとえば紙の製造に必要なパルプなどである。材料とは、製品にその原形をとどめるもので、たとえば書籍に使われる上質紙などである。

④　販売、製造、事務などの事業に必要なもの：貯蔵品

貯蔵品とは、販売、製造、事務など事業に必要となる、耐用年数1年未満、または耐用年数1年以上で相当額未満の消耗品などで、まだ使用されていないものである。たとえば切手、収入印紙、事務用品、包装用

Column **ちょっとご注意**

《切手や収入印紙の管理はくれぐれもご用心》

　切手や収入印紙などの金銭等価物は、他の消耗品と扱いが異なり、消費した分しか費用として処理できず、在庫は必ず棚卸資産となる。どうしてそのような扱いになっているかわかるだろうか。

　もし、切手や収入印紙などの金銭等価物を購入時点ですべて費用処理できるのであれば、脱税のために切手などを大量に購入してコストを膨らませ、あとでこっそり現金化しようといっ悪知恵を働かせる輩が現れかねない。つまり、脱税の抜け道がないように税制は定められているというわけだ。

　また、税務調査の際に、切手や収入印紙などの金銭等価物を本当に事業に使ったのかどうか厳しく調べられたという話を聞いたことがないだろうか。それも、切手や収入印紙など換金しやすいものは脱税に使われやすいからである。

　あらぬ疑いをかけられないためには、切手や収入印紙は1枚1枚の管理までおろそかにしてはならない。日ごろから全従業員に管理を徹底しておくことが肝要だ。

材料、広告宣伝用印刷物、燃料、油、釘などが貯蔵品である。

ただし、切手や収入印紙などの金銭等価物以外の貯蔵品は、各事業年度におおむね一定数量取得し、経常的に消費しているという条件を満たせば、購入時に全額費用処理ができる。すべて費用処理すれば貸借対照表の棚卸資産とはならず、会計上、棚卸の必要もなくなる。もちろん、実務上数量を記録したり棚卸したりすることはある。

一方、切手や収入印紙などの金銭等価物、複数年分の制服や会社パンフレットなどの貯蔵品は、会計上も資産評価が必要となる。

（2）棚卸資産の入出庫・保管

棚卸資産の入出庫や保管状況についてチェックを適切に行うことが、資産の価値を維持し、企業の損失を防ぐことになる。

特に、切手、ビール券などの金券のように換金しやすいものは盗難の対象になりやすいため、鍵のかかる金庫に保管するなど注意が必要である。

① 入出庫する棚卸資産の管理

現金の入出金を現金出納帳に記録するのと同様に、棚卸資産も「受払台帳」を作成し必ず記録をする。

② 棚卸資産の保管の注意

次のような基本的な注意点があるが、自社の棚卸資産の種類・数量などにより適切な保管ができるように工夫が求められる。

・整理整頓する。
・出し入れしやすく、省スペースとなるように置き方や積み方を工夫する。
・分類別に保管場所をゾーニングする。
・保管場所がわかりやすいように棚にラベルやタグを付ける。
・必要に応じて保管場所に鍵をかける。
・火災や地震に備える。

（3）棚卸資産の記録

　企業にとって、棚卸資産の評価が的確でないと、損益計算が不正確になり決算に影響を与える。棚卸資産の評価は棚卸資産をきちんと記録することから始まる。また、棚卸資産の記録は、需要の変動に応じた仕入計画、販売計画などにも不可欠である。棚卸資産を記録する方法には、継続記録法、棚卸計算法（実地棚卸法）などがある。継続記録法と棚卸計算法のどちらにも一長一短があるため、両方を実施して初めて、棚卸資産の数量と金額を正確に把握できる。

① 継続記録法

　継続記録法は、会計期間中の棚卸資産の購入数量・払出数量・在庫数量を、資産の種類ごとに継続的に帳簿に記録する方法である。帳簿上の在庫数量と在庫金額を把握できる。

② 棚卸計算法（実地棚卸法）

　棚卸計算法は、「実地棚卸」を行い、店頭、倉庫などに保管してある在庫品の状況と数量を実際に確認する方法である。実在する在庫数量と在庫金額を把握できる。

（4）棚卸の実際

① 実地棚卸の目的

　実地棚卸は、店頭や倉庫や事務所などに保管してある商品や製品の数量と金額および保管状態を実際に確認することである。実地棚卸の目的は次のとおりである。

　　・在庫品の数量・品質・保管状態を的確に把握し、在庫品の受け入れ、払い出し、在庫管理の基礎的な情報とする。
　　・確認した在庫数量に基づいて払出数量を計算し、売上原価計算等に利用して、最終的には決算の資料となる。
　　・帳簿の記録が正確かどうかを調べ、棚卸資産の管理を改善するために役立てる。

② 実地棚卸の時期

実地棚卸は、決算資料のために行う期末棚卸と適正な保管や入出庫を日常的に行っているかをチェックする期中棚卸がある。期末棚卸だけでは問題発生時に現場が混乱する。改善実行具体策のためには、年2〜4回の期中棚卸の実施が望ましい。

上場会社等は、四半期報告制度 Key Word により年に4回は正確な在庫を知り、在庫管理のデータ修正を行う必要がある。

③ 実地棚卸の準備

実地棚卸は決算などに合わせて実施しなければならないので、事前準備をしておく。

- ・棚卸作業の実施基準の規程作成
- ・保管場所の棚卸資産の整理・整頓
- ・棚卸計画表の作成
- ・実地棚卸指示書の作成　など

④ 実地棚卸の具体的方法

実地棚卸には次のような方法があり、自社の商品・製品に合わせて実施する。

1）棚札（タグ）方式

棚札と呼ばれる伝票に棚卸資産の品名や数量を記入して現物に貼付する。すべて終了したら棚札をはがして、整理して集計する。

2）リスト・アップ方式

棚卸表に品名が入っており、それに数量を記入していく。

3）チェック方式

棚卸表に品名と数量が入っており、それを確認していく。

Key Word

四半期報告制度（quarterly report system）——四半期報告制度とは、3カ月（四半期）ごとの財務諸表などを開示することをいう。金融商品取引法により、上場会社等は四半期ごとに四半期報告書を内閣総理大臣にあてて提出することが義務づけられている（24条の4の7）。

4）ハンディターミナル方式

商品、製品などのバーコードをハンディターミナルで読み取った後、ハンディターミナルに数量のみを入力する。バーコードをハンディターミナルで読み取れば商品名が自動的に入力できる。

⑤　棚卸差異の処理

棚卸差異とは、実地棚卸後、継続記録法による帳簿の数量と実際の数量が一致しないことである。購入時・払出時の伝票記入ミス、帳簿の記入漏れ・記入ミス、棚卸資産の現物の受払時の数量ミスなどにより差異が発生する棚卸差異があれば、直ちに差異の発生原因を調査し、原因が判明したら、それに合ったデータ修正を行う。判明できない場合は、稟議などを経て帳簿を修正する。また、棚卸差異が起こらないように、自社の商品・製品に合った改善の対応策を考え、徹底することが重要である。

（5）棚卸資産の評価

棚卸資産の評価とは棚卸資産の金額を計算することである。この評価が正しくないと、企業の損益の状態を正確に把握できなくなり、経営分析や税務申告に支障をきたすことになる。

①　棚卸資産の取得原価の評価

1）棚卸資産の取得原価

棚卸資産の取得原価は次のとおりである。

・商品の取得原価（売上原価）は、購入金額に、購入に必要とした諸費用を加えた金額とする。
・製品の取得原価（製造原価）は、材料費・労務費・経費などをもとにして、正しい原価計算基準に従って計算した額とする。
・取得原価は、商品・製品の単価に数量を掛けたものとして表すこともできる。

2）棚卸資産の取得原価の評価方法

棚卸資産は同一種類であっても、仕入れの時期によって取得原価が異なることがある。そのため、取得原価の評価方法として、税務

上、6つの方法がある。

ア）個別法：棚卸資産すべてについて、その個々の取得原価を評価額とする方法（棚卸資産が個別管理されている必要がある）

イ）先入先出法：同一種類ごとに先に入庫した棚卸資産から出荷したと仮定して、棚卸資産を評価する方法

ウ）総平均法：同一種類ごとに期首棚卸資産と期中取得の棚卸資産の平均単価で棚卸資産を評価する方法

エ）移動平均法：同一種類ごとに資産を取得するたびに平均単価を計算して棚卸資産を評価する方法

オ）最終仕入原価法：同一種類ごとに最終仕入れの単価で棚卸資産を評価する方法

カ）売価還元法：同一種類ごとに期末棚卸を商品の売価で行い、これに原価率を乗じて棚卸資産を評価する方法

② 棚卸資産の評価

棚卸資産は、商品や製品の取得原価を資産価値とし、取得原価を評価額とする方法を「原価法」という。一方、「低価法」は、原価と時価を比較し、いずれか低い価額をもってその評価額とする方法である。税務上は、原価法を法定評価方法としつつも、届出すれば低価法を選択することもできる。

棚卸資産の評価方法は企業の設立時に決定し、税務署に届け出て、原則として変更は行わない。合理的な理由により変更したい場合には、税務署に変更の申請を行う必要がある。

評価方法は以下から選択する。

1）原価法

ア）個別法による原価法

イ）先入先出法による原価法

ウ）総平均法による原価法

エ）移動平均法による原価法

オ）最終仕入原価法による原価法

カ）売価還元法による原価法

2）低価法

　ア）個別法による原価法に基づく低価法

　イ）先入先出法による原価法に基づく低価法

　ウ）総平均法による原価法に基づく低価法

　エ）移動平均法による原価法に基づく低価法

　オ）最終仕入原価法による原価法に基づく低価法

　カ）売価還元法による原価法に基づく低価法

　たとえば、「イ）先入先出法による原価法に基づく低価法」とは、「先入先出法によって評価した取得原価」と「時価」を比較し、いずれか低い価額をもってその評価額とする方法である。

4　固定資産管理

（1）固定資産管理とは

　固定資産には、土地・建物・車両・機械装置などの「有形固定資産」、特許権・商標権・借地権・ソフトウェアなどの「無形固定資産」、中・長期的な投資有価証券、関係会社株式、長期差入保証金などの「投資その他の資産」がある。企業経営の基盤をなす重要な資産である。

　固定資産を有効に活用し、利用するためには管理体制が明確であり、運営がしっかりとしていなければならない。まずは、固定資産を利用する各部門がその資産管理の第1の責任を果たすべきだが、全社的な固定資産の管理体制が必要であり、総務部門が担当するのが一般的である。

　固定資産の取得や除却の手続、保全管理などについて規程に定めるとともに、遵守するように各部門に徹底する。また、固定資産の利用について、各部門の調整を行う。いずれにしても関係する各部門が共同責任で固定資産を適切に管理していくことが重要である。

（2）固定資産の取得

　企業の固定資産として中核となるのは設備である。設備投資を行ってこそ、企業は大きく成長することができる。しかしながら、設備投資には多額の資金が必要であり、金融機関などから借り入れをして賄うことが多い。投資計画が杜撰だったり、甘かったり、また、意見が統一されないまま設備投資を実施すると、ムダな投資となって、経営に悪影響を与えることになりかねない。

　設備投資、固定資産の取得にあたっては、関連部門が十分に協議・検討することが重要である。

① 取得計画の立案

　企業の中・長期経営計画などにより設備投資が決定される。それに基づいて設備投資計画を策定し、取得設備・取得時期などを決定する。

　各現業部門は自部門の範囲内だけで設備投資を考えがちであるが、経営方針、中・長期経営計画、全社の設備投資計画との整合性が重要となってくる。総務部門、あるいは一定規模以上の企業では企画部門が、全社的見地から設備投資の調整を行うことが求められる。

② 取得方法の選択

　固定資産は、取得方法によって金額に大きな差が生じる場合がある。高額であるからこそ、慎重に取得方法を検討しなければならない。

　総務部門は常に関連する情報を入手できる体制を整え、固定資産の用途・使用期間・仕様・価格および資金繰りなどを勘案し、各現業部門に対して適切で有利な取得方法をアドバイスする必要がある。

（3）固定資産の保守・保全

　固定資産は土地・建物・機械装置などのように高額なものが多く、企業はこれらを取得し、設置するために多額の資金を使う。言い換えれば、固定資産は多額の資金が姿を変えて存在しているのである。そのため、固定資産の保守・保全は企業経営にとっての最重要事項といえる。

① 有形固定資産の保守・保全

有形固定資産の現物管理としては、第１に保守・保全である。現場の機械装置などは現業部門が管理するので、総務部門はそれ以外の全社的な不動産や設備などについて管理する。

・適切な修理・修繕を的確に行うことが大切である。老朽化や破損がないかのチェックをする。

・自然災害や火災などの防災管理を徹底する。→第８章第２節**2**

・土地・建物（現在使用していないものも含めて）などへの不法侵入や無断使用などにも十分に注意する。→第８章第２節**1**

・万一被害を受けた場合のために損害保険に加入する。

② 無形固定資産の管理

特許権・実用新案権・意匠権などの工業所有権などが多数ある場合や、特許の出願、係争などが多い企業は専門部署を設置して対応するが、一般的な企業では総務部門が担当する場合が多い。工業所有権などの法的な権利について問題が生じた場合は、外部の専門家の協力を得るのが得策である。

また、商標権の存続期間は登録から10年で、継続使用したい場合は存続期間の更新が必要となるので注意しなければならない。

③ 車両の安全性の確保

車両は固定資産としての資産管理の面だけではなく、安全管理の面も十分に注意しなければならない。企業の社会的責任として安全運転管理に自主的・積極的に取り組まなければならない。→第８章第３節

（4）固定資産の評価
① 固定資産台帳の管理

企業が保有する固定資産やその増減、その状況を固定資産台帳により把握して管理する。また、固定資産台帳は決算や固定資産税の納付など税務にも直結するものである。

・自社の固定資産だけでなく、リース物件なども台帳上で明確にしておく。

・台帳には、それぞれの固定資産に必要な情報を添付しておく。
・事業年度ごとに定期的に実地検査を経理・財務部門や関係部門の立ち会いで実施する。
・固定資産台帳は次のような項目を設けて、管理を行う。
　　資産の種類、資産の名称、取得年月日、取得価格（すべての固定資産）、帳簿価額
　　減価償却方法、耐用年数、償却率、減価償却費、減価償却累計額（減価償却資産のみ）

② 　減価償却資産と減価償却

　建物や機械装置などの固定資産は、使用することによりその価値がしだいに減少する。価値が減少した資産を取得した当初と同様に評価するのは適当でない。固定資産の価値を評価し、価値の減少分をその年度の費用として計上する会計上の手続を「減価償却」という。

　価値の減少分を正確に測定することは非常に難しく、また、各企業が独自に価値を評価すると、各企業間で差が生じ、その結果、課税の不公平が生じる原因にもなりかねない。そこで価値の減少分は、所得税法や法人税法等で定められた計算方法によって求めることになっている。計算によって求められた価値の減少分は、企業の営業活動によって収益を上げるために要した「費用」とみなされ、その期の費用として処理することになる。減価償却により、固定資産の使用可能期間に費用を配分し、その収益と対応させ、期間損益計算を正確に行うことができるようになっている。

　減価償却資産は次の条件を満たすものである。
　・企業が営業活動をしていくうえで利用するもの
　・使用によって価値が減少するもの
　したがって、固定資産であっても土地のように利用しても価値が減少しない資産は減価償却資産ではない。また、社長室等に飾られた、時の経過によって価値が減少しないことが明らかな美術品等（取得価額が1点100万円以上）も減価償却資産にはならない。

減価償却資産は有形減価償却資産・無形減価償却資産・生物の３つに大別される。

１）有形減価償却資産

建物および付属設備・構築物・機械装置・船舶・航空機・車両・運搬具・工具・器具備品など。

２）無形減価償却資産

ソフトウェア・特許権・実用新案権・商標権・意匠権・営業権・水利権・鉱業権など。

３）生物

農業や酪農において、生産用として使用される牛馬や果樹の場合も償却資産に含まれる。

なお、税制上、使用可能期間が１年未満、あるいは取得価額10万円未満の減価償却資産は、業務に使用した時点で全額費用処理できることとなっている（法人税法施行令133条）。全額費用処理した場合は固定資産として計上されず、減価償却の対象にもならない。また、中小企業は取得価額30万円未満の減価償却資産についても全額費用処理できる特例がある（租税特別措置法67条の５：2022（令和４）年３月31日までの時限立法）。

（５）固定資産の売却・廃棄

不動産はもちろん、生産設備、事務機器、車両などの固定資産は中古であっても売却できることが多い。不要になった資産は、できるだけ有利な形で売却することが求められる。たとえば、機械そのものとしては売却できなくても、鉄くずとして売却できる場合などもあるので、十分な調査が必要となる。また、それが機械や設備などの３Rにつながる。

売却できない場合は適正に廃棄しなければならない。車両については自動車リサイクル法に則り、リサイクル料金を支払い、自治体に登録された引取業者への廃車の引渡しを行わなければならない。

5 リース管理

（1）リースの概要

① リースとは

　リースは、図表4-2-3のように企業が必要とする機械設備などをリース会社が購入して、それをリース契約で各企業に賃貸し、リース会社はその期間中にリース料として代金相当を回収するというしくみとなっている。そのため、リースは機械設備を販売する会社（サプライヤー・メーカー・ディーラー）とリース会社の「売買契約」と各企業とリース会社の「リース契約」で成り立っている。リース契約は中・長期間（通常3〜7年ぐらい）の賃貸借契約となる。

　リースは、高額な設備や車両などを対象物件とする。リースを利用すれば、購入のための多額の費用が一度にかからず、月々リース料を支払っていけばよいので、金融機関から機械設備の購入費用を借りる代わりにリースを利用することが多い。リースはファイナンス（資金調達）の意味合いが大きいといえる。

図表4-2-3●ファイナンス・リースのしくみ

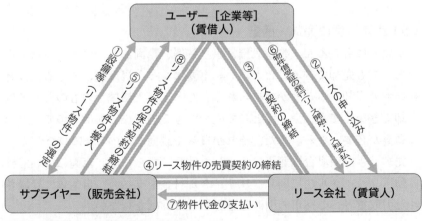

出所：（公社）リース事業協会ホームページ

② リースの種類

　リースは、「ファイナンス・リース」と「オペレーティング・リース」に大別され、一般的にリースといえばファイナンス・リースを示すことが多い。また、リース契約に保守契約を付加した「メンテナンス・リース」と呼ばれるものがある。

１）ファイナンス・リース

　ファイナンス・リースでは、リース会社は原則申し込みがあるつど、サプライヤーから物件を購入する。そのため、企業はあらゆる設備・機械を自社の希望に合わせてリースすることができる。ただし、原則としてリース期間中の解約は認められない。

２）オペレーティング・リース

　オペレーティング・リースの対象物件は、中古市場が整備されている自動車、汎用性の高い建築機械や工作機械などに限定される。中途契約できるかどうかは契約によって決まる。また、リース終了後、リース会社は他社にリースをしたり転売したりできるので、ファイナンス・リースに比べると一般的に割安なリース料となる。

３）メンテナンス・リース

　通常のリース契約に、保守・管理・修繕などのメンテナンス契約が付加されたリースをメンテナンス・リースと呼ぶ。定期的な整備が必要な自動車のリースなどに多い。

③ リースの特色

　メリットとしては、
・初期の多額の費用の流出が避けられ、費用を平準化できる
・購入費用を金融機関から借り入れしなくて済む（融資枠の温存）
・事務負担を軽減できる
・オペレーティング・リースでは、陳腐化した物件を最新の設備に更新しやすい
・メンテナンス・リースではメンテナンス管理を任せられる
などがある。

デメリットとしては、

・ファイナンス・リースでは原則、中途解約できない

・購入した場合に比べトータルの費用が一般的に割高になる

・物件の所有権はリース会社にあり、企業の資産とならず、信用面で
　劣る

などがある。

（２）リースの流れ

　図表４-２-３に従い、一般的なファイナンス・リースの開始時の流れ
を確認する。

① 設備等（リース物件）の選定

　サプライヤー（販売会社）の多種の設備等から自社が必要とし、リー
スしたい設備等を選定する。

② リースの申し込み

　リース会社からの見積書を提出してもらい、検討のうえ、リースの申
し込みを行う。申し込み後、ユーザーは、リース会社の信用調査と案件
の審査を受ける。既ユーザーと新規ユーザーでは審査内容が違う。

③ リース契約の締結

　審査に通ると、ユーザーとリース会社がリース契約を締結する。リー
スのしくみをよく理解したうえで、リース契約を行う必要がある。リー
ス契約はリース契約の締結により効力が生じる。ただし、ユーザーが交
付する物件借受証、あるいは物件の搬入をもってリース期間の始まりと
しているので、期限付きの条件で効力が発生するといえる。

④ リース物件の売買契約の締結

　リース会社は、ユーザーとリース契約を締結した後にサプライヤーと
売買契約を締結する。

⑤ リース物件の搬入

　サプライヤーからユーザーにリース物件が搬入される。

⑥ 物件借受証の発行（リース開始・リース料支払い）

　ユーザーは搬入された物件が注文どおりであるかを検査し、リース会社に物件借受証を発行する。この物件借受証の交付日がリースの開始日となり、リース料の支払い義務が発生する。

　リース料は次のような支払い方法があるが、経理・財務部門と相談のうえ決定するとよい。

・自動引き落としによる支払い

・銀行振り込みによる支払い

・手形による支払い

⑦　物件代金の支払い

　リース会社がリース物件の購入費用をサプライヤーに支払う。

⑧　リース物件の保守契約の締結

　必要に応じて、ユーザーはサプライヤーと保守契約を締結する。

　リース契約は、リース期間が満了し、リース会社に物件を返還して終了する。ユーザーが物件を継続して使用したい場合は、リース期間満了の2〜3カ月前にリース会社に予告通知すると、満了後再リースの契約を締結できる。通常は、再リース期間は1年単位で、リース料は基本リース時の10分の1程度に引き下げられる。

（3）リース関連の業務知識

① リース料金の算定

　ファイナンス・リース料には、物件価格、金利、固定資産税、保険料（動産総合保険等）、リース会社の管理費・利益が含まれ、これらの合計をリース期間の月数で割ったものが、毎月の支払いリース料となる。

月額リース料＝（物件価格＋金利＋固定資産税＋保険料＋リース会社の管理費・利益）/ リース期間（月数）

　オペレーティング・リースでは、リース会社がリース後の物件の中古価値（残価）を差し引いてリース料を設定するため、ファイナンス・リー

図表４-２-４ ● オペレーティング・リースとファイナンス・リースの物件価格の違い

出所・三菱UFJリース株式会社ホームページ

スより一般的に割安なリース料となる。→図表４-２-４

② リース期間の決め方

リース期間は、ファイナンス・リースの場合、物件の法定耐用年数が10年未満の場合は法定耐用年数の70％、10年以上の場合は60％以上で期間を設定する。一方、オペレーティング・リースでは、期間の拘束がなく、各企業の必要に応じた期間を設定できる。

③ リースの管理事務

総務部門としては、リース契約の契約内容・期間満了やリース物件の設置場所・機種別等を管理する。また、固定資産台帳と同様、リース物件についても「リース物件管理台帳」を作成する。

④ リース物件の実地検査

リース物件はリース会社の所有であっても、自社の資産と同様に管理することが求められる。リース物件の実地検査を定期的に実施して、定められた場所にあるか、不具合がないか等のチェックを行う必要がある。

⑤ 税金・保険などの事務

固定資産税の負担や損害保険契約は、通常、リース会社の義務となっているが、担当者としてその内容も確認しておく必要がある。

（4）リースとレンタルの違い

設備等を借りる方法としては、リース以外にレンタルがある。レンタ

図表4-2-5 ●リースとレンタルの違い

	リース	レンタル
対象物件	あらゆる機械設備	特定の汎用機種（パソコン、自動車、建設機械等）
物件の選択	お客様の希望する機種が自由に選べる	レンタル会社の手持商品の中から選ぶ
契約期間	比較的長期（通常3〜7年ぐらい）	短期（時間、日、月単位の通常1年以内）
物件の所有権	リース会社	レンタル会社
在庫	保有しない	常に一定の在庫を保有する
物件の管理責任	お客様（メンテナンス・リースの場合はリース会社）	レンタル会社
中途解約	不可	可
料金	一般的にレンタルより割安。基本リース期間終了後はリース料は大幅に安くなる	リース料より割高
契約期間終了後の物件の扱い	リース会社に返却もしくは、再リースにて延長使用	レンタル会社に返却

出所：三井住友ファイナンス＆リース株式会社ホームページから一部抜粋

ルの特徴は、契約期間が短期で、レンタル会社の手持商品の中からしか物件を選べないことなどである（→図表4-2-5）。一時的に必要な設備等であれば、レンタルを利用するのもよい方法である。

第4章 理解度チェック

次の設問に、○×で解答しなさい（解答・解説は後段参照）。

1 福利厚生スペースは休憩しやすいように業務スペースと一体で設置するほうが望ましい。

2 オフィス内での必要な明るさは、JISの照度基準によれば、細かい視作業を伴うデスク・ワークでは500〜750lxが推奨照度とされている。

3 循環型社会の実現を推進するための3Rとは「リユース、リペア、リサイクル」である。

4 切手や収入印紙などの金銭等価物は用度品である。

5 無形固定資産であるソフトウェアも減価償却が必要である。

6 ファイナンス・リースは中途解約ができないため、オペレーティング・リースより割安なリース料となる。

第4章　理解度チェック

1 | ✕
福利厚生スペースは、できれば業務スペースとは切り離して設置することが望ましい。スペースを独立して確保できない場合は間仕切りするなど、オープン・スペースでの設置は避けるべきである。

2 | ○
JISの照度基準によれば、細かい視作業を伴うデスク・ワークでは500〜750lx、受付や食堂は300lx、更衣室や洗面所は200lxが推奨照度となっている。

3 | ✕
3RはReduce（リデュース）、Reuse（リユース）、Recycle（リサイクル）の3つのRの総称である。3Rに、Refuse（リフューズ：断る）ごみになるものを断ること、Repair（リペア：修理）ものを修理して使うことの2つのRを追加して5Rということもある。

4 | ✕
切手や収入印紙などの金銭等価物、複数年分の制服や会社パンフレットなどは貯蔵品となり、棚卸資産として会計上も資産評価が必要である。

5 | ○
ソフトウェアや知的財産権といった無形固定資産も減価償却が必要である。

6 | ✕
オペレーティング・リースのほうが、リース会社がリース後の物件の中古価値（残価）を差し引いてリース料を設定するため、フィナンス・リースより割安なリース料となる。

参考文献

（公財）日本生産性本部『社内管理　中級コース』

産業能率大学（a）『オフィス管理』

産業能率大学（b）『資産管理1』

産業能率大学（c）『資産管理2』

産業能率大学（e）『社内管理基礎2』

産業能率大学（f）『社内管理基礎3』

産業能率大学（g）『社内管理基礎4』

下条一郎『図解 部門のマネジメント 総務部管理者の仕事』日本能率協会マネジメントセンター、2002年

日本建築学会編『コンパクト建築設計資料集成第3版』丸善、2005年

日本建築学会編『コンパクト建築設計資料集成［インテリア］』丸善、2011年

そのほか行政機関、各種団体、会社等の多くのホームページやサイトを参考にした。

第5章

会社行事と社外対応基礎

この章のねらい

　企業活動は取引先など周囲のさまざまな協力によって成り立っている。第5章では、そうした周囲との関係づくりのための会社行事、贈答、慶弔、応対などの基本的な事項を学ぶ。

　第1節では、企業活動の節目で行われる各種の行事を扱う。会社行事は近年、コスト削減、業務請負効率重視、コンプライアンス遵守等の観点から簡素化の傾向がみられるものの、社内外へのアピールや従業員の帰属意識を高める貴重な機会でもある。会社行事は経費がかかっており、ときには社内外の協力を要請することもある。また、企業の理念やイメージを反映するものでもあるため、総務部門が中心となって計画・運営を行うべきものである。

　第2節では、贈答や慶弔の知識を扱う。企業間の付き合いや慶弔、見舞いにおける慣習的な決まりごとや配慮すべきことについて、知っておきたいことをまとめている。社外対応や慶弔、見舞い時の礼儀や振る舞いは、そのまま会社の印象を決定づける重要な要素である。その点を認識しておく必要があろう。

　第3節では、来客や関係企業との直接の接点となる受付と電話の業務を扱う。受付や電話は社外との重要な接点であり、その応対技術や印象がそのまま企業のイメージに直結する。昨今、専門の受付係や電話交換台を配置する企業は少なくなり、それらの役割を総務が担った場合にもきちんと応対できるように知識を身につけておく。

第 1 節　会社行事

学習のポイント

◆会社年中行事の意義を理解しておくとともに、代表的な会社
　年中行事の運営にあたっての基本事項を理解する。
◆会社記念行事の種類にどのようなものがあるかを学び、その
　運営のポイントを理解する。

1　会社年中行事

（1）会社年中行事の意義

① 会社年中行事とは

　毎年一定の時期に行うのが会社年中行事である。会社年中行事の目的
はさまざまである。たとえば、従業員の気持ちを1つにする機会として
執り行う行事もあれば、取引先や関係者へアピールするために行う行事
もある。

② 会社年中行事担当者の心得

　会社年中行事には、年賀式などのようにほとんどの企業で行われてい
るものもあれば、その企業特有の行事もあり、さまざまである。行事へ
の参加者の顔ぶれや人数も行事によって異なる。全従業員が参加するも
の、家族も含むもの、取引先や顧客を招待するもの、一方で少人数の関
係者のみで執り行うものもある。したがって、すべてを一律に扱うわけ
にはいかない。行事ごとに、何のために行うのか、その目的を明確にし、
「どうすれば効果的か」を常に意識しながら綿密な計画を立案すべきで
ある。また、実施にあたってのリスクを想定して、その予防対策と問題発

生時の影響を最小限にとどめるよう留意する。なお、行事運営にあたっては関係する部署とよく連携をとり、役割を分担して進めるとよい。大きな行事の場合は実行委員会を組織し、企画準備することも有効である。

（2）新年の行事

① 新年の準備

社屋玄関に門松や注連縄など正月飾りを施し、新年を迎える準備を整える。正月飾りには、歳神様を案内する門松や松飾り、歳神様が宿る場所（依り代）になる鏡餅などがある。正月飾りは12月26日〜28日、30日で飾り付けするのがよい。12月29日は「二重苦」また月末の9日で「苦が待つ」と縁起が悪い日、大晦日の12月31日は「一夜飾り」で年神様に対して失礼であると考えられるため避けることとなる。門松や松飾りは「松の内」と呼ばれる期間（関東…1月7日、関西…1月15日）まで飾るのが一般的である。鏡餅を下げて、お汁粉や雑煮にしていただくことを「鏡開き」「鏡割り」と言い、関東は1月11日、関西は1月20日に行う。

② 年賀式

年賀式とは新年を祝うための式典で、経営トップが従業員に対して年頭所感を述べることが一般的である。年頭所感は、新年の社会や市場の動向に対してこの1年どのような方針で臨むか、経営トップの考え方を示すものである。会場に新年を象徴する生け花や鏡餅などの正月飾りを配置したり、（セミ）フォーマルな服装で出席させたりすることで厳粛な雰囲気を演出することができる。この演出によって従業員の気持ちを引き締め、新たな1年への思いを高めることができる。経営計画の発表を年賀式のイベントとする場合には、計画の骨子を記した資料を従業員全員に配付したり、プロジェクターなどの視覚機材を使ったりして、共通理解のための工夫を行う。

③ 新年祝賀会（賀詞交換会）

新年祝賀会（賀詞交換会）は、|新年を寿（ことほ）ぎ、新年において

も旧年に増してよい関係を築き合おう」という思いを内外に伝える場である。グループ企業や関連企業、その他会社の関係者を招待して新年の賀詞を交換する。販売促進を兼ねて取引先を招待する場合もある。→図表５-１-１

図表５-１-１ ● 新年祝賀会の例

```
・開会の辞        総務課長
・年頭の挨拶      社長
・乾杯            会長
・閉会の辞        総務課長
```

（３）入社式

　入社式とは、新入社員は「企業の理念・方針に従って働くこと」を、企業は「労働契約を遵守し、善意の管理、監督者として彼らを健全な組織人・社会人に育て上げること」を、共に誓い合う儀式である。

　会場は質素でよいが、人生の節目、スタート地点として、厳粛な雰囲気が求められる。社旗・国旗を掲げ、全役員が出席し、幹部も出席し執り行うものである。大企業などで新入社員が多く、自社の施設では収容できない場合はホールなどを借りて行うこととなる。→図表５-１-２

図表５-１-２ ● 入社式の式次第の例

```
・一同着席
・開会挨拶
・新入社員紹介
・社長挨拶
・新入社員代表による誓いの言葉
・閉会挨拶
```

（４）創立記念日（毎年行う場合）

　創立記念日の祝賀として、その日に簡単な式典を行うことがある。→

図表5-1-3

　また、創立記念日に合わせて永年勤続者や功労があった従業員の表彰を行う場合もある。多くの従業員が参列する式典で表彰を行えば心に残るものとなるだろう。→図表5-1-4

　創立記念日を休日にして、1年間の従業員の労をねぎらう企業もみられる。午前中は創立記念日の式典、午後は半日休日といったケースもある。

図表5-1-3 ● 創立記念日式典の式次第の例

```
・開式の言葉
・社歌斉唱（社歌がある場合）
・社長挨拶
・表彰式
　（例）永年勤続表彰（社長から1人ひ
　　　　とりに賞状と記念品を手渡す）
・謝辞（表彰者の代表）
・閉式の言葉
```

図表5-1-4 ● 従業員表彰の例

```
・永年勤続
・優秀社員（営業成績など）
・運転無事故
・発明考案
・社会的に功績のあった者　　など
```

（5）社内親睦行事

① 運動会・スポーツ大会

　従業員の健康増進を図るとともに、日ごろ交流の少ないグループ企業や他部門との親睦を深めるねらいもある。総務が中心になって準備運営を進めるが、グループ企業や各部門から大会実行委員を選出して、協力してもらうと、参画意識が高まり、また従業員の意見を反映させやすくなる。

② レクリエーション

　旅行、キャンプ、バーベキュー大会、工場等の見学会、観劇、スポー

ツ観戦等を通じて、従業員やグループ企業の親睦、交流を図るイベントである。

③ 家族サービス

　従業員の家族を対象とした社内施設の見学会、しごと体験、関連会社の施設を活用したレクリエーション、外部施設を利用した食事会、バス旅行など。従業員の家族が会社や仕事への理解を深めるとともに、親しみを持ってもらうことが、従業員にとって働きやすい環境づくりにつながる。

<table><tr><td>2</td><td>会社記念行事</td></tr></table>

（1）会社記念行事の意義

① 会社記念行事とは

　会社記念行事には、創立○○周年を祝う周年記念事業や祝賀会などの行事、社屋・工場・店舗の新築・落成に伴う神事や祝賀会、新会社設立や新店舗開店の祝賀会、さらに社長就任披露、株式上場記念祝賀会、各種記録達成（年商○○億円達成、目標店舗数○○○店達成、無災害記録○○○時間達成）の祝賀会、各種受賞（官公庁や都道府県からの表彰・認定、権威ある機関からの表彰・認定）の祝賀会などがある。いずれもそのつど行うものであり、頻度は多くない。会社年中行事とはその点で異なる。

　また、会社年中行事が主として社内的で従業員を対象とするのに対して、会社記念行事は、社外の人たちを対象とする部分が相対的に多い。親会社、出資者、取引先、監督官庁、地方自治体、協力会社など外部の方々を招待し、感謝を表すとともに、さらなる支援をお願いする意味合いが強い。それだけに担当者としては、世間のしきたりなどに従いながらも、自社の独自性を発揮する工夫が求められる。

② 記念行事担当者の心得

　記念行事担当者の心得は会社年中行事のそれと大きく変わるものでは

ないが、記念行事は毎年開催されるものではなく、社外の関係者も招待
して、規模が大きな行事になることが多いため、次のことに留意して、
入念に計画や準備を進める必要がある。

1）目的を明確にしておく

当該行事目的は何なのか、また、その目的に対して、社長などの経営
トップや役員、幹部が、どのような行事にしたいのかを把握しておく。

2）必ずリスク対策を考えておく

社外の関係者を多く招待するからには、何事もなく、無事終えること
ができて当然、少しでも不都合があればそれは失敗である。問題の発生
を極力抑え、発生した場合も最小の被害にとどめるためには、事前に想
定されるリスクとその対策を考えておくことが肝要である。

3）費用対効果を考える

なるべく少ない費用で、高い効果が上がるように、担当者は工夫し知
恵を働かせる。そのためには、先輩や関連する部署の人の意見を聞く、
過去の事例を参考にするなど、他人の知恵を借りることも有効である。

4）計画は早めに立案し準備万端整える

行事の開催日はあらかじめ決まっている場合が多い。準備万端で当日
を迎えることができるよう、早めに計画して準備を始める。

（2）周年記念事業

周年記念事業は、会社創立○○周年、あるいはオープン○○周年など
を祝うために行う事業で、記念式典、記念品の配布、祝賀会が一般的だ
が、コンリートなどの冠イベントの開催、財団の設立、新たな企業理念
の制定、社史出版、記念植樹などが行われることもある。周年記念事業
は、比較的大がかりなイベントで、準備期間を含め３〜５年かけて複合
的に行われる場合もある。周年記念事業を行うにあたっては、まず「創
立○○周年記念事業の実行委員会」などを設置する。実行委員は、総務、
広報、各事業部の庶務を中心に任命する。実行委員長は社長などの役員、
副委員長は総務部門の長が就任することが多い。

次に、予算に応じて基本計画を定める。計画策定にあたっては、最初に対象と目的を明確にしておく。周年記念行事の対象は、役員や従業員、株主や出資者、取引先などの関係者で、大企業の50周年、100周年ともなれば、退職者、地域社会、業界まで意識したものになる。

① 周年記念式典

創業以来、会社が存続・成長してきたことを感謝し、社内で喜びを分かち合う行事である。社長など経営トップからの感謝の挨拶や、功労者の表彰、協力会社の来賓祝辞などを盛り込む。式の後半で会社の将来計画を発表し、さらなる発展のための社内のモラールの向上につなげる。
→図表5-1-5

図表5-1-5 ● 周年記念式典の式次第の例

・開会の辞	総務課長
・社長挨拶	社長
・来賓祝辞	協力会社代表
・功労者表彰	表彰状記念品授与
・社員代表祝辞	功労者代表
・将来計画発表	代表取締役
・万歳三唱	総務部長
・閉会の辞	総務課長

② 祝賀会

周年記念の祝賀会は社内だけでなく、株主や出資者、取引先、金融機関、関係省庁や地方自治体、退職者、報道関係者など広く外部にも声をかけ、謝恩の気持ちを伝える行事である。式典よりも多くの招待客を迎えることになるので、細かい注意が必要である。

(3) 社屋新築の式典

わが国では、建築物が完成するまでに、神様にその土地の安寧や工事の安全などを祈念する神事がある。

① 地鎮祭・起工式

地鎮祭とは、会社の社屋・工場や福利厚生施設などの建設工事に着手する前にその土地の守護神を祭り、その土地の永遠の安定と工事の安全を祈願する神事である。神事が終わると「直会」と称して酒宴を開く。現地にテントを張り、テーブルを置きささやかな料理（折り詰め料理と赤飯等）と飲み物を用意する。挨拶は、施主（建設を発注する企業）から施工者（建設を請け負う建設会社）に対して、工事の無事完工の祈念と激励の言葉をかけ、お神酒（祭壇に捧げられた酒）による乾杯を行う。

② 上棟式

「上棟式」「棟上式」「建前」と呼ばれている。建物の守護神と工匠の神を祭って、上棟（木造建築物の柱や梁を組み立て、その上に棟木を上げること）まで工事が進んだことへの感謝と竣工までの神のご加護を祈願する神事である。

しかし、企業が建設する建築物は鉄骨や鉄筋のビルディングや構築物が主体となり、行事名称は上棟式であっても、鉄骨の場合は鉄骨工事完了時、鉄筋コンクリートの場合はコンクリート工事完了時に立柱式や鋲打式の形で行うのが普通である。また、近年、地鎮祭のみで、上棟式を行わないことも多くなっている。

上棟式は、現場の工事関係者への労をねぎらう意味もあるため、施工者が中心の地鎮祭よりは、規模が大きい行事となる。また、工事現場での開催となるため、危険防止の意味から安全への対策は十分にしておく必要がある。上棟式では施主から現場の工事関係者に対して祝儀を贈ることが慣習となっている。地方により祝儀の額は多少異なるので、施工者と相談しながら決めるようにする。

③ 定礎式

定礎式は、建物正面玄関の近くの柱に「定礎」の文字と「年月日」を刻んだ定礎石を埋め込む儀式である。通常、建物の主体構造ができ上がり、仕上げ工事に着手する時期に行われる。定礎石のほか定礎箱（収納品を入れる箱。腐食を防ぐため鉛製が多い）、収納品（定礎銘板、氏神様のお札、平面図、当日の官報・新聞、通貨、社史など）が納められる。

　定礎式には、来賓は呼ばず、施主と設計管理者、施工者、その他工事関係者が集まって執り行う場合が多い。ただし、定礎石や定礎銘板、定礎箱など準備に時間のかかるものがあるため、早めに施工者側との打ち合わせを行い、日取りなどを決める必要がある。

④　竣工式・落成式

　竣工式とは、着工以来、神の加護のもとに建物が無事完成したことを神に奉告して感謝すると同時に、建築物の堅固安全と建築主の永遠の繁栄を祈願する一連の儀式で、神事となる。修祓式（しゅばつ、しゅうふつ、しゅうばつ）は竣工した建物の使用に先立って、穢れを除き建物全体を祓い清める儀式で、竣工式に含めて行われることが多い。

　その後、工事関係者や取引先の関係者に感謝の意を表す祝賀行事である落成式（→図表5-1-6）、一般招待客にも新しい建物の内外を披露し、パーティー形式で工事関係者を慰労し、参加者の懇親の場とする落成披露などが行われる。これらの行事は、社屋や工場の建設に伴う儀式やパーティーの中で最も賑々しく華やかなものである。落成式の中でテープ・カットや鍵の引渡式を行うなどの演出をすると、印象深い行事となる。

図表5-1-6●落成式の式次第の例

・開会の辞	総務課長
・施工主代表の挨拶	社長
・工事経過報告	工事担当役員
・工事関係者への感謝状贈呈	社長
・工事関係者謝辞	工事関係者代表
・来賓の祝辞	地域有力者、監督官庁など
・乾杯	協力会社代表など
・閉会の辞	総務課長

（4）その他の社内祝賀

① 社長就任披露

　新社長就任時に社長就任披露パーティーなどを行う場合もあるが、それほど一般的ではない。披露パーティーを行う場合には、たとえば、新

任社長と取引先の関係強化や自社の新規事業の宣伝のように、目的を明確に打ち出すとよいだろう。時期は、就任から3カ月以内が適当である。日時は吉日を選び、招待客数を想定し、宴会場の大きさを勘案して会場を決定する。招待客の選定においては、新旧社長をはじめ幹部によくチェックしてもらい、慎重に進める。

② 叙勲・受章祝賀会

社長や会長など経営トップや創業者などが叙勲や受章した場合の祝賀である。勲章は国家に功労ある者に対して国が与えるもので、大勲位菊花章、旭日章、瑞宝章等がある。また、学問や芸術などに特別な功績のあった人に、名誉のしるしとして国が与える記章に褒章がある。褒章には、自己の危難を顧みず人命を救助した者に与えられる紅綬、孝子など徳行の卓抜な者に与えられる緑綬、社会福祉や産業振興など公益に尽くした者に与えられる藍綬、公益のために私財を寄付した者に与えられる紺綬、業務に精励した者に与えられる黄綬、学術や芸術上の功績が顕著な者に与えられる紫綬の6種類がある。

祝賀会の開催形式として、以下のような形が想定される。

・叙勲・受章者が主催者になり、これまでお世話になった方々を招待する。この場合の費用は、企業が負担し、事務局も企業が設置する。

・友人が発起人になり、「祝う会」を開催する。企業が事務局などのサポートをするが、企業が表立って行うものではないので、比較的多い方法である。

・会社が主催し、従業員がお祝いをする。この場合は、叙勲・受章者とその家族、会社幹部やごく親しい友人・知人が参加する内輪の「祝う会」にする。

叙勲や受章は、推薦団体による事前の推薦や、決定したとの連絡があるので、担当者は、いくつかの開催形式案を提案してみる。いずれの形式をとるかは、経営トップや叙勲・受章者自身の意向による。

叙勲・受章者は高齢者であることが多く、高齢者の場合、ビュッフェ・スタイルの会場であってもいすに座って祝辞を受けるようにするなどの

配慮が必要である。

　服装に関しては、叙勲・受章者は、勲章をつけて出席することになるので、モーニングコートなどの礼服を着用する。叙勲・受章者の夫人もそれ相応の留袖の着物やドレスなどを着用する。

　記念品は、どのような形式で行うにしろ、個人名で「内祝」とする。

③　受賞祝賀

　企業活動の中で、無災害記録を達成し関係省庁から表彰されたり、品質管理活動が認められて受賞したりするなど、さまざまな名誉を得ることがある。あるいは企業が力を入れているスポーツで優勝したり、地区代表になり全国大会に出場したりする場合もある。これらは企業にとって名誉であるだけでなく、従業員にとっても励みになるものである。また、取引先に対しても企業の信用を高める効果がある。

　社内報で特集を組む、記念品を配付する、会社のロビーにトロフィーや表彰状を飾る、祝宴を開催するなどにより、従業員の関心を高めるとともに喜びを分かち合う。特に、多くの人を集めた祝賀会や激励会などは従業員の結束力につながるだろう。

④　新会社披露……新会社設立記念パーティー

　企業においては、環境変化に対応すべく、会社の合併、持ち株会社の設立、子会社の設立など戦略的な組織改革が行われる。これらの組織改革による新会社の披露は、新会社や親会社の力を示す機会でもある。過去の取引関係者や、これから取引を始めたい企業の関係者、また影響力を持つ有力者、たとえば業界関係議員（国会議員、自治体議員）、関係省庁の担当者、所属業界関係者、地元商工会議所・商工会の役員などを招待して、盛大に新会社設立パーティーを開催する。報道機関（一般マスコミ、業界紙など）への呼びかけを行う場合もある。

　さらに、新聞広告などのマスコミを通じて広く告知し、招待客以外にも挨拶状を送り、企業理念や自社のアピールポイントを確かに表現し、訴えかける演出によって、新会社のPR活動を展開する。

（5）パーティーの運営

　企業がパーティーを主催する場合のお迎えからお見送りまでの注意点を挙げる。招待客が自社への評価を高め、満足して会場を後にできるように全力を尽くしたい。

① 　主催者の役割を認識する

　主役は招待客である。企業がパーティーを開催するのは、招待客に感謝の意を示し、一層の支援をお願いするためである。主催者の役割は何かを認識し、おもてなしの心で招待客をお迎えする。

② 　受付

　受付はパーティーの最初の印象を決めるものである。受付で、仲間どうしでおしゃべりをしたり、身体を所在なげに動かしているのは、とても感じの悪いものとなる。清潔感のある服装でピシッとした姿勢で立ち、温（あたた）かみのある態度で受付をしていれば、招待客も気持ちよく会場へと向かうことができる。名簿のチェックをし、適宜、現在受付終了者が何人かを報告し、主要な招待客で来場していない方がいれば、会社幹部などに連絡することも忘れてはならない。特に、来賓挨拶などを依頼している方が未着の場合は、間に合わなかったときに備えて代わりの方を手配する必要が出てくることがある。

③ 　控え室

　社外の要人を迎える場合は、VIP（Very Important Person）用の控え室を用意する。

④ 　パーティー・ライン

　西洋式のパーティーを開催する場合には、主催者の役員が招待客をお迎えするためパーティー・ラインを組む。招待客に対し、1人ひとり声をかけ、お礼を述べたり握手をしてお迎えする。ほぼ全員が入場したら、2〜3人の役員やそれに準ずる幹部を残して入場する。残るのは遅れて来る招待客を迎えるためなので、予定された招待客全員が来場すれば残った者も入場する。

⑤ 　パーティー会場での接待

　主催者はおもてなしの心を持ち、招待客がパーティーで楽しく快く過ごせるように最善を尽くすことが重要である。

　乾杯後、社長をはじめとした役員、幹部などは招待客と歓談して、和やかな雰囲気で場を盛り上げることが大切である。特に、話し相手のいない招待客がいた場合には積極的に声をかけ、招待客を話の中に招き入れる。

　実行委員などの運営メンバーは、招待客に失礼がないように、担当業務はもちろん他の業務についても気を配り、会場全体を常に把握しておく。招待客の動きや、ホスト役の役員や幹部の位置を把握し、料理や飲み物が不足しないように配慮する。運営のリーダーは全体の動きを見て、手薄なところは余裕がある者が応援するよう指示をする。

　運営メンバーが会場内で招待客から酒類を勧められた場合は、相手の気持ちを尊重しつつ、任務があるゆえにいただけない旨を伝えて丁重にお断りをするのが原則である。逆に、こちらからその招待客に酒類を勧めて対応する。招待客から酒類を勧められないように、邪魔でなければウーロン茶などをあらかじめ手に持っていてもよい。食事は会場に入る前に済ませておき、会場の料理や酒類には、みずから手をつけないようにする。

⑥　招待客の見送り

　退場時も主催者の役員などが会場出口でパーティー・ラインを組んで招待客をお見送りする。なお、立食パーティーでは、パーティーが始まってまもなく退場される方もいるので、交代で誰かが退出口に立礼の体勢でいる必要がある。

⑦　主催者側役員の見送り

　招待客が主役であることはもちろんであるが、主催者側の主役は、社長をはじめ役員や幹部である。運営メンバーが見送れば、本日の主催者側の主役も気持ちよく帰宅できる。

⑧　慰労会、反省会

　立食パーティーではパーティー会場の一部を使い、簡単な料理と飲み

物を追加して慰労会を行うのが通例である。実行委員長や副実行委員長などの運営のリーダーは、パーティーの成功裏を祝うとともに、裏方の運営メンバーの労をねぎらうことが大切である。

　後日、反省会を行い、運営メンバーから良かった点や改善点などを出してもらい、記録に残し、次のパーティーの参考にする。

<table>
<tr><td>第 2 節</td><td></td></tr>
</table>

第 2 節 贈答と慶弔

学習のポイント

◆社外に対する贈答の基礎知識を学ぶとともに、そのポイント
を理解する。

◆社外慶弔の手続についてどのようなものがあるかを理解し、
また、基本的なマナーについても学ぶ。

1 贈答の基礎知識

(1) 季節贈答

① 季節贈答の注意点

年賀、中元、歳暮などを季節贈答という。季節贈答は取引先との関係
を維持するためのものであるが、近年はコンプライアンスの徹底のため
に贈答廃止や贈答辞退の方針をとっている企業も多くなり、季節贈答は
縮小傾向にある。

贈答品は持参し、日ごろのおつきあいのお礼を述べて手渡すのが本来
の姿である。そのため、できれば自社の営業担当者などが顧客先に持参
するのがよいが、宅配便などを使うことも多くなっている。贈答品の表
書きには贈答の種類と贈り主である会社名または会社名と代表者の氏名
を必ず書く。また、贈答品を宅配便などで送る場合は、品物と同じ包み
に挨拶状を入れる。季節贈答は贈る時期がおおよそ決まっており、その
期間を外してはならない。贈答先を軽んじているようで大変失礼になる。

② 送り先のメンテナンス

季節贈答はその性格上1回限りのものではなく、いったん始めた儀礼

上の贈答は、しばらくは続けることとなるのが通例である。そのために
は、関係方面別に大別して、会社名、役職、氏名、住所などの一覧表を
作成しておく。特に贈答先は、年賀状や暑中見舞い状を出す先でもある
から、その季節のつど整理見直しをする。前回の名簿を原本にして、各
部署に該当する関係贈答先分をコピーして当該部署に配付し、あて先の
変更やランク付けの変更、追加、削除などの修正を求める。総務部門内
では、修正された名簿を総点検し、各部門からの重複や脱落がないかを
調べ、予算オーバーとなっていれば各部署との調整を行う。

③　商品の選定

　予算内での効果的な商品を選定するように工夫する。

　部署あてにする場合、菓子類や果物などその職場で働く人たちが賞味
できる贈答品を選定するとよい。ただし、その切り分けが大変だったり、
食器が必要なもの、賞味期限が短い生菓子は迷惑になることもあるので
注意する。また、相手先の人数と菓子などの個数のつり合いも配慮して
選ぶとよい。

　取引先のお世話になっている人の自宅あてにする場合は、ご本人や家
族の方々が喜ぶものを選ぶ。なお、会社に個人あての贈答品が届いても、
その人の個人用なのか、職場の人々に対するものなのか、判断がつきか
ねる場合が多い。たとえ個人あてのものでも個人が持ち帰ることは難し
く、贈る側の意思が通じない場合があるので注意する。

④　主な季節贈答の種類

１）年賀

　贈答の時期は、元旦から15日までである。年賀は贈答の中でも最も儀
礼的なもので、品物もカレンダー、手帳、タオル、手ぬぐいなどの日用
雑貨品や和菓子、酒類、茶葉などが多く使われている。

２）中元

　一般には７月初めから７月中旬のお盆、盂蘭盆の御霊迎えの日までに
届くようにする。月遅れでお盆の行事を行う地方では８月に入ってから
贈るとよい。なお、お盆を過ぎたら「御中元」とせず、立秋前であれば

「暑中御伺」「暑中御見舞」を使う。

　贈答品の選定については、昔は気候から考えて、腐りやすい食料品を避けて、洋品、雑貨関係の実用品が主体であったが、最近では保冷車や冷凍車での宅配が可能になったため、ハム、バターなどの乳製品、アイスクリームなども贈ることができる。夏なのでビールやジュースなども好まれる。なぜ、この贈答品にしたのかを、挨拶状で述べると、その品物を深く印象づけることもできる。

3）歳暮

　時期は12月初めから中旬までが目安である。ただし、歳暮の品に正月用品を選定したときには、12月下旬に到着したほうがよい。そのときは挨拶状にその旨を書き、品物より少し早めに郵送する。歳暮用品としては、調味料、缶詰、乳製品、のり、佃煮、新巻鮭、ハム、酒類、和洋菓子、果物、せっけん、入浴剤、タオルなどが一般的である。最近では産地直送（魚介類、果物など）やカタログから好きなものが選べるシステムも人気がある。

（2）和式進物様式

① 和式進物様式のまとめ

　和式進物様式をまとめると図表5-2-1のようになる。慶事のお祝いの品にはのし紙を、弔事や見舞いの品には掛け紙を用いる。のし紙と掛け紙の違いは、熨斗が付いているか（印刷されているか）どうかである。また、水引の蝶結びは結び直すことができることから何度あってもめでたいこと、結び切りはほどけない、すなわち一度きりがよいときに用いる。したがって、結婚のお祝いや快気祝いはお祝いであっても水引が結び切りとなるので注意する。

図表5-2-1 ●和式進物の種類による表書きやルール

	種類	表書き	水引	のし
お祝い	結婚 お返し	寿　御祝 内祝	金銀または紅白２本 結び切り	あり
	結婚記念 お返し	御祝 内祝	金銀または紅白２本 蝶結び	
	長寿祝い（注１） お返し	寿　御祝 内祝	紅白１本蝶結び	
	一般の御祝（注２）	御祝		
季節の進物	迎春	御年賀　御年始		
	中元（注３）	御中元　中元御伺		
	暑中見舞	暑中御見舞　暑中御伺		
	歳暮	御歳暮　歳暮御伺		
	寒中見舞	寒中御見舞　寒中御伺		
進物	手土産	粗品		
	謝礼	御礼　寸志（注４）		
	餞別	御餞別		
お見舞い	病気見舞い お返し	御見舞 快気祝	紅白１本結び切りあ るいはなし	なし あり
	災害見舞い	御見舞	紅白１本結び切りあ るいはなし	なし
弔事	お悔やみ	御仏前、御香典（仏）。 御玉串料、御榊料（神）。 御花料（キリスト）。 御霊前、御供（共通）。	黒白、銀白１本結び 切り	なし
	お返し（注５）	志		

注１）長寿の祝いは（数え年で）還暦61歳、古希（古稀）70歳、喜寿77歳、米寿88歳、白寿99歳で行う。

　２）一般の祝いとは、新築、開業などを指す。

　３）中元は本来、関東では７月１日〜15日、その他の地区では７月15日〜８月15日である。ただし、最近東京に他県からの移住者が増えた結果、中元の時期が７月１日〜31日と長くなる傾向がある。

　４）寸志は目下の場合に用いる。

　５）仏式では四十九日の法事の際、神式では30日後か50日後に、キリスト教では葬儀の２〜３週間後に贈ることが多い。

2 慶事の基礎知識

(1) 社外慶事の種類

　企業が日ごろおつきあいしている取引企業、業界各社、親会社や協力会社など、社外で行われる主な慶事とその対応例は以下のとおりである。なお、当日の招待客の服装は、略礼服（ブラックスーツ、ダークスーツ、パーティードレス、ワンピースなど）が一般的で、品格を保つよう留意する。

① 会社創立〇〇周年記念祝賀会

　関係する企業が会社創立〇〇周年記念の催事を挙行する確かな情報を得たら、お祝いの品を選定する。一般的には胡蝶蘭などの鉢物や酒類を贈ることが多い。

　贈る時期は、招待状が届いてから、できればしかるべき者が持参するのがよいが、使者に持たせるときは挨拶状を同封する。祝いの品を宅配便などで送付する場合には挨拶状を別便にて郵送するのが礼儀である。祝賀会当日は、やむを得ない事情がない限り、招待を受けた者が出席する。当日感謝状などの贈呈が予定されている場合には、服装もブラック

Column　コーヒーブレイク

《「熨斗」の由来》

　贈答品ののし紙の右上に付けられる六角形の飾りは「熨斗（のし）」と呼ばれる。熨斗の中に入っている細く切った長方形の黄色い部分は、あわび貝を薄く「のし」て干したものを象徴している。あわび貝は長寿をもたらす縁起物で、神社や神棚へ供え物として用いられてきた。古来、魚貝類以外の贈答品に縁起物として熨斗あわびを添えていたものが簡略化され、「熨斗」となったといわれている。そのため、魚貝類や鰹節を贈る場合、のしは不要となる。ただし、近年は気にせず、のしを付けることも多い。なお、仏教には不殺生の教えがあり、仏前には魚介類、肉類を供えてはならない。そのため、のしが付いていない掛け紙とする。

スーツの略礼服など失礼のないように配慮する。

② 新社屋新築竣工式・落成披露パーティー

　竣工式や落成披露パーティーに招待されたということは、その企業とのおつきあいが深いことを意味する。それに見合う対応として、事前にお祝いの品または目録、祝い金（1万円、3万円、5万円、10万円）などを代表者格の者が持参する。遠隔地の場合は、配送会社などに委託し、挨拶状を別送する。

③ 開店披露パーティー

　百貨店や大型ショッピング・センターなどでは、開店に先立ち、お得意様、関係者、同業者、地域代表者、自治体、官公庁など、お世話になった方々やこれから関係を築いていく方々を招待し、披露パーティーを開催するのが習慣になっている。取引先であれば、開店祝いの花輪や花かごなどを出すこともある。ただし、大きな店舗であればトータルで演出するため、あらかじめ事務局と調整・相談して贈るようにする。

④ 社長就任祝賀

　就任決定から1週間程度内に代表者格の者が本人に直接お祝いの挨拶をする。祝いの訪問ができない場合は、挨拶状を郵送する。コンプライアンスの観点から、祝い品は社長個人の所有となるものではなく、職場に飾ることができる胡蝶蘭の鉢植えや観葉植物などが多くなっている。それ以外の贈答品の例として、酒類、置物、書画、ネクタイピンなどがある。ただし、中元や歳暮の辞退している会社であれば、新社長個人の所有となるものは避ける。

　社長本人や会社が主催して披露パーティーを開催することはきわめて少ないが、関係する会社の社長や友人たちが発起人になって開催したりすることはありうる。この場合、自社の社長が発起人の1人になっていたら、会社からもお手伝いを出すようにする。

⑤ 叙勲祝・各種受賞

　叙勲は、春秋の2回皇居で親授式や伝達式が、また各省庁での伝達式が行われる。新聞紙上で公表されたら、電話でお祝いの言葉を述べるか、

電報で祝意を伝える。お祝いの品の贈り方は社長就任と同じである。表書きは「叙勲御祝」「御祝」である。叙勲や褒章の授章は、推薦団体や関係者のお礼も兼ねて披露する場合が多い。披露の会に招待を受けている場合は、祝い金（１万円、３万円、５万円）を持参する場合が多い。出席した者はお祝いの言葉を申し述べるのが礼儀である。

⑥ 結婚披露宴

企業の役員自身やその子どもが結婚披露宴を催すときは、取引先企業の懇意にしている社長や役員を招待する場合もある。この場合は、個人的なつきあいとはいえず、企業として対応することになる。結婚祝いの品は、挙式の１カ月前くらいの日柄のよい日を選び、日中に直接持参して祝いの気持ちを表す。結婚披露宴では、お祝いの品とは別に、結婚する二人への祝い金を祝儀袋に包んで持参することが多い。

（2）担当者の心得

社外慶事の担当者が行う行為すべては、企業を代表しており、世間の常識にかけ離れたことをすると、企業の信用に響くことを深く認識する。

社外慶事対応を迅速に行うために、常に正確で早い情報の収集に努めることが求められる。新聞や業界紙には常に目を通し、会社人事、叙勲・授章、受賞（各省庁、自治体、協会）などの動きに注意を払い、適宜上司に報告する。主要顧客である取引先の社長や取締役の就任、栄転、叙勲・授章などには、特に早く対応しなければならない。

（3）招待状の返信

先方から招待状が送られてきた場合は、すぐに出欠の意思表示をするのが礼儀である。通常、招待状には、出欠の確認を取るための返信用はがきが同封されており、書き方は次のとおりである。

表書きのあて名……個人名なら「行」や「宛」を「様」に書き換え、会社や団体なら「御中」に書き改めて投函する。

裏面出欠の意思表示……「御出席」や「御欠席」は、「御出席」「御欠

席」のように２本線で「御」を消す。そして、お祝いの言葉を添え
るのが望ましい。「おめでとうございます。当日は、ぜひ参上してお
祝いを申し上げたいと存じます」と添えるのが、一般的である。

発信者の欄……「御住所」は「~~御~~住所」、「御芳名」は「~~御芳~~名」のよ
うに２本線で「御」および「御芳」を消し、住所・氏名を記す。

出席を断る場合……まず祝意を表し、出席できない理由を明確に書き、
失礼を詫びるのが礼儀である。ただし、その理由が病気や事故、さ
らには近親者の不幸があり喪に服している間である場合であれば慶
事の招待に対しては、ふさわしくないので、ぼかした表現を使う。
なお、出席を断った場合は必ず当日までにお祝いの品を贈り、祝電
を打つのが望ましい。

（４）パーティーのマナー

① 服装

結婚披露宴などの正式な場に招待された場合、男性はブラックスーツ
に白いワイシャツと白またはシルバーのネクタイ、女性は独身であれば
振袖、既婚であれば色留袖、訪問着などの着物か、パーティードレスを
着用する。

それ以外のパーティーで、招待状に「略服」とか「平服」との添え書
きがあった場合、男性であれば黒か紺系のスーツと白いワイシャツが多
く、地味になりすぎず、センスがよいネクタイを締める。ポケットチー
フやカフスなどをアクセントにする場合もある。女性はワンピースか、
スーツを着用する。女性であればネックレスや指輪、コサージュなどで
華やかに装うのもよいだろう。いずれにしても、企業間のおつきあいで
は、服装はカジュアルになりすぎず、品格を保つことに留意する。

② 入場・退出

入場のときには、主催者がパーティー・ラインを組んで来客をお迎え
しているから、会釈して入場する。知り合いがいる場合は、お祝いを述
べてから入場するのが礼儀である。ビュッフェ形式の場合、退出は自由

239

だがあまり早い退出は失礼となる。また、閉会後は速やかに退出する。退出時には主催者に挨拶する。

③ 席次

結婚披露宴では新郎新婦が座る舞台の前の席が上座である。着席のパーティーでも、舞台の前に位置する席が上座である。洋室であれば出入り口から遠い席、飾り棚や絵画などがかかっていればそれに面する席が上席である。和室では床の間を背にした席が最上席になる。なお、主賓に向かって左側の席の方が上位席である。

来客の席は上座に、主催者の席は舞台から離れた、出入り口に近い下座に設ける。

3 弔事の基礎知識

(1) 弔事の対応

ここでは、仏式による一般的な葬儀の流れについて学ぶ。通夜に参席するまでに手配しなければならないものは以下のとおりである。確かな情報を得たら、上司と相談のうえ、なるべく早く手配をする。

① 供花の手配・弔電の打電

供花(「きょうか」もしくは「くげ」と読む)は故人に供える花である。供花は弔事の連絡を受けたら、次の点を明らかにして、通夜の前までに届くように葬儀場担当の葬儀社または花屋に手配をする。

・供花は1基か1対(同じ名札で2つ)かを指定する。
・名札にはどのように表記するか、社名のみか社長名も併記するかを伝える。
・送り先(日時、場所)を正確に伝える。

弔電を打つ場合も早めに手配する。喪主や故人の名前を間違えることは、企業の信用も体面も傷つけることになる。念には念を入れて間違えないようにする。

② 取引先の社葬などへの対応

取引先企業のトップの社葬などが行われる場合は丁重な対応が求められる。

近年、死去の1〜2カ月後に社葬や「お別れの会」「偲ぶ会」を催すことが多い。新聞等で訃報広告や社葬広告を見たり、社葬などの案内状が届いたら、日時や場所、香典や供花の扱いなどについて確認する。不明の場合は先方へ確認する。

社葬などへは故人の地位とつきあいの度合いにより、それにふさわしい者が列席することとなる。さらに、弔辞の奉呈依頼があったときはどのような内容を求められているか、与えられた時間はどの程度であるかを確認して準備する。

（2）通夜

① 通夜の概要

通夜は、もともとは故人を葬るまでの間、家族や親しい友人が夜通し故人の霊を守るためのものであった。しかし、近年、葬儀場の通夜では通夜式と通夜振る舞いを行うことが一般的である。

通夜式は、僧侶の読経と焼香を行う。通夜式の時間は、夕方の6時または7時から1時間が多い。棺に向かって右側が遺族側で、祭壇の一番近くに喪主が座る。あとは故人との関係の深い順に並ぶ。左側は世話役、友人や知人、職場の関係者、近所の方々が並ぶ。焼香は、喪主から近親者の順で進み、その後、一般弔問客が続く。

通夜式のあと、かつては近親者や友人・知人が夜中まで語り合ったが、最近では9時か10時で切り上げる半通夜がほとんどである。

② 通夜振る舞い

焼香が終わると飲み物、菓子、すしなどを一般の弔問客にも振る舞う「通夜振る舞い」が習慣になっている。また、式場の周辺の案内、受付業務（会計、手荷物整理、案内など）をお願いしたお手伝いの人たちにも通夜振る舞いをする。

③ 弔問者の心得

通夜の開始時間に遅れないようにし、通夜振る舞いも、故人との深い縁故がない限り辞去するのが普通だが、参席する場合でもあまり長居をしない気遣いが必要である。

④　服装

通夜は、もともと遺族や近親者、比較的縁故の深い知人・友人が参席して夜遅くまで個人の死を悲しむ儀式であるため、遺族、近親者以外は地味な色であれば平服でよいとされていた。その理由は、急を聞いて駆けつけて来たから喪服を用意する時間がなかった、という意味を持っていたようである。しかし、最近では葬儀・告別式に参列できない理由で一般弔問客が増えているため、ブラックスーツの喪服で参席する人も多くなってきている。

（3）葬儀・告別式

葬儀は、葬儀告別式、一般告別式、出棺の順で執り行われる。近親者、縁故の深い友人・知人が故人の冥福を祈って故人と最後の別れを告げる儀式を、葬儀告別式という。通常、告別式の日時は一般告別式の開始時刻を指す。一般の参列者であっても、社会的地位が高くなってくると、焼香順位が予定されている場合もある。告別式の開始時刻までには参列していないと非礼になりかねないので注意する。

①　服装

男性は喪服としてダブルまたはシングルのブラックスーツと白いワイシャツを着用する。ネクタイは織り柄のない黒の結び下げとする。靴下と靴は黒色で、靴は切り返しのある紐を結ぶ型が正式である。ネクタイピン、カフスボタンは、金色を避け、プラチナか銀または真珠を使用する。

女性は洋装であれば黒のフォーマルウェアとなる。ネックレスなどは真珠などで、金銀の輝くものは避けることとなっている。靴とストッキングは黒色である。

バッグ、コート、傘なども黒無地がよいが、持っていない場合は地味な色で無地か派手な柄でないものを選ぶ。仏式であれば数珠を必ず持っ

ていくようにする。

② 焼香

焼香は、約1m手前に止まり、僧侶に一礼し、正面から遺影を見て、位牌の戒名に目を移したところで一礼する。次いで前に進み、合掌し右手だけを離してお香を右手の親指、人指し指、中指の3本で少しつまみ、目の高さまで捧げ、押しいただいて香炉にくべる。再び合掌し、約1m後ずさりし、一礼、続いて僧侶にも一礼して席に戻る。

③ 弔辞

友人を代表して弔辞を述べる場合には、奉書か上質の巻紙に、薄墨で丁寧にしたため、上包みには、「弔辞」と記す。葬儀の司会者の指示に従い、霊前に進み一礼して、上包みを開き、上包みを順に納める。本文をゆっくりと読み下して、読み終わった後は、包み直し、霊前に表書きを上にして置き、一礼して自席に戻る。

④ 出棺

出棺に先立ち、遺族や近親者、親しい友人は、故人と最後の別れのため棺のふたを開け対面し、彼らの手で棺を花で埋め尽くし、棺のふたを閉める。遺族、近親者がそれぞれ石で二度打つ動作をして故人とのお別れをする。

棺が霊柩車に納められたところで喪主または遺族から会葬者に会葬御礼の挨拶がある。一般の弔問客は、霊柩車を見送って退場する。しかし故人と縁故の深い間柄にある会葬者は、火葬場まで付き添い、荼毘に立ち会う。

（4）法要

仏式では七日目ごとに7回の法要を行う。最初の7日間を初七日、以下、二七日、三七日、四七日、五七日（通称三十五日）、六七日、七七日（なななのか、しちしちにち：通称四十九日）と呼ぶ。最近では、すべての法要をするのは少なくなってきている。七七日＝四十九日をもって一応の忌明けとする。その後の法要は、百日目の百か日、1年後の一周

243

忌、2年後の三回忌、6年後の七回忌などと続く。香典袋には「御霊前」と「御仏前」の2種類がある。一般的には、四十九日の法要までは「御霊前」、四十九日の法要後は「御仏前」になる。

（5）宗教により異なる作法

　宗教により会葬の作法が異なる。その特徴的なものをまとめておく。
→図表5-2-2

　なお、弔事の表書きは薄墨で筆書きとし、水引にかからないように楷書で書く。水引を用いる場合は、結び切り、熨斗は不要である。香典金額と住所を裏面に書き、新札を使わないのがマナーである。

4　社葬の基礎知識

（1）社葬の実際

　現職のトップ（会長、社長、取締役）および功績のあった者（創業者、相談役）が亡くなった場合あるいは従業員の殉職など、会社を挙げて故人の業績に感謝し、弔意を表すのが社葬である。社葬にするかどうかは、会社の規模や故人の会社への貢献度によって異なり、その範囲は定めにくい。できれば社葬のランク付け、たとえば、社葬Aは社長・会長、社葬Bは創業者・相談役・役付取締役、社葬Cは取締役・部長・殉職者、社葬Dはその他特に会社に貢献のあった従業員、などと定めておくとよい。

　なお、近年、まずは遺族や近親者だけで密葬を行い、その1～2カ月後までに社葬を行ったり、葬儀は遺族や近親者のみで行い、社葬の代わりに後日「お別れの会」「偲ぶ会」を催したりすることが多くなっている。

（2）社葬の具体的な進め方（仏式中心）

① 葬儀委員長、副委員長の選任

　社葬にすることが決まったら、葬儀運営の最高責任者である葬儀委員

図表５-２-２ ● 宗教別弔事の作法

	弔事の表書き	通夜・告別式の作法
仏式	御霊前：霊前に供える金包、すべての宗教に通用する 御仏前：法要で仏前に供える金品 御香典：霊前に供える金 御香奠：御香典の本来の書き方 御香料：霊前に供える金包 御供：霊前に供える供花・供物 供花料：霊前に供える金包	線香のあげ方：喪主に一礼、座布団の手前で霊前に一礼→両手をつき席ににじり出て、線香を一本取り、蝋燭の火を移す→火がついたら左手で静かに扇ぎ消す→香炉に線香を立て、合掌し一礼する→両手をついたまま座を下がる
神式	御神前：霊前に供える金包 玉串料：霊前に供える金包 御榊料：霊前に供える金包	玉串奉奠：神官から玉串を受け、神官に一礼→右手で枝（根元）、左手に葉を持ち、胸の位置に捧げる→祭壇の前に進み遺族・遺影に一礼→玉串を目の高さにして一礼→玉串を左の手のひらで「の」の字を書くように回し、枝の根元を神前に向けて玉串案（玉串をのせる台）に供える→そのまま１歩下がり、二礼二拍手（音をたてない＝しのび手という）一礼をし、２〜３歩下がり遺族と神宮に一礼して席に戻る
キリスト教式	御花料：霊前に供える金包 弔慰料：霊前に供える金包 ※キリスト教の金包には以前は白封筒を使用していたが、最近では水引を使用することも多くなった。	献花のしかた：花を右側にして受け取る。そのとき、右手は下から茎を支え、左手は上から茎をつまむ→献花台の前へ進み、一礼→花を右に回し、茎のほうを献花台に向ける。左手も茎を下から支えるように持ち替え、花を献花台に捧げる→黙祷もしくは一礼。信者の場合は十字を切る→２〜３歩下がって、遺族と牧師（または神父）に一礼（最近では無宗教の葬儀にも献花が取り入れられているが、しかたはキリスト教と同じである）

長を選任する。社会的地位、年齢、故人との親交の程度など多面的に検討し決定する。現職の社長の死去の場合は会長や副社長が、社長以外の場合は社長が務めることが多い。なお、取引先の社長や親会社の役員が務めることもあるが、この場合、他の取引先などから「なぜあの取引会社の役員が葬儀委員長なのか。普段から癒着があるのではないか」といった不満や不信が出ないように配慮が必要になる。

　実質的な葬儀進行の中心となるのは副委員長である。その任にあたるのは、葬儀全般の知識や経験が豊富な総務部長や総務課長が適任である。葬儀副委員長は、企業の代表として喪家との窓口になり、遺族の意思を尊重しながら企業の方針とすり合わせなければならない大役である。

② 　葬儀社の選定

　葬式は儀式である。その運営は問題なく、滞りなく執り行わなければならない。大きな葬儀をする場合は、大規模な葬儀を経験している葬儀社を選定して協力をしてもらう。葬儀会社のノウハウは、葬儀会場の確保、司式者（僧侶、神主、神父、牧師など）との交渉、葬儀の運営全般など多岐にわたる。

③ 　葬儀会場と日程の決定

　遺族や近親者だけで密葬を行い、その１〜２カ月後までに社葬を行う場合も多い。社葬の時期をずらすのは、取引先などの会葬者が多くなるため、準備や会場の手配をしなければならないからである。

　社葬では、会葬者の人数を想定し、会葬者の交通の便などを考慮して、葬儀会場などを決定する。日程は、土・日・祝日を避ける。友引の日も避ける。さらに、会葬者の都合を考えて、午後１時以降に行うことが多いようである。

④ 　訃報広告、社葬などの案内状の送付

　新聞への訃報広告は、故人の死去とともに社葬の日時場所などを伝えるものであるが、とりあえず社葬を実施することと詳細は未定である旨を掲載する場合がある。その場合、社葬などの詳細が決まったら、改めて社葬広告を掲載する。また、取引先などに対しては社葬を連絡する案

内状を送付する。黒枠の単葉の通知状を黒枠封筒で郵送する。案内状の送付先の選定においては、社長をはじめ幹部の意向とともに、喪家の意向にも配慮する。

⑤ 葬儀費用

　葬儀の内容により費用がいくらかかるかは差がある。社内規程で社葬のランク付けをしておくことを勧める。

⑥ 社葬の業務担当者

　社葬では次のような業務が必要となるので、担当者を決めておく。

　本部：葬儀全体を統率し、各担当との連絡を密にし、葬儀社と常に相談連絡する担当

　文書係：取引先への案内状、訃報広告・社葬広告、会葬御礼、弔辞の起草、式次第などの作成

　進行係：式場の司会、席や弔辞奉呈者の序列

　式場係：式場の整理、運営

　接待係：僧侶、遺族、来賓などの案内と接待

　会計係：香典整理、現金管理、諸経費出納

　供物係：供花、供物の受付と整理、名札の序列の決定

　受付係：受付業務、会葬者の芳名録の整理

　携帯品係：携帯品預かり、整理

　案内係：周辺道路や最寄り駅から式場までの案内掲出ならびに案内

　駐車場係：車の誘導、車の手配、駐車場内整理

　記録係：葬儀記録の作成のため、写真撮影、VTR（Video Tape Recorder）、録音など

　社葬にする場合は、通夜、密葬にもお手伝いを出すことになる。

⑦ 式場の配置

　祭壇に向かって右側に遺族・近親者の席、左側に葬儀委員長、来賓、友人関係、その他の参列者の席を配置する。

⑧ 弔辞の準備

　葬儀委員長と従業員代表の弔辞は、会社で起草するのが一般的である。

弔辞の中で故人の略歴について触れるのは、葬儀委員長だけで、そのほかの弔辞では略歴を省く。繰り返しを意味する語句「重ね重ね」「再び」「いま一度」などは忌み言葉であるから、避けなければならない。

⑨ 社葬における服装

　葬儀委員長は、モーニングコートを着用すると格式が高くなる。その他の者は通常の葬儀と同様の服装となる。

⑩ 会葬御礼

　会葬御礼は、印刷した単葉の礼状とお浄めの塩の小袋を黒枠の封筒に入れ、会葬が終わって退出してくる方に会葬への感謝を込めて手渡す。その際、箱入りの白ハンカチ、茶葉、菓子、各種プリペイド・カードなどを一緒に手渡すことが多い。

5 見舞いの基礎知識

（1）陣中見舞い

　合宿、さらに業務の超繁忙期などに励ましのために金品を贈ることである。品物の場合は、お酒やビール、ジュース類、お弁当、お菓子などその場で開いて、すぐに飲食できるものが喜ばれる。また、現金も歓迎される。現金を贈る場合は祝儀袋に「酒肴料」「御菓子料」などと書く。

（2）災害見舞い

　自然災害が発生し、取引先に被害が発生したと考えられる場合には、マスコミ報道や会社の情報網を活用して、確かな情報を集め、取引先の罹災状況を把握する。危険が去った後、時機を見計らい、できるだけ早めに災害見舞いに駆けつけ、見舞金（1万円、3万円、5万円、10万円）や支援物資を贈る。後片づけや復旧のために応援が必要と判断した場合は、現地の受け入れ態勢を確認したうえで従業員を派遣する。なお、災害見舞いにお返しはいらない。

（3）火事見舞い

　火事見舞いには火災見舞い（火元となったときの見舞い）、近火見舞い（近くで火事が起こったときの見舞い）、類焼見舞い（近くで火事が起こり、燃え広がって火事になった見舞い）がある。

　見舞金（1万円、3万円、5万円、10万円）を贈るとともに、火事の片づけをする人々をねぎらう菓子や飲み物を添えるとよい。金品の見舞いだけでなく、必要に応じて現場の後片づけや復旧のための応援も行いたい。なお、火事見舞いにお返しはいらない。

（4）傷病見舞い

　従業員や取引先の方が病気になったときの病気見舞いは、病人本人の意向や病状にもよるので、事情を考慮して判断する。また交通事故やその他の原因によるけがの見舞いについても、病気見舞いに準じて行えばよい。

①　見舞い

　病気見舞いについてはデリケートな面があるので、病人本人の意向を尊重する。本人の意向がわからない場合は、さりげなく家族など周りの人に確認する。

　見舞いの時期も、病状が重いときは負担になることが多いので、本人や家族の意向を尊重する。面会謝絶の場合は、見舞いを遠慮するほうがよい。

　見舞いを遠慮する場合でも、花のお届けサービスなどを利用して見舞品を贈るなど、お見舞いの気持ちを伝えることが大切である。

②　見舞品の選定

　見舞品の選定は、病人の容体や趣味・嗜好を考える。胃腸系の病気の場合、食べ物を見舞品にしてはならない。それ以外でも食事制限がある場合もあり、一般的に花束とする例が多い。

　花を贈る場合は、あまり香りの強い花（百合の花）、散りやすい芥子、首の落ちやすい椿、語呂の悪いシクラメン、鉢植えのもの（根づくとい

われ、縁起がよくない。また、土には土壌病原菌などが混じっている可能性がある）などは避ける。フラワー・アレンジメントによる花かごにすると、花瓶の必要がなく、ときどき水を差すだけで、手入れも簡単にできるので喜ばれる。

③ 服装・その他

　見舞い時の服装は、あまり派手なものを避け、香水など香りの強いものをつけるのは遠慮する。面会時間は、10分から20分程度とし、病人が疲れないように、極力短時間の訪問になるよう配慮する。また、一度に大人数で見舞いに出かけることのないようにし、病室では大きな声を出さないように心がける。

第 3 節　来客対応と電話応対

◆受付の基本的態度について理解し、来訪者に応じた的確な対応方法について学ぶ。
◆電話応対の基本的な言葉遣いを理解するとともに、さまざまなケース別の対応方法を学ぶ。

1　来客対応

（1）来客対応の態度

① 基本的心得

　何らかの目的を持って来社する方々に適切に応対するのが受付業務である。会社への来訪者が最初に接触するのが受付であり、ここでの対応のしかたが、会社のイメージにも影響する。受付係の顔の表情、物腰や服装なども大切な要素である。服装は清潔感とともに、明るい雰囲気にすると印象がよい。

　一方で、受付は悪意を持った人に対しては防御壁の役割も果たしている。そのため最近は、受付でのチェックが厳しい企業が増えている。しかし、チェックが厳しいうえに、対応まで無愛想であったり高圧的であったりすれば、悪い印象を与えてしまうことになりかねない。これでは、受付ではなく、防御壁そのものになってしまう。来客の身になって、人に奉仕する、尽くす心であるホスピタリティーを持ち対応することが大切である。派遣スタッフや警備会社の警備員などが受付業務を行う際にも、基本的なマナーに沿って対応できるようにマニュアルを整備し、教

育を行うようにする。

② アポイントがない来訪者への応対

　アポイントなしの突然の来社者が受付に訪れることがある。特に、苦情を訴えに来たり、つきあい広告や購読を依頼してくるケースは、慎重な対応が必要である。このような来訪者に対しても、まずは丁重な姿勢で応対するように注意する。見下すような態度は、かえって相手を怒らせてしまう。苦情の場合は、速やかに応接室に案内し、担当者に至急来るように手配する。来訪者の要求を断る場合は、毅然とした態度で、終始一貫した断りの理由を伝える。たとえば「会社としておつきあいの購読や広告を出すことは一切行っておりません」という会社の方針を示し、絶対に譲らないことが重要である。言質をとられないためにも、不用意な発言は控える。ただし、受付で長く押し問答していては、他の来訪者に不審に思われる。対応に難しいときは、総務課長や総務部長が対応し、受付近くの別室に案内する。飛び込みセールス・パーソンの場合は、基本的には拒否し、改めて面会予約をとって来てもらうように対応する場合が多い。

（2）来客対応の準備と手順

① 受付に必要な設備、備品

　一般的な受付に必要な備品類は図表5-3-1のとおりである。来客用胸章（ゲスト・バッジ）を付けていれば、来客が受付を通った証明となり、セキュリティー上の管理ができる。また、こうした来客に対して、担当者以外の従業員も挨拶をしたり、エレベーターの乗り降りを優先したり、建物内のご案内などを積極的に行うことが可能になる。そうすれば、企業全体の印象は一層よくなる。さらに、パソコンを使って、各部署から訪問予定者を申告してもらい、入力しておくと、受付業務がよりスムーズに進められる。

図表5-3-1 ●受付に必要な設備、備品

・受付カウンター
・いす
・各部署への連絡用の電話機
・内線電話番号簿
・お客様記録カードと時刻打刻機
・お客様用胸章（ゲスト・バッジ）
・支店、営業所、工場などの住所、電話番号簿
・会社組織図、社員名簿
・会社建物、部署など配置図
・会社の製品、取扱商品のカタログ
・求人案内、募集要項
・筆記用具、メモ用紙　　など

　また、最近では経費削減のために、受付を無人にする企業も見られる。その場合は、内線電話機と内線番号表を受付台において、来訪者がアポイントをとった相手を呼び出す方式が中心となる。受付台周辺を清潔に保ち、内線番号表は常に最新のものを用意するように気をつける。なお、呼び出した先が留守であった場合に備えて、「電話しても応答がない場合は、○○番の総務にお電話ください」と併記しておくとよい。セキュリティー面では、受付の状態を常に総務部門でモニターしておき、異常が発生したらすぐ駆けつけるなど対応できるようにする。さらに非常ベル、総務とのホット・ラインなどを設置することも必要である。

　受付は来訪者をお迎えする場である。受付付近の清掃が行き届いているか、荷物が雑然と置かれていないか、照明が点滅したり切れたりしていないか、などは常に点検しておく。従来は受付に花を飾る企業も多かったが、近年、そうしたことは簡素化される方向となっている。しかし、観葉植物や絵画を飾るなど、来客者をお迎えするのにふさわしい場としたい。

② 　来客対応の手順

　来客を迎え、担当者に案内する手順の一例は、図表5-3-2のとおりである。→人の出入りの管理は第8章第2節**1**(2)①を参照

　ひととおりの応対が終わったら、そのつど、自分の応対を振り返ることも大切である。来客は満足したか、自分に不備はなかったか、もっとよい対応ができるのではないか、といった点を検討する。

③　来客対応の動作

図表5-3-2 ● 来客対応の手順

段階	受付係の心得・行動	具体的な対応例
お迎え	・「ようこそいらっしゃいました」という気持ちを持つ。 ・受付は会社の顔である。笑顔で迎え、丁寧に礼をし、ソフトな言葉と表情で接する。 ・お客様にさわやかなイメージを持っていただけるようにする。	・お客様がお見えになったら、必ず立ち上がって応対する。 ・2人で受付をしているとき、お客様が1人（1組）見えた場合、応対は1人で行うが、他の1人も受付手続が済むまでは立っている。
確認	・どこのどなたであるか、お客様を確認する。 ・初めての来客か、常時の来客かを確認する。 ・お客様の様子を観察し、人柄を把握する。 ・招かれざる客でないかを確認する。	・受付に寄らず入館しようとするお客様がいたら、「いらっしゃいませ、どちらへいらっしゃいますか」と声をかけ、「恐れ入ります。こちらで受付をお願いします」と言って手続をしていただく。
用件を把握する	・どのような用件かをつかむ。 ・部、課、社員との仕事の関係をつかむ。 ・用件の重要度を早くつかむ。	・社員以外の方には、必ず来訪者管理簿に記入をお願いする。 （総務部が発行した入館証を提示した方や関係会社の胸（社）章を付けた社員、賓客は例外としてもよい）。
面談者を確かめる	・予約がある場合は面談者の指示に従う。 ・予約がなく、来客者から面談者の指定がある場合は面談者の都合を確かめる。 ・面談者の指定がない場合は、誰が面談者として最適か判断して、その者に相談する。 ・入館してよければ速やかにご案内する。	・入館者には必ずゲスト・バッジを付けていただく。 ・前もって予約が入っているお客様がお見えになる場合は、あらかじめ担当者にお客様をどちらにご案内するか確認しておく。お見えになったときには「お待ち申し上げておりました」「伺っております」と言って指示どおりご案内する。

１）廊下の歩き方

　半身を来客のほうに向けるようにして２〜３歩斜め前を歩く。その際大切なことは、歩調を来客に合わせることである。曲がり角では、振り返って曲がる方向を腕から手のひらを使って方向を示すようにすると、案内される側も歩きやすい。

２）エレベーターの乗り降り

　エレベーターの乗り降りは、常に来客優先「来客先乗り先降り」である。エレベーターに乗るときは、来客を先に、奥へ乗っていただく。自分は末席である操作ボタンの前に乗り、ボタン操作をする。降りるときも「開」のボタンを押して「こちらでございます」と声をかけ、来客を先に降ろす。ただし、エレベーターが混雑しているとき、乗るのは基本どおりできても、降りるときは先に降りなければならないような状態であれば、先に降りて扉を押さえるなど、臨機応変に対応する。

３）応接室への案内

　ドアをノックしてから応接室に入る。ドアを開けて来客を室内へ案内する場合、手前に引いて開ける扉は、扉を開けて来客を先に通す。押して開ける場合も扉を押し開け、押さえながら、やはり来客を先に通すのが基本である。

　一方で、自分が応接に通されたときのマナーも知っておきたい。応接室に通されたら、訪問相手が来る前にソファやいすに座らないで立って待つのが礼儀である。それまでの間、室内の絵画や置物などを観賞して待つように心がけたい。ただし、案内をした者や飲み物を運んできた者から座るように勧められたら、お礼を言って座ってもよい。その場合でも、訪問相手が来たら立って迎えるようにする。

４）座席の勧め方

　座席には上座と下座がある。テーブルを挟んで入り口から遠い側が上座、入り口に近い側が下座となる。また、短いいすよりは、一般的に長いいすのほうが上座となる。図表５-３-３左図の場合は、長いすの最も奥が最上席である。したがって、来客を応接室に案内したら、基本的に

入り口から遠い席に誘導する。

　図表５-３-３右図のように、どれもが同じ大きさのいすである場合は、入り口からの遠近で席順が決まる。テーブルを挟んで入り口から遠い側が上座、入り口に近い側が下座となる。さらに、上座側の入り口から遠い席が最上席である。下座側も同様に、入り口から遠い席のほうが上位席で、入り口近くは末席となる。したがって、来客を応接室に案内したら基本的に入り口から遠い席に誘導する。

　席に誘導後も来客が立ったままであれば、座るようにお勧めする。

　「ただいま参りますので、少々お待ちくださいませ」と軽く会釈して退出する。お茶を持っていったときは、来客から先にお茶をお出しする。

５）見送り〜片付け

　担当者はエレベーターや玄関まで見送る。見送った後は、応接室に戻り、お茶碗や灰皿を素早く片づける。

図表５-３-３ ● 応接室の席順

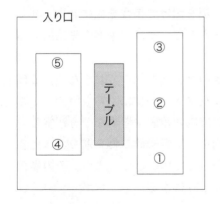
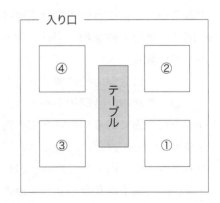

（３）来客対応の言葉遣い

① 話し方の心得

　受付を担当する者は、心地よい声のトーンで明瞭かつ正しい言葉遣いで話す。人に押しつけるような言い方は避けるよう心がける。軽べつし

たような言い方や、感情的な言葉は慎む。社内用語や略語などを避け、誰にでもわかりやすい言葉を使うことも求められる。また、来客の動作や態度などを観察しながら、早合点せず、来客の話に耳を傾け、親しみを込め和やかな態度で的確な返答を行う。特に言葉遣いから、来客はその会社の仕事への熱意や一生懸命さといった雰囲気を感じ取るので注意をする。基本となる「対応の8大用語」は必須である。→図表5-3-4

図表5-3-4 ● 対応の8大用語

いらっしゃいませ	「ようこそ」の気持ちを伝える。心を込めてサービスを提供する意味からも重要な言葉。
かしこまりました	「お客様の申しつけをしっかりと受け止めた」というハッキリした答えがお客様に安心感を与える。
少々お待ちくださいませ	お客様の前から下がるときや、お待たせするときに使う言葉。この前後に「恐れ入ります」「お急ぎのところ申し訳ございません」といったクッション言葉や理由、時間をつけると、なおよい。
お待たせいたしました	お待たせした時間に関係なく、お客様のもとに戻ったときに使う。「少々お待ちくださいませ」とセットで使うようにする。
ありがとうございました	好きな言葉の上位にくる感じのよい言葉である。適宜使う。
申し訳ございません	お客様にご迷惑をおかけして申し訳ないという気持ちを素直に表現する。
恐れ入ります	お客様に何かを依頼するときや軽いお詫びのときに使われるクッション言葉。
またどうぞ	お客様を見送るときの一言添える言葉。

② 敬語

　敬語には尊敬語、謙譲語、丁寧語がある。→図表5-3-5

　敬語を適切に使うためには、話す相手と主語と自分の関係によって、尊敬語と謙譲語を使い分ける必要がある。たとえば、

　来客：「○○課長はいらっしゃいますか」

　受付：「はい、○○課長さんは、いらっしゃいます」
と言っては間違いである。この場合は「はい、課長の○○は、ただいま
席におります」と応えなければならない。「いらっしゃいます」は尊敬語
である。特に受付では、来客の前で、自分や自社の者に対し尊敬語を使
うことのないように注意する。また謙譲語は自分や自社の者に使い、来
客に使ってはならない。たとえば、「川野様と申される方がご面会です」
は誤りで、「川野様とおっしゃる方がご面会です」と言うべきである。
「申す」は「言う」の謙譲語である。この場合、尊敬語の「おっしゃる」
が正しい。→図表５-３-６

図表５-３-５ ●謙譲語・尊敬語・丁寧語の例

謙譲語	自分……わたくし　　当社……私ども、弊社　　思う……存じます 聞く……承ります　　知らない……存じません もらう……いただきます、頂戴いたします 承諾……かしこまりました、承知いたしました する……いたします　　行く……参ります
尊敬語	相手……お客様、皆様　　男性……男の方　　女性……ご婦人、女の方 夫婦……お二人様　　夫……ご主人様　　妻……奥様 だれ……どなた様　　老人……ご年配の方　　同伴者……おつれ様 見せる……ご覧に入れます　　着る……お召しになる
丁寧語	子ども……お子様　　どこ……どちら　　勤務先……お勤め先 住所、家……お住まい、おところ　　です……ございます わからない……わかりかねます 礼を言うときの言葉……ありがとうございます 頼むときの言葉……おそれ入りますが、申し訳ございませんが 待たせたとき……お待たせしました

図表５-３-６ ●自分と相手に対する表現の違い

	相手（尊敬語）	自分（謙譲語）
いる	いらっしゃいます	おります
言う	おっしゃる	申し上げる
食べる	めしあがる	いただく

（4）名刺の扱い

　来訪者から名刺を差し出された場合は、両手で受け取る。名刺は相手の顔と思い、丁寧に扱う。文字やマークにはできるだけ触れないようにする。そして、相手の名前を「○○会社の△△様でいらっしゃいますね」と復唱・確認する。読み方がわからない場合は、「恐れ入りますが、何とお読みすればよろしいでしょうか」と尋ねる。

（5）賓客への対応

　賓客とは主要取引先の社長や担当役員、政府要人、外国のメーカーやバイヤー、親会社の社長や経営幹部、官公庁や地方自治体の高官など役員が対応するようなVIPである。こうした賓客が来社する場合は、事前に関係部署に対してスケジュールの連絡があり、担当する部署から受付を統括する部門に連絡および相談がなされる。事前に用意周到な打ち合わせを行い、出迎えのしかた、受付の役割を明確にしておく。万が一、突然に賓客らしい方が受付に訪れた場合は、まずは応接室に案内し、上司の指示を仰ぐ。

2　電話応対

（1）電話応対の心得

　近年はメールやイントラネット等での連絡が多くなり、電話の頻度は減っている。ただし、メールより緊急を要する場合やメールでは伝えきれない内容を伝える手段として、電話の重要度は変わっていない。電話応対も受付と同様に、その企業の第一印象を決める。ただし、電話応対は、受付での応対と異なり、声だけが唯一のコミュニケーションの手段である。直接会って話をしているとき以上に「正確」「迅速」「簡潔」「丁寧」を意識して応対する。たとえば、相手が聞きやすいように、できるだけ平易な言葉を用い、一語一句明瞭に発音するといった気配りが求められる。また、言葉遣い、特に敬語に気をつけ、必要事項は復唱して確認したい。

（２）基本的な電話応対

　電話は交換台で受ける場合とダイヤルイン方式で各人が受ける場合に大別される。ダイヤルイン方式とは、電話交換なしで外線電話が直接担当のデスクや役職者の席につながるシステムである。全員が電話交換手のつもりで応対することが求められる。ダイヤルイン方式の電話は、「誰かが出るだろう」と、全員が考えていると、ベルが鳴っても誰も出ないことがある。これでは先方を待たせてしまう。特に、部長や課長など役職者が不在時の電話は誰がとるか、担当や順番などのルールを決めておくとよい。いずれの場合でも、外部からの電話を受けてから、取り次ぎまでの基本応対は以下のとおりである。

① 電話を受ける

　電話がかかってきたら直ちに受話器を取り、「○○工業株式会社でございます」のように自社名を名乗る。ダイヤルインの場合は「○○工業営業部第一課です」「○○工業営業部第一課山田です」と部署名や名前まで名乗ることがある。早口にならないように、一語一句明瞭に発音する。聞き取れないと、先方が「○○工業ですね」と確認しなければならない。手間がかかり、第一印象もよくない。

　また、朝なら「おはようございます」、応答が遅れたときは「大変お待たせいたしました」と自社名を名乗る前に一言添えると感じがよい。

　相手が「△△産業の木村です」と名乗ったら「△△産業の木村様でいらっしゃいますか」と復唱し、「いつもお世話になっております」「いつもありがとうございます」と礼を言う。復唱は、先方に安心感を与える。

② 取り次ぎを行う

　先方から「営業本部○○課の△△課長をお願いします」と依頼されたら、「はい、かしこまりました」と応え、指名された部署や人を呼び出す。名指し人が在席していることを確認し、電話を転送する。通話開始を通知するときは「どうぞ、お話しください」と合図の言葉を発すると親切である。電話をつなぐのに時間がかかるときは「少々お待ちください」のひと言が必要である。また、あまり長く待たせるときは、こちら

から電話をする旨をことわり、相手の電話番号を聞いて折り返しの電話とする。

（3）不在の場合の電話応対

① 不在のケース別電話応対

先方が指名した者が不在の場合の電話応対は次のとおりである。

1）外出している場合

「申し訳ありません、外出しております。午後３時ごろに戻る予定でございます」「もしお急ぎでしたら連絡を取って、外出先から電話をするようにいたします」「もしお差し支えなければ、私が用件を承り、お伝えいたします」などと応対する。

2）社内にはいるが、離席している場合

「社内でございますが、ただいま席を離れております。少々お待ちください」といって探す、あるいは「社内でございますが、ただいま席を離れております。席に戻り次第、折り返し電話するように伝えます」などと応対する。

3）行き先が不明の場合

「恐れ入ります、ただいま外出中です。後ほどこちらから連絡するようにいたします」などと応対する。もっとも、社内の席を離れるときは、「○○○に行く」と断るのが常識であるが、徹底されていないこともある。どこにいるのかわからないような表現を使うと、社内管理が行き届いていないようで、自社の信用がなくなりかねない。

4）会議中の場合

「あいにく池田は会議中でございます。４時には終わる予定です。お差し支えなければ、ご用件を承ります」などと応対する。

5）休暇中の場合

「池田はあいにく本日休暇をいただいております。明日は出社いたします」「池田は病気のため２、３日休む予定です。お差し支えなければ、池田の上司と電話を代わります」などと応対する。病気の場合、聞かれ

ても病名は言わないようにする。

6）出先から直接帰宅する場合

「本日は出先での打ち合わせが遅くなると聞いております」、さらに「お急ぎでしたら、連絡を取って電話をするようにいたします。念のため電話番号をお伺いできますか」などと応対する。

7）出社予定時刻を過ぎても出勤していない場合

「あいにく、お得意様のところに寄って、10時過ぎに出社する予定になっております」などと応対する。間違っても「まだ出社していないようです」とは言わない。

② 伝言メモの活用

伝言を依頼された場合は、その相手の氏名、電話番号、用件などを必ず伝言メモにして、確実に、できるだけ早く伝達する。伝言メモは、一見してわかるもので、必要事項を簡単に書き入れれば済むような用紙を作成しておく。→図表5-3-7

図表5-3-7 ● 伝言メモ

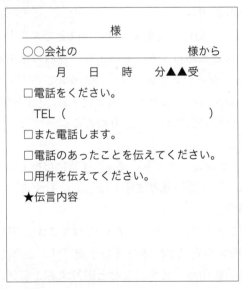

_____ 様

○○会社の _____ 様から

月　　日　　時　　分▲▲受

□電話をください。

　TEL（　　　　　　　　　　　　　）

□また電話します。

□電話のあったことを伝えてください。

□用件を伝えてください。

★伝言内容

（4）電話のトラブル対応

① 電話取り次ぎのトラブル対応

1）相手の声が小さく聞き取りにくい場合

「すみません、お電話が遠いようです。もう一度お願いできますか」と伝え、再度確認する。

2）同一部署に同姓がいる場合

「恐れ入ります。当部署に斉藤は2名おります。どちらの者かおわかりになりますか」と確認をする。また、性別が異なる場合は「男性の斎藤でしょうか、女性の斎藤でしょうか」、担当業務が異なる場合は、「○○を担当している斎藤でしょうか、△△を担当している斎藤でしょうか」と確認するとよい。

3）部署に指名された者がいない場合

人事異動により他の部署に移った場合は、「人事異動により現在○○部に勤務しております。○○部の斎藤におつなぎします」と答える。指名された者が存在しない場合は、名前を勘違いしていることがある。その者でなければ用件が済まないのか、その部署に用件があるのかを確認する。

4）取り次ぐ先が不明確な場合

たとえば、営業部が第一営業部から第三営業部まであるにもかかわらず、「営業部をお願いします」といった電話がかかってきた場合である。こうしたときは、単に「第一から第三までありますが」「どちらにおつなぎいたしましょうか」だけではなく、問い合わせ内容を確認し「その商品でしたら、第二営業部が取り扱っておりますので、担当と代わります」と応対すれば先方も満足する。内容の判断がつかない場合には、「申し訳ございません。私には判断がつきかねますので、商品開発担当につなぎますから、お話しください」と臨機応変に応対する。

5）間違った取り次ぎをした場合

変に言い訳などしないで、素直に「失礼いたしました」または「申し訳ございません」と謝ることが大切である。

② その他のトラブル対応

1）相手が名乗らない場合

「専務の鈴木さんにつないでくれ」「失礼ですが、どちら様でしょうか」「友人だ、つないでくれ。いるのか、いないのか」といった場合がある。友人であろうが、どんなに肩書をたくさん持っている偉い人であろうが、名前を名乗らないのはおかしいと疑う。寄付の強制や脅しにつながるおそれがあると思われるため、毅然とした態度で「断る」か、あるいはこじれないうちに上司に相談する。名乗らずに何度も電話がかかってくる迷惑電話であれば、警察に相談する場合もある。

2）クレーム電話

クレームの場合、来客は大変な剣幕で電話をかけてくることがよくある。ただし、ここで変に言い訳をすると話はこじれる。また、自社に非があるかどうかわからにうちに全面的に謝罪することも避けたい。そのため、あわてたり、うろたえたりせず「不愉快な思いをさせて大変申し訳ありません、私では判断つきかねますので、担当におつなぎいたします。少々お待ちください」と、速やかに顧客対応の担当につなぐ。このとき、担当者につなぐ際に、第1応対者が要点を話しておく。さもないと、来客はもう一度同じことを担当者に話すことになり、クレーム応対に対してクレームがつくような事態に発展してしまう。苦情に対しては、社内の対応を決めておき、マニュアル化しておく。

3）間違い電話

「違いますよ」と、邪険に言うのではなく「失礼ですが何番におかけでしょうか、こちらは○△番でございます」と応対する。

4）会社への道順を尋ねる電話

会社の所在がわからず、道順を尋ねられたときは、まず「現在どちらにいらっしゃいますか」と来客の位置を正確に確認する。そのうえで道順を要領よく的確に教える。そして、誰を訪ねてくるかもあわせて聞いて訪問相手に連絡しておく。こうした問い合わせに応じられるように、日ごろから会社周辺の地理に詳しくなっておくことも必要である。

5）プライベートな電話番号を尋ねられた場合

従業員や退職者などのプライバシーに関しては、秘密が原則である。
「松下課長の自宅の住所と電話番号を教えていただけないでしょうか」
といった問い合わせには、「大変申し訳ございませんが、従業員のプライ
バシーに関しましては、お答えできかねます」と丁寧に断る。

6）居留守を使う場合

やむを得ない事情で居留守を使う場合は、「あいにく外出しておりま
す。もしよろしければご用件を承ります」などと言う。

なお、先方が居留守を使われていると感じることがあり、そうすると
きわめて印象が悪くなる。将来、その者とどのようなつながりができる
かもわからない。そのため、よほどのことがなければ安易に居留守を使
うべきではない。

（5）基本的な電話のかけ方

① 電話をかける準備

まず電話で足りる用件か、面接や面会して話す用件かを考える。電話
をかける場合は、「What：目的は何か」「When：いつ」「Where：どこ
で」「Who：だれが」「Why：なぜ」「How：どのように」と5W1Hで
整理しメモにしておく。

② 電話をかける手順

1）企業名と氏名を名乗る

「〇〇工業、営業部の山田でございます」

2）先方を確認する

普通は、電話に出た人が「××商事でございます」と先に名乗るが、
そうでない場合は「××商事さんですか」と先方を確認する。

3）電話に出た者にも簡単な挨拶をして、取り次ぎを依頼する

「おはようございます。恐れ入りますが、営業部第一課の橋本様をお願
いいたします」と依頼する。

4）相手に簡単な挨拶をする

　相手が電話口に出て、部署名・氏名を名乗ったら「いつもお世話になっております」「いつもありがとうございます」と簡単な挨拶をする。また「いま、よろしいでしょうか」と先方の都合を確認する。ここでの挨拶が気持ちをほぐす効果がある。「お忙しいところ、お呼び立ていたしまして、誠に恐れ入ります」と言う心遣いが望まれる。

5）用件を話す

　用意したメモ（5W1Hで整理する）を見ながら順序よく要領よく用件を話す。内容を正しく伝えるためには、区切りごとに確認をしながら話を進める。「念のため、もう一度申し上げます」と要点を繰り返すことも効果的である。

　相手が不在の場合、「恐れ入りますが、電話のあった旨、お伝えいただけますか」「○○分後に、再度、こちらから電話いたします」などの伝言程度ならば、電話に出た相手にそのまま依頼をする。やむを得ず、重要な内容の伝言をお願いする場合は、当方の会社名、名前、電話番号をはっきり告げ、「恐れ入ります。どなた様でしょうか」と誰に伝言したかを確認する。相手の所属部署と氏名はしっかり聞き、メモしておく。

6）結びの挨拶

　用件が終わったら「ありがとうございました」「どうぞよろしくお願いいたします」と結びの挨拶をして、先方が電話を切ってから受話器を置く。

第5章　理解度チェック

次の設問に、○×で解答しなさい（解答・解説は後段参照）。

1 会社記念行事は、毎年定期的・定例的に行われ、主として社内的で従業員を対象とするものである。

2 落成式とは、着工以来、神の加護のもとに建物が無事完成したことを神に奉告して感謝すると同時に、建築物の堅固安全と建築主の永遠の繁栄を祈願する一連の儀式で、神事となる。

3 香典袋には「御霊前」と「御仏前」の2種類があり、一般的には、四十九日の法要までは「御霊前」、四十九日の法要後は「御仏前」になる。

4 アポイントがある来客から受付内線電話が入り、「ただいま伺いますので、ソファにおかけになってお待ちいただけますか」と答えた。

5 御祝はどのような場合も、紅白の水引を蝶結びにして、右肩に熨斗をつける。

第5章 理解度チェック

解答・解説

1 ✕
「会社記念行事」ではなく、「会社年中行事」である。会社記念行事は、会社年中行事とは異なり、毎年定期的・定例的に行われるものではない。会社記念行事は、周年記念事業や社屋・工場・店舗の新築・落成に伴う神事や祝賀会などがある。いずれもその都度に行うものであり、頻度は多くない。

2 ✕
「落成式」ではなく「竣工式」である。「落成式」は祝賀行事である。竣工式とは、着工以来、神の加護のもとに建物が無事完成したことを神に奉告して感謝すると同時に、建築物の堅固安全と建築主の永遠の繁栄を祈願する一連の儀式で、神事となる。

3 ○
弔事の表書きは薄墨（うすずみ）で筆書きとし、水引にかからないように楷書（かいしょ）で書く。水引を用いる場合は、結び切り、熨斗（のし）は不要である。

4 ○
特定の相手先に向かうときは「伺います」を使う。語尾は「お待ちください」という命令形よりは「お待ちいただけますか」と依頼形にすると相手が抵抗なく受け取ることができる。

5 ✕
通常の御祝は紅白1本の水引を蝶結びにして用いるが、結婚式の御祝は金銀または紅白2本の水引を結び切りにして用いる。

| 参考文献 |

月刊総務編『総務の基本を身につける』日本生産性本部、1991年

小宮山敏恵・堀越左登美『配属されたらはじめに読む本　総務部』中径出版、2005年

高巌・辻義信・Davis, S. T.・瀬尾隆史・久保田政一『企業の社会的責任』日本規格協会、2003年

田中昭洋『図解 ビジネス実務事典　総務』日本能率協会マネジメントセンター、2004年

下條一郎『総務の仕事がよくわかる本』日本能率協会マネジメントセンター、2010年

片岡宏将・吉崎英利『総務・労務・経理の本』成美堂出版、2018年

下條一郎『図解でわかる部門の仕事　総務部〔改訂版〕』日本能率協会マネジメントセンター、2017年

林智之『総務・人事労務・経理部門の仕事の基本がわかる事典』三修社、2019年

第 6 章

株式業務管理の基礎

この章のねらい

第6章では、株式業務に関する基礎知識について学習する。

株式にはどのような種類があり、それぞれどのような内容のものであって、いかなる目的で発行されるのか、そして、株式を発行するにはどのような手続を経る必要があるのかについて確認する。

また、発行された株式の保有者（＝株主）との関係で、会社はどのような点に注意しなければならないのかについて考えることとする。

株式は、株式会社の根本的な構成要素であり、会社の支配権を誰が握るのか、誰が会社の究極的な所有者なのかを考えるうえで、株式および株主総会に関する基礎的な知識は欠かせない。

また、近時、株式を使った資金調達（エクイティ・ファイナンス）が利用される例が散見される。このような資金調達手段や組織再編行為を考えるうえでも、株式に関する基礎的な知識を身につけておく必要がある。

＊本章で会社法の条文を引用する際には単に条数のみ表示。また、規則とあるのは会社法施行規則の略。

第 1 節 **株式の基礎知識**

学習のポイント

◆株式会社は、普通株式のほかにさまざまな種類の株式を発行できることを確認する。
◆株式の発行にはいろいろな態様があるが、通常の新株発行である「募集株式」の発行手続を学習する。
◆株券の発行、株券の不所持制度について学習する。

1 株式の種類

(1) 背景

株式とは、株式会社における株主の地位、すなわち細分化された株主の持分を意味する。株主の権利は原則として平等とされている（株主平等の原則）（109条1項）が、その例外として、一定の範囲と条件のもとで、いくつかの内容の異なる株式の発行が認められている（107条、108条）。これは、株主側に多様な経済的または会社支配に関するニーズがある一方、会社側にも株式による資金調達の多様化と支配関係の多様化の機会が必要であることから認められたものである。

(2) 概要

株式の種類には、①会社が発行するすべての株式の内容として特別な定めが認められているものとして、（ⅰ）譲渡制限株式、（ⅱ）取得請求権付株式、（ⅲ）取得条項付株式、の3つがある（107条1項）。

そして、②権利の内容の異なる複数の種類の株式として、（ⅰ）剰余金

の配当、（ⅱ）残余財産の分配、（ⅲ）議決権制限種類株式、（ⅳ）譲渡制限種類株式、（ⅴ）取得請求権付種類株式、（ⅵ）取得条項付種類株式、（ⅶ）全部取得条項付種類株式、（ⅷ）拒否権付種類株式、（ⅸ）選解任種類株式（委員会設置会社と公開会社には認められない）、の9つがある（108条1項）。また、（ⅹ）全株式譲渡制限会社（＝非公開会社 。以下、「譲渡制限会社」）においては、剰余金配当・残余財産分配・議決権について株主ごとに異なる取り扱いをする旨を定款で定めることができるとされている（属人的みなし種類株式）（109条2項）。→図表6-1-1

図表6-1-1 ● 株式の種類

Key Word

　非公開会社──すべての種類の株式について譲渡制限がある株式会社のこと（会社法では、「公開会社でない株式会社」と表現される）で、すべての種類の株式に譲渡制限がない会社や、一部の種類の株式にだけ譲渡制限がある会社は公開会社である（2条1項5号）。会社法上の公開会社と上場会社（株式が証券取引所で売買されている会社）を混同しないよう注意が必要である。なお、公開会社は取締役会の設置が義務付けられている（327条1項1号）。

（3）各株式の内容

① 譲渡制限株式

譲渡制限株式とは、譲渡による株式の取得について会社の承認を要する旨の定めを設けている株式である（2条1項17号、107条1項1号、108条1項4号）。

会社には、上場会社のように株主の特性が比較的重要視されない会社だけでなく、同族会社のように見知らぬ第三者が株主になることが問題視される会社も多数ある。このような会社のニーズに応えるべく、会社法は、すべての株式または一部の種類の株式について、その譲渡に会社の承認を必要とし、これによって株主の変動を会社が常に認識できるようにした。

具体的には、

1）すべての株式を譲渡制限株式とする場合には、

　ア）株式の譲渡について会社の承認を必要とする旨、

　イ）一定の場合に会社が承認をしたとみなすときはその旨を定款で
　　　定めることによって（139条）、

2）一部の株式について譲渡制限を設ける場合は、その発行可能種類
　　株式総数と上記ア）およびイ）を定款で定めることによって（108
　　条2項4号）、

株式の譲渡を制限することができる。

設立時の原始定款によるほか、会社の成立後に定款を変更して譲渡制限の定めをおくこともできるが、会社の成立後にこのような定款変更を行うには、株主総会の特殊決議（株主総数の半数以上、かつ、議決権総数の3分の2以上の賛成）が必要であり（309条3項1号）、反対する株主には買取請求権（会社に対し、株式を公正な価格で買い取ることを請求できる権利）が認められている（116条1項1号・2号）。

② 取得請求権付株式

取得請求権付株式とは、株主がその株式について会社に買い取り（取得）を請求することができる旨の定めを設けている株式である（2条

18号、107条1項2号、108条1項5号）。

　取得請求権付株式であれば株式の引受人（資金提供の投資家）を比較的見つけやすく、そのため、エクイティ・ファイナンス（募集株式発行等による資金調達）のためにしばしば利用されている。資金が必要な会社側と高い資金効率を望む投資家側との間で、買い取りの条件と対価の定め方について条件交渉が行われる。

　会社法のもとでは、

　1）すべての株式を取得請求権付株式とする場合には、次の各事項を定款で定める必要がある（107条2項2号）。

　　ア）取得請求権付株式である旨

　　イ）取得の対価（新株予約権・社債・新株予約権付社債・その他〔現金等、条文上は「株式等以外の財産」〕に区別する）

　　ウ）請求期間

　2）一部の種類株式を取得請求権付株式とする場合には、発行可能種類株式総数と上記ア）ないしウ）を定めることになる（108条2項5号）。

　また、他の株式を対価とする場合には、会社は、株主による取得請求によって発行すべき株式の数を、取得請求期間中、未発行株式として留保しなければならない（114条2項1号）。

　取得請求権を行使したい株主は、会社に株券を提出して（株券不発行会社の場合は不要）その対価を取得することになる。ただし、会社の分配可能額を超過してこの請求をすることはできない点に注意が必要である（財源規制）（166条1項）。

　なお、取得請求権の行使によって、会社の発行済株式総数が増減するため、会社は1カ月以内にこれを登記しなければならない（911条3項9号、915条1項）。

③　取得条項付株式

　取得条項付株式とは、一定の事由が生じたことを条件として、その株式を会社が取得することができる旨を設けている株式である（強制取得

株式）（2条19号、107条1項3号、108条1項6号）。

　取得条項付株式を利用することで、事業継承に際し、株式を一部の株主（たとえば、社長の長男）に集中させることや、株主が死亡した場合に、相続人に株式が相続されないようにすることが可能になる。また、たとえば、「敵対的買収者による株式取得比率が○％を超えた場合」と定めておけば、敵対的買収への対抗策にもなりうる。

　会社法のもとでは、

　1）すべての株式を取得条項付株式とする場合には、次の各事項を定款で定める必要がある（107条2項3号）。

　　ア）取得条項付株式である旨と取得事由

　　イ）別に定めた日の到来を取得事由とする場合はその旨

　　ウ）株式の一部を取得する場合は、その旨と取得の対象となる株式の決定方法

　　エ）取得の対価（新株予約権・社債・新株予約権付社債・その他〔現金等、条文上は「株式等以外の財産」〕に区別する）

　2）一部の種類株式を取得条項付株式とする場合には、発行可能種類株式総数と上記ア）ないしエ）を定めることになる（108条2項6号）。

　取得の効力は、原則として取得事由が生じた日に当然に生じ（170条1項）、対象株式は発行会社の自己株式となり、株主は対価を取得することになる（170条2項）が、財源規制に反する場合は取得できないことに注意が必要である（170条5項）。

④　全部取得条項付種類株式

　全部取得条項付種類株式とは、株主総会の特別決議により会社がその全部を取得することができる旨を設けている種類株式である（強制取得株式）（108条1項7号）。全部取得条項付種類株式は、企業買収の際に、買収者が買収対象会社の株式を100％取得して完全子会社化するために用いられることがある。公開買付で取得できなかった残りの株式を、定款を変更し、全部取得条項付種類株式として取得するのである。

　会社の株式取得の手続としては、まず株主総会において取締役が取得を必要とする理由を説明し（171条3項）、そのうえで株主総会の特別決議により（309条2項3号）、取得の対価（株式・新株予約権・社債・新株予約権付社債・現金等〔株式等以外の財産〕）、その割当てに関する事項および取得日が定められることになる（171条1項・2項）。さらに2014（平成26）年改正で、事前の情報開示（171条の2）および事後の情報開示（173条の2）が必要となった。なお、反対株主には買取請求権が認められている（172条1項）。また、法令または定款に違反する場合で、株主が不利益を受けるおそれがあるときは、株主は、会社に対し取得の差止めを請求できる（171条の3）。

⑤　剰余金の配当・残余財産分配についての種類株式

　剰余金の配当・残余財産の分配またはその双方について、他の種類の株式よりも優先的な地位が与えられる株式は「優先株式」、劣後的な地位が与えられる株式は「劣後株式（後配株式）」、標準となる株式は「普通株式」と呼ばれている。

　配当優先株式は、ある期について一定額の配当を普通株式への配当より優先して受けるが、その後の残余財産の分配について、普通株式とともに受けることができるかどうかにより、「参加的優先株式」と「非参加的優先株式」とに分類される。さらに、ある期における配当金が所定の優先配当金額に達しない場合に、その不足額が累積し、次期以降の利益からその累積した分が優先的に支払われるかどうかにより、「累積的優先株式」と「非累積的優先株式」とに分類される。

　配当等に優劣をつけ、また、さまざまな優先株式を組み合わせることによって、会社は、業績に応じた柔軟な資金調達をすることが可能となる。たとえば、業績が不振な場合でも、優先株式ならば引受人（資金提供の投資家）をみつけることができる場合もあるし、さらに、これを「非参加的優先株式」・「累積的優先株式」でかつ議決権制限種類株式とすれば、社債の代替物として資金調達することができる場合もある。会社は、業績や株主構成（支配関係）に応じてさまざまな経済効果を有する株式

を発行することによって、より柔軟に株式での資金調達が可能となる。

　優先株式の発行可能種類株式総数と内容は定款で定めなければならない（108条2項1号・2号）。しかし、配当財産の種類以外は、定款でその要綱だけを定めて、具体的な内容は、優先株式を実際に発行するときまでに、株主総会決議（取締役会設置会社の場合は取締役会決議）で決定することが認められている（108条3項）。

⑥　議決権制限種類株式

　議決権制限種類株式とは、株主総会の全部または一部の事項について議決権を行使できない種類株式である（108条1項3号）。議決権制限種類株式は、配当等に期待し議決権の行使には関心のない株主のニーズに応えた制度であり、会社は、配当余力が大きい場合には、配当優先株式を議決権制限種類株式として発行すれば、従来の会社支配関係に変動を与えることなく、このようなニーズをもった投資家から株式で資金を調達することができることになるため、資金調達の幅が広がる結果となる。

　議決権制限種類株式を発行するには、会社は、発行可能種類株式総数と議決権行使事項・条件を定款で定めなければならない（108条2項3号）。なお、公開会社では、議決権制限種類株式の総数は発行済株式総数の2分の1を超えてはならない（115条）。

⑦　拒否権付種類株式

　拒否権付種類株式とは、定款記載の内容に従って、一定の事項について、株主総会等の決議に加えて、その種類の株式の種類株主を構成員とする種類株主総会の決議を必要とする種類株式である（108条1項8号）。

　このような種類株式の発行は会社の企業統治に大きな影響を与えることになるが、これも会社の資金調達の幅を広げるものである。

⑧　取締役・監査役の選解任種類株式

　取締役・監査役の選解任種類株式とは、その種類株主総会において取締役または監査役を選解任できる種類株式である（108条1項9号）。

　なお、当該種類株主総会において選任された取締役・監査役は、任期満了前であっても、その選任をした種類株主総会の決議によって解任す

ることができる（347条1項）。

　このように、この種類株主総会において選任された取締役・監査役は、当該種類株主との委任関係が強く、当該種類株主に対してのみ善管注意義務および忠実義務を負えば足りるかのように誤解されかねないが、あくまで会社全体に対して善管注意義務および忠実義務を負う点に注意が必要である。

2　株式の発行

（1）株式の発行

　株式の発行は、株式会社における株主の募集と資金調達の2つの側面を持つ。譲渡制限会社の場合、株主が誰であるかが重要な場合が多いため、株式の発行には株主総会の決議が必要とされている（199条2項、309条2項5号）。これに対して、公開会社の場合には、株主の特性よりも株式の流動性の確保や資金調達の機動性のほうが重要な場合が多いため、原則として取締役会の決議で発行することができる（201条1項）。

　新株発行にはいろいろな態様のものがあるが、以下では、通常の新株発行について会社法で一元化・横断化して規定されるに至った「募集株

Column　コーヒーブレイク

《種類株式と経済ニュース》

　ベンチャー企業などをはじめとして、資金調達や敵対的買収への対抗策に種類株式を活用するケースが増えている。

　会社の実質的な支配権の争奪戦など、各種メディアでも種類株式を活用した経済ニュースが見られる。ビジネスの最先端で活躍するためには株式の種類やその活用方法を知っておくことは不可欠である。

　また、種類株式に関する知識に限らず、株式に関する知識を広く身につけておくと、日々の経済ニュースの理解をより深めることができる。

式」の発行手続について記載する。

募集株式の発行は、次の3つに分類される。

① 株主割当て…株主に対して、その持株数に応じて発行株式の割当てを受ける権利を与える。

② 公募…広く発行株式の割当てを受ける権利を与える。

③ 第三者割当て…特定の者に、発行株式の割当てを受ける権利を与える。

（2）募集株式の発行手続

① 募集事項の決定と公告

1）募集事項の決定

募集事項の決定は、公開会社の場合、有利発行でない限り取締役会で決定される（200条1項、309条2項5号）。一方、譲渡制限会社の場合には、株主割当てとして既存株主に平等に割り当てられる場合以外には、株主総会の特別決議で決定される（199条2項、309条2項5号）。これは、譲渡制限会社の場合、その構成員である株主の特性が重視され、取締役会の決議のみで株主の持株比率が変更されないようにするためである。

決定すべき「募集事項」は、次のとおりである（199条1項）。

ア）募集株式の数（種類株式の場合はその種類および数）

イ）募集株式の払込金額またはその算定方法

ウ）現物出資者の場合は、その旨と出資する財産の内容および価額

エ）払込期日または払込期間

オ）増加する資本金および資本準備金に関する事項（払込みまたは給付がなされた額の2分の1までは資本金としないで資本準備金とすることが認められる）

なお、株主割当て（割当て日現在の株主に対して、その持株数に応じて株式の割当てを受ける権利を与えること）には、これらに加えて、①株主に対して、申込みをすることにより募集株式の割当てを受ける権利を与える旨、および②募集株式の引受の申込みの期日、を決定する必要

がある（202条1項）。

2）募集事項の公告・通知

　会社は、払込期日または払込期間初日の2週間前までに募集事項を公告するかまたは株主に通知しなければならない（201条3項・4項）。既存株主に新株発行の差し止めの機会を与えるためである。ただし、金融商品取引法に基づく届出をしている場合は、同法により募集事項が周知されるので、この公告・通知は不要である（201条5項）。

② 有利発行の場合

　会社が特定の第三者に対して特に有利な発行価額で新株を発行する有利発行の場合には、株主総会の特別決議が必要である（199条2項、201条1項、309条2項5号）。これは既存株主の利益を保護するためである。

　この株主総会は、定時株主総会でも臨時株主総会でもよい。また、この株主総会は、取締役会より先に開いても後に開いてもかまわないが、一般的には取締役会で新株発行事項を決議し、同時に株主総会招集の決議をしたうえで、株主総会が開催されているケースが多い。株主総会では必ずしも具体的な発行価額を決定する必要はなく、払込金額の下限だけを決定し、具体的な決定は取締役会に委任することができる（200条1項）。ただし、委任の有効期間は1年間である（200条3項）。

　なお、「特に有利な発行価額」については、一般に、公正な発行価額（通常は時価）を基準とし、それを1割程度下回っても「特に有利」とはいえないと解されている。また、一時的に株価が高騰しているような場合には、一定期間の平均値などの株価を基準として考えるべきとされている。このように、個別具体的にどのような場合に「特に有利」と判断されるかどうかは一義的ではない。

（3）申込み・割当て・引受

　会社は、募集株式の申込（予定）者に対して一定の事項を通知し、申込（予定）者は一定事項を記載した書面（株式申込証）を会社に提出することで申込みを行う。会社の承諾を得て、書面に記載すべき事項を電

磁的方法により提供することもできる。なお、株式の申込みに際し、会社が申込人に申込証拠金を払い込ませて、後日、これを株式の払込金に充当するという手続がとられることもある。

　株式の申込みがあると、会社はこれに対して株式の割当てを行う。この割当てによって株式申込人は株式引受人となり、その割り当てられた株式について払込義務を負うことになる。申込人が多数の場合には、会社は誰に何株割り当てるかを自由に決定することができる（割当て自由の原則）。しかし、たとえば経営者が支配権の維持を図るなどの目的で割当て自由の原則を濫用すると、不公正な方法による新株発行となるおそれがあるため、2014（平成26）年改正では、公開会社において、支配株主の異動をもたらす第三者割当てを行う場合は、特定引受人の名称などを株主へ通知しなければならず、少数株主 Key Word が反対したときは、株主総会の普通決議による承認が必要となった（206条の2）。

（4）出資の履行

① 出資の履行

　募集株式の引受人は払込期日または払込期間内に、払込取扱場所で払込金額の全額の払込みを行わなければならない（208条1項）。引受人は、出資の履行をしないときは、募集株式の株主になる権利を失うことになる（208条5項）。

② 現物出資

　出資は必ずしも金銭である必要はなく、土地や有価証券などの金銭以

Key Word

少数株主──少数株主権（株主総会の招集請求など、一定数または一定割合以上の株式を有する場合に行使できる権利）を有する株主のことで、マイナーという意味ではない。発行済株式総数の一定割合以上または総株主の議決権の一定割合以上・一定数以上を有している必要がある。また、6カ月前から引き続き保有が必要な場合もある。

外の財産で行うこともできる。このような金銭以外の財産で出資の履行を行うことを現物出資 Key Word という。

　現物出資による新株発行も、金銭出資による新株発行と同様、公開会社では有利発行以外は取締役会の決議、譲渡制限会社では株主総会の特別決議により行うことができる（199条１項３号、199条２項、201条１項、309条２項５号）。

　現物出資の場合、原則として、裁判所が選任する検査役の調査を受けなければならないが、次の場合には検査役の調査は不要となる（207条９項）。

1）現物出資者全員に発行する株式の総数がその株式発行直前の発行
　済株式総数の10分の１を超えない場合
2）現物出資財産の価額の合計額が500万円を超えない場合
3）現物出資財産が市場価格のある有価証券で、取締役会決議による
　受入価額がその価格を超えない場合
4）現物出資が相当であることについて、弁護士・弁護士法人・公認
　会計士・監査法人・税理士または税理士法人の証明を受けた場合
　（不動産の場合にはさらに不動産鑑定士による鑑定評価も必要）
5）現物出資財産が会社に対する金銭債権（弁済期が到来しているも
　のに限る）であって、その金銭債権について定められた出資価額が
　当該金銭債権の負債の帳簿価額を超えない場合

（5）効力発生

　払込期日までに、払込みまたは現物出資の給付のあった新株について

は、払込期日に新株発行の効力が生じ、新株引受人はその日から株主となる（209条）。したがって、発行予定新株のすべてについての払込みがなされていなくても、払込みがあった分についてだけ新株発行は効力を生じることになる。

　新株発行の効力が生じると、会社の発行済株式総数に変更が生じ、資本金の額が増加することとなるため、会社は、その変更の登記を行う必要がある（915条1項）。

（6）違法・不公正な新株発行

　株式の発行の手続等に法令または定款の違反があった場合には、取締役等の責任が問題となるほか、その株式発行の効力が問題となる。→図表6-1-2

① 株式発行の差し止め

　会社が法令・定款の規定に違反し、著しく不公正な方法で新株を発行したために、株主が不利益を受けるおそれがある場合は、株主は会社に対して、その新株の発行の差し止めを請求することができる（210条）。この差止請求は、訴え提起の方法でも、仮処分の形でも求めることがで

Column ☕ コーヒーブレイク

《新株発行のルールと敵対的買収防衛策》

　会社やその経営陣にとって、「敵対的買収」を仕掛けられることは大きな脅威である。

　敵対的買収を仕掛けられないように、会社の経営陣が安定株主に対して大量に新株を発行し、会社の買収を防止しようとするケースが見受けられる。しかし、株式には株主の募集という側面と同時に資金調達の側面もあるため、資金調達の必要性がまったくないのに、会社の経営陣が自己の支配権を維持するためだけに新株を発行することは許されるものではない。この「主要目的ルール」を無視すれば、逆に訴訟を起こされるリスクもあることを忘れてはならない。

図表6-1-2 ● 新株発行時に違法・不公正がある場合

き、また裁判外で求めることもできる。

「著しく不公正な方法」による株式発行とは、たとえば、資金調達のニーズがないのに取締役が特定の株主の持株比率の低下と現経営陣の支配権の維持を主要な目的として、一部の者に多数の新株を割り当てるような場合をいうと解されている（主要目的ルール）。そのような新株の第三者割当ては、たとえその払込金額が公正であり、有利発行とならない場合であっても、著しく不公正な発行として差し止めの対象となる。

② 新株発行の無効・不存在

新株発行が効力を生じた後においては、新株発行無効の訴えおよび不存在確認の訴えという手続での是正手段が設けられている。

いったん、新株発行が効力を生じた後は、事情を知らない関係者も多数存在するうえ、株式の流通という取引の安全を保護する必要があるため、会社法は、新株発行無効という方法を通じて新株発行の効力を否定することを認め（828条1項2号）、提訴権者を株主・取締役・監査役等に限定し（828条2項2号）、提訴期間も効力発生日から6カ月間（非公開会社では1年間）に限定した（828条1項2号）。また、無効判決の効力には対世効 Key Word を認めつつも遡及効 Key Word はないとされており（838条、839条）、さらに、無効原因も限定的に解釈されている。

無効の判決が確定した場合、会社は遅滞なく新株失効の旨と、一定期間内に株券を会社に提出すべき旨を公告し、その失効した新株の株主に対して、払込金額の払い戻しを行わなければならない（840条）。なお、払込みの金額が、無効判決確定時の会社の財産状況から見て著しく不相

当なときは、会社または株主の請求により、裁判所は払戻金額の増減を命ずることができる（840条2項）。

　一方で、株式発行の効力は発生したものの新株発行そのものが行われていないような場合には、株式の不存在確認の訴えが行われる（829条1項）。これには、提訴権者、提訴期間に制限はない。また、対世効、遡及効ともに認められる（838条、839条）。

③　不公正な株式引受人の差額支払義務

　取締役と通謀して、著しく不公正な払込金額で株式を引き受けた者は、会社に対して、その金額と公正な発行価額との差額を支払う義務を負う（212条1項1号）。

3　株券の発行

（1）株券

　株券とは、株式、すなわち株式会社における株主の地位を表章したもので、細分化された株主の持分を示した有価証券のことである。

　旧商法のもとでは、会社は原則として株券を発行するものとされていたが、会社法においては、会社は原則として株券を発行しないものとされ、株券を発行する旨を定款で定めた場合に限って、例外として株券を発行するものとされた（214条）。これは、株式の市場での流通性が強く求められる上場会社等については株券のペーパーレス化（電子化）　Key Word を強制し、他方、株式の市場での流通性があまり求められていない中小会社等については、そもそも株券を発行する必要性が乏しいためである。

Key Word

対世効──訴訟当事者だけではなく、第三者にも認められる判決の効力。
遡及効──過去にさかのぼって認められる判決の効力。

（2）株券の発行

　株券発行会社は、株式発行日以後、遅滞なく株券を発行しなければならない（215条1項）。ただし、株券発行会社であっても譲渡制限会社の場合には、会社は株主の請求があるまでは株券を発行しなくてよいとされている（215条4項）。

　株券には、①株券発行会社の商号、②その株券に係る株式の数、③株式譲渡制限の定めがあるときはその旨、④種類株式発行会社ではその株券に係る株式の種類およびその内容、および⑤株券番号を記載して、代表取締役（委員会設置会社では、代表執行役）が署名または記名押印する（216条）。

（3）株券不所持制度

　株券の紛失などを恐れて、その所持を望まない株主のために株券不所持制度が認められている（217条）。そのため、株券発行会社であっても、発行済株式の全部について株券不発行の状態（株券不発行会社と同様の状態）となることもある。

Key Word

株券のペーパーレス化（電子化）──上場会社の株券は2009（平成21）年1月5日にペーパーレス化（電子化）が実施された。これによって券面の保管に伴う紛失や盗難、偽造株券取得のリスクが回避され、また、合併や株式交換等の企業再編における株券提出手続が不要となり、証券取引の迅速化・効率化が進んだ。

第 2 節 # 株主対応

学習のポイント

◆適切な株主対応が行えるように、株式会社における適法かつ適式な株主名簿の作成と管理について確認する。

◆株主総会は、株主によって構成される、会社の基本的事項に関する最高意思決定機関である。

◆株主総会の基礎知識を学習し、適正で円滑な株主総会の開催、株主対応ができるようにする。

1 株主名簿と台帳

(1) 株主名簿の意義

会社は、株主を管理するために、株主名簿を作成しなければならない（121条）。会社は、株主名簿に記載された株主を株主として取り扱えば足りる（126条）。したがって、株式が譲渡された場合、株式譲受人が会社に対して一定の権利を行使するためには、株式譲渡人との間の株式譲渡の合意と株券の交付（株券発行会社の場合）に加え、会社に備え置かれている株主名簿上の名義を株式譲受人の名義に変更しなければならない（130条1項）。これは、多数の絶えず変動しうる株主に対する会社からの各種通知や株主の権利行使をスムーズに行うために、会社に株主名簿の作成を義務づけ、株主名簿上の名義書換を株主の会社に対する対抗要件と位置づけたものである。なお、株券不発行会社で株式振替制度の適用会社（→後述 (5) ③）では、所定の口座保有欄への株数の増加の記載が譲渡の効力要件かつ会社以外の第三者に対する対抗要件 Key Word と

なる（社債、株式等の振替に関する法律140条）。

（2）株主名簿・台帳の作成・管理

　株主名簿には、①株主の氏名または名称および住所、②株主の有する株式の数（種類株式発行会社においては種類および種類ごとの数）、③株主が各株式を取得した日、④株券発行会社である場合には株券の番号、を記載しなければならない（121条）。株主名簿は電磁的記録で作成することも可能である（125条2項2号）。

　さらに、会社は、株券台帳・株主台帳・株主一覧表などを作成することによって、株主名簿記載事項のほか、各株券に係る株主の推移（株式譲渡や増資の推移）や、その際の価格（株式譲渡価格や増資引受額）あるいは持株比率などの詳細を記載して、管理していることが多い。

　会社は、定款で定めることにより、株式名簿の作成および備え置き、名義書換などの株式事務の代行を委託することができる（123条）。それらの株式事務の代行を受託した者が株主名簿管理人である。なお、上場会社では、証券取引所の規定により信託銀行あるいは証券代行専門会社を株主名簿管理人に選任し、株主名簿の作成と株式の管理を委託することが義務づけられている。

（3）株主名簿の縦覧と閲覧請求権への対応

　会社は、株主名簿を会社の本店（株主名簿管理人に委託している場合は、その営業所）に備え置かなければならない（125条1項）。株主および債権者は、会社の営業時間内は、いつでも請求の理由を明らかにして、書面の場合は閲覧または謄写の請求が、電磁的記録の場合は、法務省令で定める方法により表示したものの閲覧または謄写の請求ができる（125

Key Word

対抗要件──当事者間で成立した権利関係を、当事者以外の第三者に対して主張するための法律要件。

条2項）。会社は、会社法で定める拒否事由がある場合を除き、閲覧等の請求に応じなければならない（125条3項）。なお、2014（平成26）年改正で、競争関係にある事業者という拒否事由は削除された。

（4）株主名簿の機能・基準日

　会社は、株主総会招集通知などの各種通知や催告は、株主名簿上の株主の住所または株主が会社に通知したあて先に行えば足り（126条1項）、配当も株主名簿上の株主に支払えば足りる。なお、たとえこのような通知・催告が到達しなかったとしても、通常到達すべき時期に到達したものとみなされる（126条2項）。

　通知・催告が5年間継続して到達しなかった場合には、それ以降、会社は通知・催告はしなくてもよい（196条1項）。さらに、会社は取締役会決議で所在不明株主の株式を第三者に売却するか会社自身が買い取ることが認められている（197条）。なお、株式譲渡代金は従前の株主に支払われることになるが、従前の株主は所在不明のため実際上は供託（金銭、有価証券などを国家機関である供託所に提出して、その管理をゆだねること）になる。

　会社は、株主名簿に記載された株主を権利行使の資格を持った株主として取り扱えば足りるが、株主が多数いる会社では、誰が当該権利行使時点における株主名簿上の株主かを把握することが容易でない場合がある。そのため、会社は、一定の基準日を設定することによって、その基準日において株主名簿に記載されまたは記録されている株主（基準日株主）を、権利を行使できる株主とすることができる（124条1項）。基準日は、権利行使の日の前3カ月以内の日で定めなければならない（124条2項）。基準日を定めたときは、2週間前までに公告しなければならないが、定款に定めがあるときは必要ない（124条3項）。

　なお、基準日後に新たに株主となった者については、会社の判断で、それらの者の全部または一部について、株主総会・種類株主総会での議決権を認めることはできるが、基準日株主の権利を害するような決定は

できない（124条4項）。

（5）名義書換

　会社に株主であることを主張して、その権利行使をするためには株主名簿上の株主名義の書換手続をする必要がある（130条1項）。株式名義の書換は、次のように行われる。

① 株券発行会社の場合

　株券発行会社の場合、株券を占有する者は適法な権利者と推定されるため、株式譲受人が会社（名簿管理人に委任されている場合は、その者）に対して株券を提示して名義の書換を請求すれば、会社は反証ができない限り、名義書換を行う義務がある（133条1項・2項）。この場合、仮に当該請求者が無権者であったとしても会社は免責される。

② 株券不発行会社の場合

　株券不発行会社の場合にも、株主名簿上の名義書換が株式譲渡の第三者に対する対抗要件であると同時に、会社に対する対抗要件でもある（130条1項）（なお、振替株式については特別規定がある）。その名義書換は、不正に名義書換をされるのを防ぐため、株主名簿上の株主（またはその一般承継人）と株式の取得者が共同して請求した場合、またはその他法務省令で定める場合にしか行うことができない（133条1項・2項、規則22条）。

Column コーヒーブレイク

《所在不明株主の株式処分》

　2009（平成21）年の株券のペーパーレス化（電子化）の前に株式の名義を確定する作業などを進めた結果、所在不明の株主が顕在化した。そのため、株券のペーパーレス化を機に、5年以上にわたり連絡がとれない所在不明株主の株式について一定期間ホームページ上で告知をしたうえで、当該株式を売却したり、自社で買い取ったりするというケースが増加することとなった。

③ 株式振替制度の適用会社の場合

「社債、株式等の振替に関する法律」に基づく制度で、日常大量かつ頻繁に行われる株式取引の決済を円滑・迅速に行うために設けられた制度である。振替制度で取り扱われるには、会社の同意が必要であり、取り扱われる株式は振替株式と呼ばれる。上場企業の株式はすべて振替制度の対象となっている。

この制度のもとでは、株主は証券会社等の口座を開設し、さらに口座管理機関は「証券保管振替機構（略称：ほふり）」に振替口座を持ち、それらの口座間で株主等の権利の管理（発生、移転および消滅）は電子的に行われる。したがって、振替株式の権利等は振替口座簿の記載によって定まる（社債、株式等の振替に関する法律140条）。

実務上は、預託株主については、株主名簿上、証券保管振替機構の名義となるが、会社には実質株主名簿の作成が義務づけられており、株主の権利行使や通知等は実質株主名簿に基づいて行われる。

2 株主総会

（1）株主総会の意義

株主総会は、株主によって構成される会社の最高機関であって、会社の基本的事項に関する意思決定機関である（295条1項）。株主は、会社の所有者として、株主総会を通じて、会社の経営に関する意思を反映させることができる。

定時株主総会は、毎事業年度の終了後一定の時期に必ず開催しなければならず（296条1項）、基準日を定めている場合は、基準日株主が権利行使できる決算終了後3カ月以内に開催することとなる（124条2項）。

臨時株主総会は、必要がある場合は、いつでも開催することができる（296条2項）。

（2）株主総会の招集
① 招集決定

　株主総会の招集権者は、会社法では原則として取締役であり、総会招集の決定権限を有すると規定されている（296条3項）。取締役会設置会社では、原則として取締役会が招集を決議し（298条4項）、実務上、招集権者は代表取締役または代表執行役となる。

　ただし、少数株主も株主総会を招集することができる。少数株主は、まず取締役に招集を請求し、招集手続がとられない場合には、裁判所の許可を得て、みずから株主総会を招集することができる（297条）。

② 招集通知

　会社は、株主総会を招集するためには、株主に対して招集通知を発送しなければならない（299条1項）。公開会社の場合は2週間前までに、譲渡制限会社の場合は1週間前または定款で定める期間までに招集通知を発送することが必要である（299条1項）。なお、取締役会設置会社、または出席しない株主が書面または電磁的方法によって議決権を行使できるときには、招集通知は書面で行わなければならない（299条2項）。また、株主の承諾がある場合には、電磁的方法による通知でもよい（299条3項）。

　なお、株主全員の同意がある場合には、原則として招集手続を省略することができるが、株主総会に出席しない株主が書面または電磁的方法によって議決権を行使できるときは省略することはできない（300条）。

　招集通知には、株主総会の日時・場所、目的事項として報告事項・決議事項（議案）、株主総会に出席しない株主が書面または電磁的方法によって議決権を行使できるときはその旨などを記載しなければならない（299条）。なお、議決権のある株主の数が1,000人以上の場合は、原則として書面により議決権を行使できるようにしなければならない（298条2項）。

　招集通知は、基準日の定めがない場合には、最新の株主名簿に記載の株主に発送する必要がある。

　なお、招集地は、旧商法のもとでは本店所在地または隣接地とされていたが、会社法のもとではこの規定は削除された。ただし、当該招集地が過去に開催した株主総会のいずれの場所とも著しく離れた場所であるときは、その場所を決定した合理的な理由がない場合には、株主総会決議の取消原因になるおそれがあるので注意が必要である（831条1項1条）。

③　招集通知に添付する資料

　株主総会に出席しない株主が書面または電磁的方法によって議決権を行使できるときは、議決権行使書および参考書類（議決権の行使について参考となるべき事項を記載した書類）を添付しなければならない（301条）。

　また、電磁的方法により通知する場合は、議決権行使書面に記載すべき事項を当該電磁的方法により提供する必要がある（302条3項）。参考書類も電磁的方法で提供することができるが、株主の請求があった場合には書面で交付しなければならない（302条2項）。

　さらに、取締役会設置会社の定時株主総会の場合、取締役会の承認を受けた計算書類（貸借対照表など）および事業報告を添付する必要がある（437条）。

④　その他の注意事項

　近年、外国の株主の増加に伴い、招集通知の英訳を作成、送付する会社が増えているが、会社法上は不要である。ただし、誤訳があった場合

Column ちょっとご注意

《招集通知の発送》

　招集通知は株主総会の2週間前まで（または1週間前まで）に行うことが必要とされているが、ここでいう2週間（または1週間）の数え方に注意する必要がある。ここでの2週間（または1週間）とは、中2週間（または中1週間）を意味している。たとえば、6月30日が株主総会開催日である場合には、その2週間前までとは、6月16日ではなく6月15日には招集通知を発送しなければならない。書面投票や電子投票の期限を設定する場合は、さらに注意が必要である。

には議事の瑕疵となる可能性があるので、正式書類はあくまで日本語の招集通知であることを明記しておくのがよい。

　また、送付した招集通知や添付資料に修正があった場合に備えて、修正後の内容をインターネット上に掲載する際のWebアドレスを周知しておくことも有用である。

（3）株主総会会場の準備
① 株主総会会場の確認

　株主総会会場を手配する際には、会場の広さ、入り口付近のスペースの広さ、控え室の有無、設備の内容、音響の状況などを確認する必要がある。前年度の株主総会での出席株主数の状況や今期の会社の業況などから、出席株主数を予想したうえで、余裕のある広さの会場を早めに手配することが重要である。出席株主数が多い場合には、第2会場を準備することも念頭に入れて検討しておきたい。また、会場の空き状況を確認する場合には、総会当日のみだけでなく、会場の設営（準備）やリハーサル用の日程も決めておく。

　設備についても、マイクの有無・本数・設置場所や、音響の状況、パソコン、プロジェクター、デジタルビデオカメラ等の電子機器類の利用の可否、持ち込みの可否、電源、電気容量などについて、総会当日にそれらの電子機器を担当する者も同行して、操作も含め事前に会場側と詳細に打ち合わせをしておきたい。

② 会場のレイアウト図の作成

　株主総会会場のレイアウトを検討するうえでは、役員席側の座席と株主席側の座席の位置・距離などを確認しておく。役員席側では、役員席の配列、議長席、答弁席、事務局の位置、顧問弁護士席、警備係の配置などを考慮する。また、総会検査役が出席する場合には、その座席位置についても事前に総会検査役と相談する。株主席側では、役員席との間隔、社員株主の座席、質問者用マイクの位置・本数、マイク係、誘導係、警備係の配置などを考え、会場全体のレイアウト図を作成しておくこと

も有用である。

③　設備の設置

　株主総会の状況を録画・録音する場合には、その機器の設置が必要となる。また、プロジェクターを使用する場合には、その準備も行う。役員席側のマイクの準備、事務局と議長席との間の連絡手段の確保、質疑応答用の株主席側のマイクなどの準備も必要となる。これらの機器が会場に設営されている場合にはそれを利用すればよいが、会場の設備担当者が操作するのか、自社の担当者が操作するのか役割を明確にしておく。また、きちんと作動するかどうか、録画・録音したものを会社に持ち帰れるかどうかも含めて、入念に事前チェックをしたい。

④　誘導・警備

　株主総会に多数の株主の出席が見込まれる場合には、会場内に適宜、誘導係を配置しておくのがよい。また、会場（開催場所）によっては、建物の入り口、廊下、エレベーター・エスカレーター付近にも案内係を配置する。

　また、株主総会が紛糾しそうな場合には、あらかじめ警備係を手配しておくのがよい。暴力的な行為に及びそうな株主が参加するとの情報を事前に把握した場合には、警察への協力要請をしておくことも有用である。

（4）株主総会の決議

①　決議要件

　株主総会での決議は、基本的には多数決の原理に従うが、決議内容の軽重に応じて、異なる要件が設けられている。→図表6-2-1

1）普通決議事項

　議決権総数の過半数を有する株主が出席し、その出席株主の議決権の過半数をもって決議する事項をいう（309条1項）。なお、取締役・会計参与・監査役の選任・解任議案（監査役の解任は特別決議）や支配株主の異動をもたらす募集株式の発行などについては、定款をもってしても定足数を3分の1未満に引き下げることはできない（206条の2第5項、

図表6-2-1 ●株主総会の決議要件

決議の種類	主な決議事項*1	定足数要件	決議要件
普通決議	・役員の選任（329条） ・計算書類の承認（438条） ・資本金の額の減少（447条） ・準備金の額の増減（448条、451条） ・剰余金の処分、配当（452条、454条） など	・議決権を行使できる株主の議決権の過半数を有する株主の出席（309条1項） ・定款で軽減、排除が可能（309条1項） ・ただし、取締役の選解任、監査役の選任、支配株主の異動をもたらす募集株式の発行等は3分の1以上（341条）	・出席株主の議決権の過半数（309条1項）
特別決議	・監査役の解任（343条4項） ・定款の変更（466条） ・募集株式の事項の決定の委任（200条1項） ・譲渡制限株式の買取（140条2項） ・全部取得条項付種類株式の取得（171条1項）　など	・議決権を行使できる株主の議決権の過半数を有する株主の出席（309条2項） ・定款で3分の1まで軽減が可能（309条2項）	・出席株主の議決権の3分の2以上（309条2項） ・定款で引き上げが可能（309条2項）
特殊決議	・全株式を譲渡制限とする定款変更（309条3項）	なし	・議決権を行使できる株主の半数以上、かつ、当該株主の議決権の3分の2以上（309条3項） ・定款で引き上げが可能（309条3項）
	・属人的みなし種類株式への定款変更（309条4項）*2	なし	・総株主の半数以上、かつ、総株主の議決権の4分の3以上（309条4項） ・定款で引き上げが可能（309条4項）

＊1　取締役会設置会社の場合
＊2　非公開会社

341条）。

2）特別決議事項

議決権総数の過半数を有する株主が出席し、その出席株主の議決権の3分の2以上の多数をもって決議する事項をいう（309条2項）。なお、特別決議事項についても、定足数を3分の1未満に引き下げることはできず、他方、定款をもって決議要件である3分の2を引き上げたり、一定数以上の株主の賛成を要する旨を定めたりすることができる（309条2項）。

3）特殊決議事項

議決権を行使できる株主の半数以上で、かつ、当該株主の議決権の3分の2以上の賛成をもって決議する事項をいう（309条3項）。また、議決権を行使できる株主の半数以上で、かつ、議決権総数の4分の3以上の賛成をもって決議する事項もある（309条4項）。これらについても、定款をもって決議要件を引き上げることができる（309条3項、4項）。

② 採決

株主総会の採決は、定款に定めがない限り、賛否の確認ができるなら、拍手、発声、挙手、起立、書面による投票等、どんな方法でもかまわない。ただし、株主提案や敵対的買収における委任状争奪が繰り広げられている場合などは、拍手などの方法では賛否を判断できない可能性が高いため、投票などの方法を準備しておく必要がある。

なお、議決権を有する株主の全員が、書面または電磁的記録により提案に同意を示した場合は、可決する旨の株主総会の決議があったものとみなし、決議を省略できる。

（5）株主総会議事録

① 議事録の作成と備え置き

会社は、株主総会終了後、遅滞なく株主総会議事録を作成し、これを株主総会の日から10年間本店に備え置き、その写しを5年間支店に備え置かなければならない（318条1～3項）。ただし、電磁的記録で作成し、

備え置きすることも認められており、本店に備え置かれている電磁的記録を支店で閲覧できる場合は、支店での備え置きは免除される（318条3項、規則72条、規則227条1項2号）。

② 議事録の記載事項

株主総会の議事録には、①開催日時・場所（当該場所に存しない取締役、執行役、会計参与、監査役、会計監査人または株主が株主総会に出席した場合における当該出席の方法を含む）、②議事の経過の要領およびその結果、③所定の規定に基づいて株主総会で述べられた意見または発言があるときは、その意見または発言の内容の概要、④株主総会に出席した取締役、執行役、会計参与、監査役または会計監査人の氏名または名称、⑤株主総会の議長が存するときは、議長の氏名、⑥議事録の作成に係る職務を行った取締役の氏名、を記載する必要がある（規則72条）。

③ 議事録の閲覧・謄写請求

株主および債権者は、会社の営業時間内は、いつでも書面の場合は閲覧または謄写の請求が、電磁的記録の場合は、法務省令で定める方法により表示したものの閲覧または謄写の請求ができる（318条4項）。議事録の閲覧または謄写の請求は、正当な目的がある場合についてのみ認められるため、会社の営業を妨害する目的で請求がなされた場合には、会社はこれを拒否することができる（976条1項4号）。

第6章　理解度チェック

次の設問に、○×で解答しなさい（解答・解説は後段参照）。

1 | 会社は、剰余金の配当について優先して取り扱い、残余財産の分配については劣後して取り扱いをする株式を発行することができる。

2 | 特に有利な発行価額で新株を発行する場合には、株主総会の特別決議が必要だが、公開会社の場合には必要ない。

3 | 株式の譲受人は、株式譲渡人に株式買取代金を支払い、株券を受領すれば株主となるが、会社に対して株主としての権利を行使するためにはそれだけでは足りない。

4 | 株主総会は株主によって構成される機関であるため、株主総会の招集は、株主が行う必要がある。

第6章 理解度チェック

解答・解説

1 ○
会社は、ある面で優先的な取り扱いを受け、他面では劣後的な取り扱いを受ける株式を発行することができる。

2 ×
公開会社の場合でも、有利発行の場合には、株主総会の特別決議が必要である。

3 ○
株主が会社に対して株主としての権利を行使するためには、名義書換手続を行い、株主名簿上の株主名義を自己の名義に書き換えなければならない。

4 ×
株主総会の招集権者は取締役である。ただし、少数株主も、取締役に招集を請求し、手続がとられない場合には、裁判所の許可を得て、みずから株主総会を招集することができる。

| 参考文献 |

江頭憲治郎『株式会社法〔第7版〕』有斐閣、2017年

会社法実務研究会編、田伏岳人・勝又祐一・深山徹・本井克樹『株式・種類
　　株式・新株予約権〔第2版〕』ぎょうせい、2017年

神田秀樹『会社法〔第21版〕』弘文堂、2019年

近藤光男・志谷匡史・石田眞得・釜田薫子『基礎から学べる会社法〔第4版〕』
　　弘文堂、2016年

前田庸『会社法入門〔第13版〕』有斐閣、2018年

そのほか行政機関、各種団体、会社等の多くのホームページやサイトを参考に
した。

第 **7** 章

広報業務の基礎

この章のねらい

　企業は社会と良好な関係を維持し、共生し、企業価値を向上させていくことが使命となる。そして、広報とは「社会と共生する企業」のコンセプトの実現をめざし、企業を取り巻くステークホルダーと情報や価値を共有化し、リレーションシップ（良好な関係性）を築くための重要な活動である。

　本章の第1節では、そうした広報の役割と基本的な機能の理解を深めるとともに、それに関連する制度や法令を学ぶ。さらに、企業のブランド価値の向上をめざす、ブランド・マネジメントや社史の編纂等についても学習する。

　第2節では社内広報、第3節では対外広報、第4節ではインベスター・リレーションズ（IR）を取り挙げる。それぞれの目的、対象、方法などを学び、広報実務に役立ててもらいたい。

　第5節では緊急事態における広報のあり方と、リスクマネジメントにおける広報の対応方法について学ぶ。広報においてもリスクマネジメントは重要性を増しており、深い理解が求められる。

第1節	広報概要

◆広報とは企業とステークホルダーが良好な関係を築くための活動であることを理解し、広報業務の機能を把握する。
◆広報活動において遵守すべきコンプライアンス、プライバシー保護、知的財産保護についての基本的な知識を学習する。
◆企業経営と密接にかかわるCI、ブランド・マネジメント、企業沿革、社史についての理解を深める。

1 企業経営と広報

(1) 企業と社会の共生のための広報

企業は企業市民（コーポレート・シチズンシップ）として社会的責任を持ち、社会と共生し、企業価値を向上させていかなければならない。
→第1章第3節 **1**

社会と共生し、企業の存在価値を見いだしていくためには、広報においても、特定メディアによる一方的な情報発信型のものや、単なるツーウェイ・コミュニケーションではなく、変化する環境・社会・個人に適応する形で影響力を持ち、情報や価値を共有化し、リレーションシップ（関係づくり）を構築することが求められる。広報、PR（パブリック・リレーションズ）やコーポレート・コミュニケーションズの戦略は、社会との共生の理念を基盤にすることによって、企業の経営戦略、ビジョンの実現に対応することができる。「社会と共生する企業」のコンセプトの実現はまさに広報部門、広報担当者のミッション（使命）であると

いえるだろう。

　こうした認識のもとに、企業の広報、PRやインベスター・リレーションズ（IR）は経営戦略の一環として位置づけられるようになってきた。企業の社会性が強く求められる現在では企業の透明性がいっそう重要になり、企業経営についてアカウンタビリティ（説明責任）を果たさなければならず、ディスクロージャー（情報開示） Key Word が不可欠となってきている。

　企業組織の中の一部門としての広報ではあるが、企業を代表しての情報発信である限り、軸足を公共社会性に置かなくてはならない。経営課題に能動的に適応できる広報、PRやIRの体制づくり、要員確保、広報戦略の策定とノウハウなどが有機的に機能して、初めて多様なステークホルダーとのリレーションシップを構築することができる。

（２）広報とは

　「広報」は「広く社会に対して報いる」という意味を含んでいる。広報とは第１に社会や多様なステークホルダーと良好なリレーションシップを構築し、好意と支持を拡大していくための活動である。第２は社会からの批判や攻撃的プレイヤーに対し、防御することである。第３は企業ブランドを創造し、無形資産を拡大させて企業価値を向上させることである。

　広報というと対外広報のみがクローズアップされるかもしれないが、従業員も企業にとって重要なステークホルダーであり、社内広報も広報

Key Word

　ディスクロージャー（disclosure ＝情報開示）──一般的に企業の情報開示と訳される。本来の意味は投資家の保護を目的として、財務などの一定の企業情報を公開することである。そうすることで情報格差による不利益の発生を防ぐ。また、市場が健全な機能を発揮するためには必要かつ十分な情報があることが前提条件でもある（藤江俊彦編著〔2006〕161頁を一部修正）。

の大きな位置を占める。

　また、出資や社債の購入などにより、企業の経済的基盤を支える投資家や株主とリレーションシップを構築するIRも企業の広報では欠かせないものである。さらに、社会との共生という観点から メセナ活動 Key Word などの社会支援活動も重要な広報の1つといえる。

　ここで広報と類似の用語として、PR（パブリック・リレーションズ）や広告があるので、整理しておきたい。

　PR（パブリック・リレーションズ）とは公共・社会（パブリック）との関係づくり（リレーションズ）を意味し、狭義には パブリシティ Key Word などの社会との関係づくりのための広報としてとらえられる。

　一方、広告はマーケティングの用語で、各種メディアを通じて費用をかけて自社の商品やサービス、メッセージを消費者などに知らしめる活動となる。

（3）コーポレート・コミュニケーションズ

　コーポレート・コミュニケーションズは企業におけるコミュニケーション活動すべてを戦略的かつ有機的にまとめた概念で、広報よりも広い領域の枠組みでとらえられている。広報部門を「コーポレート・コミュニケーションズ（CC）」という名称にする企業もみられる。

　コーポレート・コミュニケーションズはさまざまな認識や解釈があり、多義にわたる概念に包含されているが、以下のような諸要素のいくつか

Key Word

メセナ活動──「メセナ」（mécénat）は、芸術文化支援を意味するフランス語。メセナ活動は社会貢献の一環として行う芸術文化支援のための活動である。

パブリシティ（publicity）──マスコミに対する広報活動の1つの手法。本来パブリックと接尾語"ity"とを合わせてできたもので、公共性を持たせたことを意味する。ニュースとして取り扱われることを期待して、企業が自社の業務や実績などもろもろの活動情報を、報道機関に提供すること。

を含むトータルなコミュニケーション活動といえるだろう。

1）企業（コーポレート）という全社的レベルでのコミュニケーションのとらえ方である。

2）対象が多様なステークホルダーを包含する社会の総体にわたる。

3）コミュニケーションのベースが「市場性」のみでなく「非市場性」をも包含する。

4）情報受発信によるインタラクティブな交互的コミュニケーションである。

5）社会の多様なステークホルダーとの「リレーションシップ」づくりを目的とする。

6）環境変化や不測事態に適応できるものである。

7）情報開示を原則とし、経営主体の実態を公正に理解してもらう。

8）マーケティング・コミュニケーションや広報、PR、IRよりも優位で広範囲な概念であり、経営理念によって有機的に統合されて認識される。

9）経営の中核資源などに基づいて、コミュニケーションを競争資源として戦略化している。

10）発信情報はインフォメーションではなく、加工・開発され、「インテリジェンス」として創造されたものである。

11）企業が「自己変革」や環境変化への「変革対応」として戦略的に策定・実施する。

12）メディアはアナログとデジタルのハイブリッド（混成型）で情報発信活動を実施し、リアルとサイバーの双方にメッセージ影響力を持つ。

（藤江俊彦〔2003〕52〜53頁）

（4）広報業務

広報業務には「代表機能」「調整機能」「実施機能」の３つの機能があるといわれている。

　まず、「代表機能」とは企業（経営体）を代表して社会と接触し、情報を発信してコミュニケーションする機能である。２つ目の「調整機能」は企業（経営体）と社会との間の認識や利害を調整し、組織内でも社会の論理によって企業経営のバランスを調整していく機能である。最後の「実施機能」は実際に経営戦略に則った広報のアクション・プログラムを計画・実施し、チェックし、その結果を評価して改善する機能である。これら３つの機能を十分発揮するために、担当部門や担当者を組織の体制の中に設置する必要が出てくる。

　また、広報活動の手法を見ると、従来は紙媒体が主要なメディアであったが、近年はインターネットの発達によりWebなどのネットのメディアを通じた広報が主流となっている。工場見学会などのイベントの実施も重要な広報活動である。

　さらに、広報活動には、企業からの発信だけでなく、顧客や株主などステークホルダーの声の収集も含まれ、広報は双方向のコミュニケーション活動であることを忘れてはならない。

２ 広報とコンプライアンス

（１）広報活動におけるコンプライアンス（法令遵守）

　企業にとってコンプライアンス（法令遵守）の徹底は当然の義務で、倫理規程などを制定する企業も多くなっている。しかしながら、企業の不祥事や法令違反のニュースは頻発している。

　不祥事や法令違反を起こす企業は同様の失敗を繰り返す傾向があり、不祥事や法令違反が再発する企業組織はその風土や体質に問題があるといえる。従業員の意識や組織の風土自体が変わらなければ、再発防止対策は形だけのものとなり、功を奏さない。企業組織の変革のための社内広報やインハウス・コミュニケーション（→本章第２節）を本格的に進めなければならない。経営理念や創業精神をいつも忘れず、明るく、フェアで透明な組織風土や文化を創造し、従業員が倫理規程を共有するこ

とが不祥事や法令違反を未然に防ぐこととなる。

（2）プライバシー保護

　個人情報保護法は2003（平成15）年5月に成立した（→第3章第5節
2）。広報部門も個人情報保護法に則り、社内広報、対外広報いずれの業
務においても個人情報やプライバシーの保護に十分取り組んでいく必要
がある。

　個人情報やプライバシーの保護では顧客など社外の者を対象に考えが
ちであるが、たとえ従業員であっても個人情報やプライバシーの取り扱
いを軽視してはならない。たとえば、社内報や会社案内などで従業員の
紹介をする場合、原則として本人の承諾なしに利用することはできない。
最近、自社のWebサイトや就職情報サイトに従業員の氏名・顔写真・学
歴、入社年度などを掲載するケースが見受けられる。本人の承諾を得た
うえでの掲載なら許されるが、公開する自社のWebやリクルート・サイ
トに掲載するということは、全世界に発信することであり、それらが心
ない第三者によって悪用される可能性があることに留意したい。デジタ
ル化された情報は無限増殖し、問題が起こってからの事態の収拾は困難
である。

　また、マスメディアからの従業員への取材の申し込みがあった場合は、
あらかじめ従業員本人に広報担当者から取材の趣旨と、記事や放送の中
で、氏名、役職、本人の映像等が公開される可能性があることを伝え、
承諾を得たうえで取材協力の承諾をする必要がある。

　もちろん従業員に限らず、他のステークホルダーや特定人物を引き合
いに出す場合も本人の承諾を得て、個人情報やプライバシー保護のみな
らず、名誉毀損や肖像権の観点からも、常に注意を払う必要があること
はいうまでもない。

　さらに、広報ではプレゼント・キャンペーン、PRイベントや記名アン
ケートなどの実施にあたって、一般から多数の個人情報を集めることが
ある。このとき収集した個人の情報管理は厳重に行わなければならない。

個人情報の利用目的とその後の処分方法について、対象者からの同意を得たうえで実施することが大前提である。

（3）知的財産権保護

知的財産権は、産業・文化領域における知的創作物の結果を保護するすべての権利である。「知的創作物（産業上、文化的な創作、生物資源における創作）」と「営業上の標識（商標・商号などの識別情報・イメージ等を含む商品形態）」および、「それ以外の営業上・技術上のノウハウなどの情報（特許情報、実用新案等）」の３つに大別される。

広報にかかわる知的財産権としては、著作権、著作隣接権、肖像権、意匠権、商標権等幅広いものがある。最近では、インターネット上に存在するコンピュータ・プログラムやネットワークの識別子であるドメインさえも、知的財産権の対象となっている。

自社の情報を社会に広く発信する広報部門においては、情報の価値について正しい認識と理解をもって取り扱いたい。なかでも著作権については、他者の著作物を勝手に転載し、引用も明示しないなど、無意識に他者の権利を侵害しているケースが多数見受けられるため注意したい。

著作権の内容は、人格的権利（著作者人格権）と財産的権利（著作財産権）に分けられ、前者は、著作者だけが持っている権利で、譲渡や相続のできない一身専属の権利である。具体的には、著作物についての公表権、氏名表示権などであり、著作者の死後もこの権利は守られる。

新聞のニュースなど事実のみを記した記事でも、最近は著作物に当たり、著作権があるとされる。まして記者が記名で、状況分析や解説を加えたり、主張を論じたりしたものは、著作権を侵害しないようにしなければならない。

最近では、新聞や通信社などが電子メディアで発信する記事・写真などの情報を、インターネット上で無断利用する事例がかなり目につく。安易に利用している人が多いが、基本的には紙媒体のルールと変わらない。

なお、公表された著作物は引用して利用することができる。ただし、

その引用は公正な慣行に合致し、かつ引用の目的上正当な範囲内で行わなければならない（著作権法32条1項）。判例は、「引用著作物が公表されていること」「引用部分と自己の著作物が明瞭に区分されていること」「自己の著作物が主、引用部分が従の関係となっていること」の3つの要件のすべてが必要となっている（パロディ事件第1次最判1980年3月28日）。

　著作権と関連して、肖像権にも同様の注意が必要である。肖像権とは、自分の意思に反して自分の肖像（顔写真など）を撮影され、公表されたり、営利目的に使われたりしないように守る権利である。肖像権にも人格権と財産権があり、前者は自分の肖像を撮影されない権利と公開されない権利で、自身の人格権を守っているわけである。財産権は自分の肖像の写真使用などを占有する権利で、著名人など肖像そのものが経済的利益につながる人の場合に発生する。

　広報誌や社内報、ホームページなどに従業員の顔写真はもちろん、働く姿や集合した写真を掲載するときも、必ず同意を得たうえで進める。また、自社の主催したイベントの写真に一般の人の顔が写っていることもあり、公の場での撮影は慎重に行う必要がある。特定人物の顔がハッキリとわかる写真を掲載するときは、その人に同意を得ることが求められる。

　一方、商標とは他社の製品やサービスを識別するもので、記号・文字などを示し、いわゆるブランドといわれる。商標は特許庁に登録し、登録日から10年間（更新可能）排他的・独占的に使用できる。類似もしくは、まぎらわしい商標が出回った際は、商標管理と広告宣伝や広報部門が連携して、自社の商標・ブランドを守らなければならない。

　いずれにせよ、訴訟までに発展した場合、時間と費用を要するばかりでなく、企業であればコンプライアンス（法令遵守）に対する認識や体制を問われ、イメージ・ダウンにつながる。迷いが生じた場合は、弁護士などの専門家に相談するのがよいだろう。

3 CIとブランド・マネジメント

(1) CI

　コーポレート・アイデンティティ（Corporate Identity）のコーポレートは企業、アイデンティティは独自性と訳される。つまり、他の企業と区別できる企業の特徴を示すものがコーポレート・アイデンティティである。コーポレート・アイデンティティは、頭文字をとってCI（シーアイ）と略されることも多い。

　CIは、一般的に企業の独自性を表すフレーズやシンボルマークなどで表される。製品やサービスのブランドやマークなどがあっても、それらがバラバラな形で認識されていては自社の独自性を訴えるインパクトが弱い。そのため、企業の独自性やそのイメージがCIで統一的に示されることとなる。

　株式会社資生堂（以下、「資生堂」）を例にとると、「東京銀座　資生堂」というフレーズが思い浮かぶ。資生堂の本社は東京銀座にあり、銀座の華やかで高級なイメージが資生堂のイメージとなり、資生堂のCIとなっているといえよう。また、資生堂のシンボルマーク「花椿」は1915（大正4）年に誕生し、その後も何度か微調整を加えながらも、美を追求する資生堂を象徴するアイデンティティとなっている。→図表7-1-1

　CIは一般的にフレーズやシンボルマークなどで表されるため、CIは企業のキャッチコピーやマークのデザインであると誤解されやすい。しか

図表7-1-1 ●資生堂のシンボルマーク「花椿」

| 1916 | 1917 | 1918 | 1921 | 現在 |

出所：資生堂ホームページ

し、CIは単にイメージを統合するだけでなく、CIに込められた企業のアイデンティティに合わせて、企業風土の刷新や組織改革などを図るところに本質的な意義があることを忘れてはならない。

(2) ブランド・マネジメント

　ブランドはある商品や企業をイメージさせるものである。つまり、自社の商品やサービスを他社の商品やサービスと区別するためのものである。この区別のために用いられるのが、名称であったり、マークであったり、パッケージであったりする。また、前項のCIは企業全体のブランドと位置づけることができる。

　ブランドには、「識別機能」「出所表示機能」「品質保証機能」「情報伝達（広告）機能」「象徴機能」「資産機能」の6つの機能があると考えられている。

　他の商品と識別する機能が「識別機能」、商品の提供者も示す機能が「出所表示機能」である。また、ブランドの「品質保証機能」とは、同じブランドであれば同様の品質が保証されていると消費者が認識できるということである。さらに、ブランドはその商品やサービスに関する情報も提供し、それによって消費者の購買意欲を喚起することができる。これを「情報伝達（広告）機能」という。そのほか、ブランド・イメージの形成・確立を行う「象徴機能」、資産価値としての「資産機能」がある。

　以上のようにブランドにはさまざまな機能があり、ブランドによって他企業との競争を優位に展開することが可能となり、企業価値を向上させることができる。そのため、ブランド・マネジメントがきわめて重要となってくる。

　まず、ブランドを決定する際には、当該ブランドのビジョンやコンセプトを描くことが求められる。つまり、当該ブランドのアイデンティティの明確化である。そのうえで、当該ブランドのアイデンティティを具現化するために、ブランドの構成要素である、名称、ロゴ、シンボルマーク、パッケージ、音楽などを考えなければならない。

　ブランドの名称、ロゴ、シンボルマーク、パッケージ、音楽などは、著作権、商標権、意匠権、不正競争防止法などの法律がかかわる。それらを決める際には、他者の権利を侵害しないことはいうまでもない。また、企業のブランドを守るために、必要に応じて商標登録、意匠登録などを行うことも重要である。

　最終的なブランドの決定は経営トップの仕事の範ちゅうとなる。それ以外のブランド・マネジメントの業務をどの部門が担当するかは企業によって異なるが、全社的なブランドであるCIなどの管理は全社的な立場で、広報部門、経営企画部門、総務部門などが務めるのがよいと考えられる。

4　企業沿革と社史

（1）企業沿革

　「沿革」の「沿」は前に因って変わらない、「革」は旧を改め新しくする意味であり、物事の移り変わりをいう。つまり、企業沿革とは企業の歴史、変遷をまとめたものである。

　一般的に、ホームページや会社案内などでは企業沿革が掲載されていることが多い。創業時の状況、企業の成長や事業の成り立ちを過去にさかのぼって示し、歴史をひも解くことで、業歴だけでなく、その企業の経営理念や経営方針の背景やさらに将来的な方向性さえも示す道しるべのようなものである。ステークホルダーが企業沿革を知ることで、その企業への信頼性を高めることができるといえよう。

　業歴が短い場合、企業沿革は特に必要ないと考えるかもしれない。しかし、たとえ業歴が短くても自社の成り立ちを示す意味で、企業沿革を掲載することが望ましい。創業間もない企業であれば、創業者が創業に至った経緯を掲載してもよいだろう。

（2）社史

　歴史のある企業では、企業沿革をホームページや会社案内に掲載するだけでなく、社史を編纂することもある。

　社史とは、文字どおり会社の歴史で、会社の変遷や成長を詳細に記録したものである。

　創業から時間が経過すると、創業者の思いや創業の理念が組織の末端まで伝わらなくなってくる。場合によっては、忘れられていることもありうる。それによって、企業の方向性が失われてしまうこともあろう。そんなとき、創業の原点を確認し、将来に向けての方向性を再確認するために、社史を編纂する意味がある。

　また、社史は会社の成長の記録でもある。創業からのさまざまな出来事が記載されることになる。そこには、会社としての失敗や成功の記録が残されており、先人の苦労も記載されている。それを知ることによって、先人に対する尊敬や感謝の念を抱くとともに、みずからの行動もまた同様に、後輩に引き継がれるものであることを自覚することになる。

　また、社史は社内だけでなく、社外のステークホルダーに対しても、自社の存在意義、価値を表現するもので、重要な広報活動の1つである。

　社史編纂は、たとえば創業50周年などの周年事業として行われることが多い。社史編纂の体制は企業の規模によって異なるが、できれば社史編纂委員会などを設置することが望ましい。事務局は広報部門や総務部門などが担うことが多い。事務局として、以下に留意して進めるべきである。

　・作成目的を明確にする
　・作成のタイミングを図る
　・予算・発行部数、配布先など検討
　・作成にかかる具体的なスケジュールを立案する
　・社史作成の体制を整える
　・社史の作成媒体、形状を検討する

第 2 節 **社内広報**

◆社内広報の対象と目的を学び、社内広報の重要性を理解する。
◆社内広報の具体的な方法とそれぞれの特徴を理解することで、
　最適な組み合わせが行えるようにする。

1 社内広報の対象と目的

　戦後、日本の企業では「正社員」と呼ばれる正規従業員が職場の中心
で、年功序列や終身雇用といわれる制度が慣例的に行われてきた。そう
した制度下では、社内コミュニケーションは口頭、文書、会議などにお
ける企業側の一方的な伝達が多く、社内報も経営情報の伝達、従業員の
融和、福利厚生などが主な内容となっていた。つまり、社内広報は、労
働生産性の向上に向けて、正社員を対象に社内の結束固めと動機づけが
目的となっていたのである。

　しかし、近年、企業にとって人材こそ成長の源であり、すべての従業
員は重要なパートナーであるという考えが広がり、企業は従業員との新
たなリレーションシップ（関係）づくりが求められるようになってきた。
そのため、社内広報の対象や目的も大きく変化している。

　「正社員」と呼ばれる正規従業員だけでなく、契約社員やパートタイマ
ー、アルバイト、派遣スタッフなど多様な雇用形態の人たちへと社内広
報の対象が広がっている。さらには「独立契約者（インディペンデント・
コントラクターズ）」「個人請負」の形態も広がっており、そうした外部
の人たちも社内広報の対象となりうるのである。

　また、女性、外国人、高齢者、障がい者などの活躍を進める、ダイバーシティ経営 Key Word が企業の競争力を高めるといわれている。大企業では海外に拠点を持つことも少なくない。

　社内広報は、そうした多様な人材と情報を共有化してエンゲージメント Key Word を高め、経営方針や経営戦略にベクトルを合わせ協働するために欠かせない活動といえる。また、社内広報により、多様な視点、多様な価値観を得ることで、組織文化や風土を変革し、イノベーションを実現する基盤を得ることができるのである。

　そのため、近年、社内広報においては、インハウス・コミュニケーション Key Word の概念が重視されるようになってきている。インハウス・コミュニケーションでは多様な従業員を1人の個人、市民、社会人でもあることを認識するとともに、組織の論理を超えた社会性ベースの発想や価値観の共有化が求められる。

2　社内広報の方法

　従来、社内広報の主なメディアは社内報などの紙媒体であったが、近

Key Word

ダイバーシティ経営──「ダイバーシティ」は直訳すると多様性となる。ダイバーシティ経営は性別、人種、国籍、言語、宗教、年齢、学歴、職歴など、多様な人材を受け入れ、多様性を生かして競争力を高めようとする経営である。

エンゲージメント──企業などと従業員の相互の深い結びつき、顧客や消費者の企業や製品、ブランドなどへの愛着心や親近感などの意味でよく用いられる。

インハウス・コミュニケーション（in-house communication）──インターナル（internal）・ハウス・コミュニケーションの略称で、社内広報と同義的に使用されることもある。多様な従業員を1人の個人、市民、社会人でもあることを認識し、ハイブリッド（デジタルとアナログの混成）メディアによって情報の共有化を図り、良好な信頼関係を構築しながら戦略的に展開する内部的コミュニケーションの総称である。

年は映像メディアやイントラネットなどのデジタル媒体活用が急速に進んでいる。社内広報を効果的に行うためには、それぞれのメディアの特徴を踏まえ、ミックスして活用することが求められる。さらに、イベントなどによるフェース・ツー・フェースの社内コミュニケーションも重要な社内広報の1つである。

（1）社内報・グループ報などの紙媒体

社内の従業員を対象として編集・発行される紙媒体のうち、雑誌型の場合「社内誌」、新聞の場合「社内紙」「社内新聞」「社内ポスター（壁新聞）」、そして、それぞれの型を包含して一般的に「社内報」と呼ばれている。企業によっては「社報」と呼ばれることもある。英語では、インハウス・オーガン（Inhouse organ）である。紙媒体の社内報は、デジタル・メディアが一般化して減少するのではないかと考えられたが、今日でも根強く発行され続けており、イントラネットによる情報発信と棲み分ける形になっている。紙媒体の社内報は、目に優しく、職場だけでなく家庭に持ち帰り、家族も読むことができるというメリットがある。

雑誌型は逐次刊行の継続による保存性と記録性、細かな情報や解説、視覚的表現などの強みを持つ。一方、新聞型（フリー・ペーパー・スタイル）は手軽に読みやすく、編集しだいでは若年層にも閲読率が高い。

事業所ごとに「事業所報」を発行したり、海外の外国人従業員に対して「英文社内報」や邦文社内報の中に英文ページを作成する企業も増えている。また、上場企業では会計基準による連結決算が義務づけられ、グループ会社一体となった経営が求められていることから、グループ企業の従業員を対象に「グループ報」を発行する動きが盛んである。

さらに、従業員がいつでもどこでも確認できるように、経営理念、行動規範、CSR綱領、CIなどを小冊子、コンセプトブック、社員手帳などに記して配布することも行われている。また、歴史のある企業では社史を編纂して従業員に配布し、創業者の思いや創業の原点を確認し、将来に向けての方向性を再確認する機会としている。

（2）映像メディアやイントラネットなどのデジタル媒体

Web会議システム、テレビ会議システム、DVD、CD、ブルーレイディスク、電光掲示板などの映像メディアは訴求力が強く、映像メディアによる社内広報が増加している。特に、Web会議、テレビ会議のシステムは本社から離れた海外や地方の従業員に対して、社長のスピーチや方針などを伝達するうえで効果を発揮している。

また、イントラネット（社内ネットワーク）を活用する企業も増加している。イベントの同時中継やストリーミング（動画）の配信をするところもある。企業によっては、社内ブログを従業員各自に提供し、従業員間の自由な交流環境を整備する取り組みもある。

デジタル媒体の利点は、国内外のさまざまな場所で勤務する従業員に対して、同時性・速報性をもって情報を提供することができることである。さらに、情報量の制限が少ないため、写真画像や動画等の映像により、「読ませる」より「見せる」ことに適している。また、紙媒体にない双方向性や検索性といったメリットもある。

ただ、デジタル媒体は従業員がみずから情報を取りにいかなければ閲覧されないことが多く、自発的・継続的な閲覧につながるようなしくみを構築することが求められる。

（3）フェース・ツー・フェースの社内コミュニケーション

紙媒体やデジタル媒体だけでなく、イベントなどによるフェース・ツー・フェースのコミュニケーションも重要な社内広報である。

イベントとしては、社長と現場従業員の懇談会、全社の職場改革発表会、ビアバスト、職場間交流会などが挙げられる。

イベントなどで顔を合わせて直接対話することで、より深い人間関係が得られ、意見や価値観の共有を図ることができる。インターネット時代ではあるが、大企業であっても、社長が国内外の多くの職場に足を運び、現場従業員との懇談会などで従業員と直接コミュニケーションをとっている企業が多いのは、フェース・ツー・フェースが他の媒体に代え

がたい価値があるからである。

3　従業員への広報教育

　インターネット時代においては、従業員が行った不適切な情報発信が、ごく短期間で会社全体に対する信用やブランドの失墜を招く危険がある。従業員への広報教育も広報部門の重要な役割の1つである。

　広報マニュアルは、全従業員が企業のイメージをつくり上げるパーツであり、たった1人のリアクションが企業全体のイメージを左右する、という意識を社内全体に持たせるためのものである。広報マニュアルを全従業員に配付して、企業の基本メッセージとマスコミからの取材対応、災害時や緊急時の対応のしかたなどを共有化したい。

　また、私生活でソーシャルメディアやSNS（→本章第3節6）を活用する従業員も増えているが、安易な気持ちで企業や職場の情報や悪ふざけをソーシャルメディアで発信して問題になったケースが増加している。特に上場企業では、企業情報の流出は株価や投資家の行動に影響を与えることになりかねず、大きな問題となる。

　私的な発信であっても、法令違反や企業の名誉を毀損するようなことはしないように、ソーシャルメディアやSNS利用のガイドラインを定め、ガイドライン遵守を徹底させることが必要となっている。

Column　☕ コーヒーブレイク

《ビアバストで楽しくコミュニケーション！》

　ビアバスト（Beer bust）はビールパーティの意味で、夕刻などに社長や役員、従業員がビールやワイン、お茶などを飲みながら打ち解けてコミュニケーションする場をいう。月に1回など、定期的に開催している会社もある。立ったままおつまみとともに軽く一杯という感じで、交流が重視される。気軽に参加できる、楽しい雰囲気づくりが大切となる。

<table>
<tr><td>第 3 節</td><td># 対外広報</td></tr>
</table>

第 3 節　対外広報

◆対外広報の目的を理解し、その方法の基礎知識を学ぶ。

◆インターネットを利用したネット広報の意義と情報セキュリティを学ぶ。

◆対外広報の中でも重要なパブリシティ活動について、その意義と特徴を学ぶ。

◆基本的な広報ツールであるホームページや企業案内の作成、運用、ならびに、近年重要視されているソーシャルメディアへの対応を学ぶ。

1　対外広報の対象と目的、方法

（1）対外広報の対象と目的

　対外広報の対象は、一般的にその企業を取り巻く社会であり、広範囲なステークホルダーである。具体的には、顧客、株主・投資家はもちろん、取引先、金融機関、地域社会、マスメディアなども含まれる。

　企業が企業市民（コーポレートシチズン）として認知され、活動を展開するためには、その経営理念や活動内容を社会やステークホルダーに発信し、理解してもらうことが重要になる。さらに、自社に対する社会やステークホルダーの声を収集し、それを経営に生かしていくことも求められる。対外広報はその重要な役割を担っているといえる。

（2）対外広報の方法

　対外広報を展開するには、情報を効果的に社会やステークホルダーに伝えるため適切なメディアが必要になる。メディアには、マスメディアのほかに、昨今では、インターネットも広報活動に不可欠なメディアとなっている。

　メディアを活用した広報には、大きく分けて「広告（アドバタイジング）」と「PR（パブリック・リレーションズ）」がある。

　「広告」とは費用をかけてメディアの広告枠を押さえて、自社の商品やサービス、メッセージを消費者など発信する手法である。情報をコントロールすることが可能であり、ターゲットを絞り込みやすい利点がある。広告も広報活動の領域ではあるが、営業・販売・宣伝部門の主要業務となることが多い。

　一方、広報部門の主要業務は「PR（パブリック・リレーションズ）」である。PRは主にパブリシティとオウンメディアにより行われる。

　パブリシティとは企業がマスメディアなどの報道機関に自社の情報を提供し、ニュースや記事として取り上げてもらうものである。オウンメディアにはホームページ（コーポレートサイト）をはじめ、広報誌、会社案内などがある。企業が発行するメルマガや経営者などのブログも含まれ、基本的に情報発信元のコントロール下で運用される。

2　対外広報におけるネット広報の意義と留意点

（1）対外広報におけるネット広報の意義

　ネットの特徴は速報性・拡散性・双方向性に高く、量的制限がほとんどないことである。これらの特徴を生かして、オウンメディアといわれるホームページをはじめ、経営者ブログなどのソーシャルメディアを活用した広報活動があたりまえのようになった。

　ネット広報の特徴と効果として次のようなものがある。

・エリアに縛られず、広範囲に発信できる

・タイミングに合わせて、タイムリーな情報発信が可能
・365日、24時間、持続的な情報発信が可能
・掲載できる情報量に制限がない
・企業とステークホルダーの双方向のコミュニケーションが可能
・画像・動画等の展開により企業のイメージ醸成、ロイヤリティ向上
　につなげやすい。
・リンクなどにより拡散が期待できる
・ターゲットを絞り込んだ広報も容易である
・営業活動のツールとしても活用できる
・反応・効果が即座に把握でき、PDCAが回しやすい

（2）ネット広報の留意点

　インターネットを利用して広報活動をする際は、インターネットの特性をよく理解し、リスクを考慮したうえで活動する必要がある。ここでは、代表的なリスクと留意点を5つ紹介する。

　1つ目は、インターネットを通じて発信した情報のコントロールが難しい点である。ソーシャルメディアで発信した場合、受信者が他者に簡単にその内容の共有ができ、共有された先からの情報コントロールはきわめて困難である。また、他社媒体に掲載された場合、情報の修正や削除の権利はなく、希望する場合は掲載先媒体との交渉が必要となってくる。インターネットを利用した広報活動では迅速な対応は大切であるが、本当に発信するのにふさわしい内容かどうかという確認は常に行わなければならない。

　2つ目は、ネット広報に継続性がない場合、企業イメージを悪化させる危険性がある点である。ソーシャルサービスは、安価で複雑な操作も必要ないため、開始するハードルは低い。しかし、その反面、発生ネタの不足、発信担当者のリソース（人員）不足、などで継続した対応ができず、企業ページ（アカウント）を閉鎖するケースも散見する。更新が何年も止まったままのホームページも含めて、そのような企業のブラン

ド・イメージは低下するおそれがある。事前に継続的に活動できる体制やしくみを整えたうえで、開始したい。

3つ目は、インターネットは全世界の不特定多数を対象としたサービスである点に留意する。特に、一般の消費者から書き込み（発信）を許容しているページの場合は、予想外の誹謗中傷が書き込まれるリスクはつきものである。そのリスクを理解したうえで、誹謗中傷が書き込まれた場合の対応方法（担当部署、対応フローなど）をあらかじめ定めておく必要がある。

4つ目は、ネット広報では双方向のコミュニケーションを心がけることである。広報担当者の感覚では、インターネットを通じた「1対多」の発信活動であるかもしれないが、情報を受け取る側の消費者などの個人は「1対1」の双方向コミュニケーションを期待していることも多い。特に、広報担当者の顔を見せながら発信している場合はその傾向が強い。そのため、個人から企業に対して書き込みを通じたコミュニケーションがあった場合は、1対1で対話するスタンスでの内容と言葉づかいを心がける。そうでない場合、事務的で冷たいという印象を与え、時にはクレームや炎上に発展することもある。

5つ目は、著作権を侵害しないことである。インターネットが普及したため、それ以前よりも格段に広報時に使用したい写真やイラストなどの素材が手に入れやすくなった。しかし、サイトを通じて簡便かつ無料で素材が入手できたとしても、安易に流用せず、著作権上、問題ないかを確認する。リスクを考慮すると、著作権フリーを公言している素材提供サイトからの利用を推奨する。文章や図表を引用する場合にも、出所を明らかにして、引用のルールに則ることが求められる。→本章第1節 **2**

紙媒体などによる広報とネット広報の両方のメリットとデメリットやリスクを理解し、案件や目的、ターゲット（メッセージを届けたい層）、費用等に鑑み、両方をミックスして相互補完的に活用することが多面的な広報活動につながる。

3 パブリシティ

(1) パブリシティの意義とリスク

　パブリシティとはpublic + ity = publicity（公共性をつくること）であり、企業がマスメディア（新聞、雑誌、テレビ、ラジオ）などの報道機関に自社の業務やその実績、その他もろもろの活動の情報を提供し、ニュースや記事として取り上げてもらうものである。

　パブリシティにおいて、企業は広告枠を押さえる費用を必要としない。そのため、パブリシティは企業が費用を払う広告よりも情報の信頼性・客観性が高いと社会に受け止められ、大きな効果が期待できる。

　ただし、自社が伝えたいことを記事やニュースに取り上げてくれるかどうかはメディアしだいである。そのため、パブリシティは企業が情報をコントロールできないというリスクがあることを念頭に置かなければならない。

(2) パブリシティの留意点

　企業がパブリシティを行う際の留意点は、企業は新聞・雑誌などのメディアにあくまでも「ニュースの素材」としての情報を提供するだけで、ニュースそのものを提供するわけではないことである。メディアに提供した情報のうち、メディア側のジャーナリズム的価値判断で選択されたものだけが、記事やニュースとなる。メディアの記者たちは素材（材料）の収集活動を取材と呼んでいる。

　自社が伝えたいことがニュースや記事になるためには、企業の広報担当者は常日ごろからどういう素材にニュース的価値があるのか、ジャーナリスティックなセンスを養い、メディアへ適切な情報提供をすることが重要となってくる。

　とはいえ、ニュース的価値を高めるために事実を捻じ曲げることは許されることではない。パブリシティにおいては、メディア側の報道活動に協力して公共社会に事実情報を知らせる、という姿勢を失ってはなら

ないことはいうまでもない。

（3）パブリシティの方法

　パブリシティは、企業からメディアに対して働きかける能動的活動と、メディアからの取材申し込みに対応する受動的活動の2つに大別される。

　能動的活動の1つとしてプレスリリースがあり、企業のパブリシティ活動の基本となるものである。プレスリリースとは、企業活動の最新情報をメディアに知ってもらうために必要事項を文書にまとめ、「報道資料」ともいわれるその文書を企業が報道関係者などに提供することである。

　従来、プレスリリースはマスメディアの報道関係者に向けたものだったが、近年はインターネットを使って「リリース配信サービス」 Key Word や自社メディアで情報発信することが多くなり、プレスリリースは「ニュースリリース」とも呼ばれるようになっている。

　最近は新聞など紙媒体ではなく、ネットやスマホアプリでニュースを読む人も多い。したがって、新聞などの紙媒体だけでなく、ネットのニュースサイトなどもパブリシティの重要なメディアとなる。いずれにしても、それらのニュースや記事として取り上げてもらうためには、まずメディアに対して、プレスリリース（ニュースリリース）によって、自社の情報を発信することが必要となる。

　マスメディアなどに自社の伝えたいことを適切に取り上げてもらうためには、プレスリリースでは読み手である記者や編集者に対してメッセージのポイント「何を訴えたいのか」「何をニュースにしてもらいたいのか」などを明瞭かつ正確に伝えなくてはならない。特に、最初に目にする表題は重要となるので、熟考したい。そのまま記事のタイトルとな

Key Word

　リリース配信サービス──複数のWebメディアにプレスリリース情報を一斉に配信する代行サービス。配信力が強く、新聞社が持つニュースサイトをはじめ、拡散力のあるメディアに情報が掲載される可能性がある。

るように、簡潔でインパクトがあるものが望まれる。また、自社のプレスリリースに注目してもらうため、図表などを活用しビジュアルを重視し、簡潔にまとめる。さらに、送付先の媒体の特徴に合わせて、同じ情報でもプレスリリースの文章を書き分ける配慮がほしい。

プレスリリースは、簡潔に1枚に収めるスタイルが記者に好まれるようである。そのため、プレスリリース本文は1枚として、必要に応じて資料やデータ図表を添付してもよい。

また、プレスリリース発信後のフォローとして、情報をより深く理解してもらうために記者に直接コンタクトするケースも見受けられる。この場合、留意することは、誠意をもって対応することである。彼らは多様な人たちと接触するので、広報担当者の社内での立場を察知し、判断材料とすることもありうる。したがって、広報担当者は常日ごろから社内にネットワークを確立し、社内事情を熟知しておかなければならない。経営トップとの太いパイプも不可欠である。

パブリシティの受動的活動としては、メディアからの社内資料などの提供の申し込みや記者の訪問取材などへの対応がある。メディアはプレスリリース、ホームページ、過去の記事や他社の記事、所属団体の紹介など、さまざまな情報をきっかけに取材の申し込みを行う。取材の申し込みを受けたら、広報部門は社内資料などの提供を行うかどうか、どういった資料を提供するか、記者の訪問取材を受けるかどうか、訪問取材に誰が対応するか、社内のどこまでの範囲を取材対象とするかなどを速やかに社内調整しなければならない。また、訪問取材の場合は記者と対応する者のフォローも広報部門の重要な任務となる。

4 ホームページ

(1) ホームページの意義

ネットを使った広報活動が進む中、企業のホームページの重要度は年々高まっており、いまではほとんどの企業がホームページを持つ時代

となっている。

　取引を新たに開始する前に、その企業のホームページで企業の概要や特徴、経営方針、事業内容、主要な商品といった点を、まず下調べするのが常である。検索してホームページが出てこなければ、そもそも企業の存在自体が認知されず、ビジネスチャンスを逃す事態となりかねない。そのため、ホームページはネット上の企業の顔として、収益を大きく左右するものとなっている。

　もちろん、ホームページは営業支援だけでなく、たとえば、投資家はIR情報を確認するため、企業の求人への応募者は企業の全体像を把握するためホームページを活用しており、ホームページはあらゆるステークホルダーとの関係づくりに役立っていることを忘れてはならない。

　ホームページは営業支援の側面がクローズアップされがちであるが、真の目的は、企業のイメージを向上させ、社会の信頼を獲得し、あらゆるステークホルダーとの関係を強化することにある。ホームページはまさにパブリック・リレーションズを具現化する手段となっているといえよう。

（2）ホームページの作成と運用

　自社のホームページを作成またはリニューアルする際に、まず考えなければならないのはそのホームページの目的である。

　実際、ホームページを作成する場合、Why（何のために）、Whom（誰に向けて）、What（何を伝えるか）を確認・検証することから始める。

　ターゲット（Whom）と、コンセプト（Why、What）が検証できれば、おのずと、「商品サービス訴求型」「企業イメージ醸成型」「企業概要型」「情報提供型」などのホームページの方向性を決めることができる。方向性が決まれば、それに必要な情報をまとめてコンテンツプランを立てる。大手企業では、ターゲットやコンセプトに合わせて、何種類かのホームページを作成し使い分けているケースもある。

　一般的にホームページは企業の基本情報として、トップの紹介とメッ

セージ、企業理念、企業概要（企業の正式名称、本社所在地、代表取締役、創立年、資本金、主な事業内容、従業員数など）、企業沿革、支店や事業所の所在地、関連会社などが記載されている。さらに、目的に応じてより詳細なコンテンツを盛り込めば、ステークホルダーの企業に対する信頼感が増すこととなる。

　また、ホームページはユーザビリティやアクセシビリティの観点も重要である。ユーザビリティとはホームページの使いやすさであり、デザインやレイアウトの工夫、わかりやすい表示、利用者の負担を減らす機能などが求められる。アクセシビリティとはホームページへのアクセスのしやすさであり、目の不自由な人、手の不自由な人、移動中の人なども利用できるようにすることである。

　さらに、現在のデバイスのメインは、パソコンからスマートフォンへ急速に移行しているため、スマホ対応していないホームページは訪問者にストレスを与える。いつでもどこでも閲覧できるスマホ対応も必須といえよう。

　営業や販売支援の側面が強いホームページなどでは SEO対策 Key Word を行い、検索で上位表示されることをめざす必要もある。

　ホームページは作成して終わりではない。ホームページの更新の頻度を上げ、ステークホルダーにタイムリーに新しい情報を提供することが重要である。

　ホームページの作成やリニューアル、更新は広報部門だけが行うものではなく、すべての部門の協力が必要である。特に、各部門で随時の更新などを行う場合は、共通の約束事をあらかじめ取り決めておかないと、

Key Word

SEO対策——SEOは「Search Engine Optimization」の頭文字をとっており、「Search Engine Optimization」を日本語に訳すと「検索エンジンの最適化」となる。SEO対策はGoogleやYahooなどの検索エンジンの検索において、自社のホームページが上位表示されるための対策である。

ホームページの統一性が失われ、利用者にとって使い勝手の悪いものに
なる。

　ホームページ作成や運用のマニュアルやガイドラインを定め、それに
基づいて全社で協力して、ステークホルダーとの継続的な関係づくりの
ためのホームページを構築していくことが求められる。

5　会社案内

（1）会社案内の意義

　会社案内とはその名のとおり、会社の概要を紹介することであり、さ
まざまな場面でその提出が求められる。会社案内は自社の基本的な情報
を提供することで、相手の信用・信頼感を高める役割を持つ基本的な広
報ツールである。上場企業であれば、会社案内は株主や投資家向けの
IRツールとしての役割も担うこととなる。

（2）会社案内の媒体

　近年、ホームページに会社案内を掲載し、ダウンロードできるように
している企業もあるが、紙媒体の会社案内も採用し、併用している会社
も多い。また、紙媒体以外に映像メディアの会社案内を持つ企業もある。
ホームページ上の映像を使った工業見学なども会社案内の一種ともいえ
るだろう。

　ホームページの会社案内は、自社のことを知りたい、調べたい者が閲
覧するプル型の広報ツールとなる。一方、紙媒体の会社案内は、基本的
には新規取引、人材募集、メディアの取材など対面時での使用や展示
会・イベントでの配布などを想定しており、プッシュ型の広報ツールで
ある。また、ストックできることも特長である。

　映像メディアの会社案内は音声と動画で表現できるため、企業を多面
的に理解してもらいやすい利点がある。たとえば、工場見学などでは見
学者にあらかじめ企業全体を知ってもらうため、また、人材募集などで

は応募者に入社後の仕事をイメージしてもらうため、訪問時に会社案内の映像を見せている。ただ、映像メディアは紙媒体に比べコストと時間がかかることとなる。

ホームページ、紙媒体、映像メディアの会社案内を目的やシーン、予算に応じて使い分けができるように準備をしておくことが望まれる。中小企業であれば立派な会社案内でなくても、1枚の表裏でどのような企業なのか即時に理解することができるものがあるとよいだろう。

(3) 会社案内の基本構成

会社案内もホームページの企業の基本情報と同じような内容が記載されることが多い。ただ、誰もが見ることができるホームページに対して、紙媒体の会社案内は関係者のみに対面で手渡すため、必要に応じてホームページよりも詳しく売上げなどの企業業績や実績、組織図、取引銀行、主要取引先などを記載するケースもある。また、映像メディアであれば、映像で職場や工場などの紹介も行われている。

6　ソーシャルメディアへの対応

かつては情報発信のツールを持っていなかった個人が、Webサイト、ブログ、ツイッター、フェイスブック、インスタグラム、ライン、ユーチューブ、メールマガジンなどのネット上の多様なツールやSNS（ソーシャル・ネットワーキング・サービス）　Key Word　を利用することが可能になり、ソーシャルメディアで大きな影響力を持つようになった。

顧客や投資家などの意見、自社や自社の商品に対する評価などがソーシャルメディアで発信され、拡散していく。広報部門としては、ソーシャルメディアで発信されたステークホルダーの意見や評価を収集することも重要な役割となってきている。

ネット上でブラック企業と名指しされ、人材募集に支障が生じたということもある。ステークホルダーの意見や評価を収集し、正すべきこと

があれば経営にフィードバックさせなければならない。また、優れた意見や提案があれば、それを取り入れることで経営の改善や収益アップなどにつなげることができる。

　しかし、残念ながらソーシャルメディアでは一部問題となる情報発信も見受けられる。たとえば、自社の知的財産を侵害しているもの、悪意を持って自社の偽りの情報を流すもの、取引先や退職者などが業務上知り得た自社の情報を勝手に暴露するようなものなどがあれば、毅然とした態度で削除させるとともに、場合によっては法的措置を検討することも必要となってくる。

インベスター・リレーションズ(IR)

◆IRとは企業と投資家がよりよい関係を築くための活動で、IRを実践するための行動指針について学ぶ。

◆法令などに基づいた投資家などに対する情報開示制度とIRに関連した金融商品取引法による不正行為について理解する。

◆IR部門やIR担当者が企画運営に携わる具体的なIR活動について学習する。

1 インベスター・リレーションズ（IR）の概要と行動指針

（1）IRとは

インベスター・リレーションズ（Investor Relations）とは企業と投資家がよりよい関係を築き、企業価値の向上をめざす活動で、頭文字をとってIR（アイアール）と略されることが多い。企業が事業活動を行うためには資金が必要となる。その資金を投資家から安定的に得て企業が成長発展するためには、企業と投資家の相互の信頼関係が不可欠となり、IRはまさにそのための活動といえる。

IRの対象となる投資家は、すでに資金を企業に提供している、株主や出資者、社債の購入者などに限定されず、今後、資金提供を行う可能性のある者が広く含まれる。融資を行う銀行や顧客から預かった資金を運用する投資信託、投資顧問、保険会社、ベンチャーキャピタル Key Word などの機関投資家だけでなく、個人投資家へのIRも注力しなければな

らない。さらに、企業と投資家をつなぐアナリストもIRの重要な対象となる。

（2）IRの行動指針

IRを実践するうえで重要な行動指針として、日本IR協議会はIR行動憲章として、「Ⅰ.経営責務の原則、Ⅱ.説明責任の原則、Ⅲ.公正・継続の原則、Ⅳ.平等・公平の原則、Ⅴ.法令順守の原則、Ⅵ.社会責任の原則、Ⅶ.向上・進化の原則」の7カ条を挙げている。→図表7-4-1

IRでは投資家へ公正、平等、公平に継続して情報を開示することが求められている。しかし、IR行動憲章を見てわかるように、IRは単なる投資家向けの情報提供や広報にとどまるものではなく、経営と密接につながっている。経営トップは経営責務としてIRのための体制を整備し、企業は法令遵守や社会的責任を果たし、社会全体から信頼を得ることがIRにとって不可欠である。

IRの重要性は非上場企業であっても減ずるものではない。特に、将来、株式上場をめざしていたり、ベンチャーキャピタルなどから出資を受けていたりする場合は、上場企業に準ずるIRをめざすことが必要となる。

2 IRに関連する法令や規則

（1）法令等に基づく情報開示制度

会社法や金融商品取引法などの法令に基づいた投資家等への情報開示を法定開示といい、さらに、証券取引所などの自主規制機関が定める上場規則で定められた情報開示も含めて制度開示という。

Key Word

ベンチャーキャピタル——高い成長が見込まれる未上場企業に対して投資を行う会社や組織。

図表7-4-1 ● IR行動憲章

ＩＲ　行　動　憲　章
― 企業価値の向上と資本市場の発展のために ―

Ⅰ. 経 営 責 務 の 原 則　経営トップはIRを経営の最重要項目として組み込み、社内に必要な組織・体制を構築する

Ⅱ. 説 明 責 任 の 原 則　株主・投資家と真摯に対話を深め、適時に説明責任を果たすと共に、市場からの意見を経営に反映させ、経営の透明性を高める

Ⅲ. 公 正 ・ 継 続 の 原 則　業績や事業環境に関わらず、いかなる時でも公正で信頼性の高い情報を、継続して開示する

Ⅳ. 平 等 ・ 公 平 の 原 則　IR活動で株主・投資家の裾野を広げ、全てを対象とした平等で公平な情報開示に努める

Ⅴ. 法 令 順 守 の 原 則　市場を構成する一員としての自覚に基づき、法令や規則を順守し、企業市民として社会一般のルールを守り適切に行動し、社会の信頼を得る

Ⅵ. 社 会 責 任 の 原 則　株主・投資家はもとより、多数のステークホルダーとコミュニケーションを取り、環境問題などへの企業の取り組みと社会責任を明確に示す

Ⅶ. 向 上 ・ 進 化 の 原 則　情報開示の向上を常に心がけ、グローバルな視点に立ち、進化し、深化するIRを実践する

出所：（一社）日本IR協議会ホームページ

　会社法では、株主に対して事業報告、計算書類およびこれらの付属明細書を提供しなければならないと定められている（同法437条、438条）。
　また、金融商品取引法では、上場企業等に「有価証券届出書 Key Word」「有価証券報告書 Key Word」「四半期報告書 Key Word」「内部統制報告書 Key Word」「確認書 Key Word」などの提出を義務づけている（同法5条、24条、24条の4の7、24条の4の4、24条の4の2）。提出された書類は金融庁のEDINET Key Word で開示されており、誰でも縦覧することが

できる。

　さらに、上場企業では証券取引所などの自主規制機関が定める上場規則（有価証券の上場規程）に則る必要があり、IRに関連する規則としては、適時開示（タイムリー・ディスクロージャー）がある。適時開示とは、株主や投資家の保護および取引の公正性の観点から、自主規制機関の定める諸規則に基づいて、投資判断の基礎となる重要な会社情報を定型的な様式・方法等により、適時・適切に提供することをいう。適時開示された情報は、証券取引所が提供するTDnet **Key Word** により多くの報道機関に配信されるとともに、ネット上の適時開示情報閲覧サービスに掲載されて一般の縦覧に提供される。適時開示が必要な情報は多岐にわ

Key Word

有価証券届出書──有価証券の募集や売り出しに際して、その募集または売り出しをする上場企業等の発行会社が内閣総理大臣にあてて提出する開示資料である（金融商品取引法5条）。

有価証券報告書──上場企業等が事業年度ごとに企業内容を投資家等に開示する資料で、事業年度終了後原則3カ月以内に内閣総理大臣にあてて提出する（金融商品取引法24条）。

四半期報告書──上場企業等が四半期ごとに企業内容を投資家等に開示する資料で、期間終了後原則45日以内に内閣総理大臣にあてて提出する（金融商品取引法24条の4の7）。

内部統制報告書──上場企業等が財務関係書類やその他の情報の適正を確保するための内部統制の体制を評価した結果を記載した資料で、事業年度ごとに有価証券報告書とあわせて内閣総理大臣にあてて提出する（金融商品取引法24条の4の4）。

確認書──有価証券報告書などの記載内容が法令に基づき適正であることを上場企業等の経営者が確認した旨を記載した書類である（金融商品取引法24条の4の2）

EDINET（Electronic Disclosure for Investors' NETwork：エディネット）──金融商品取引法に基づく開示情報を縦覧できる金融庁のサイト（http://disclosure.edinet-fsa.go.jp/）である。

たるが、定期的に適時開示が必要な情報としては、決算短信 Key Word がある。決算短信は速報、有価証券報告書や四半期報告書は確定版の位置づけで、より迅速に情報を知ることができる決算短信への注目度は高くなっている。

（2）金融商品取引法上の不正行為

　上場企業等がIR活動を行うに際して、金融商品取引法上の不正行為にならないように十分注意しなければならない。IR活動において特に注意しなければならない金融商品取引上の不正行為には、「風説の流布・偽計」「相場操縦」「インサイダー取引」「未公表の重要事実の伝達」などがある（同法158条、159条、166条、167条の２）。

　IR活動において、自社の株価をつり上げるために誇張した情報を提供したり、株価の維持する目的で都合の悪い情報を隠したりすれば、風説の流布・偽計、相場操縦とみなされるおそれがある。

　また、役員や従業員などが立場上知り得た、公表されていない重要事実をもとに株式の売買を行うインサイダー取引は禁止されている。さらに、重要事実を公表する前に、他者が株式を売買することによって利益を得たり、損失を回避したりすることを目的に情報を漏らすことも禁止されている。IR部門やIR担当者は多くの未公開の重要事実に接しており、記者やアナリストなどへの情報提供では十分注意する必要がある。さら

Key Word

TDnet（Timely Disclosure network・ティディネット）——適時開示情報伝達システム。上場企業等が行う適時開示を総合的に電子化したシステムで、報道機関への公開時刻と同時に、ネット上の適時開示情報閲覧サービス（https://www.release.tdnet.info/inbs/I_main_00.html）に掲載されるため、投資家への公平な情報提供を行うことができる。

決算短信——証券取引所の適時開示の規則に則り、上場企業等が決算の内容が定まったとき、速やかに発表する決算結果。

に、インサイダー取引禁止等について社内周知を徹底する必要がある。

3 IR活動

（1）IR活動の留意点

　IR活動では、法定開示や制度開示にとどまらず、より具体的で補足的な情報を、わかりやすくかつ直接的に、株主や投資家に提供すべきである。多くの非上場会社、特に同族会社などでは株主や投資家に対する情報提供は法定開示のみの場合も少なくない。しかし、株主や投資家に事業年度ごとにさまざまな情報を提供することで、自社の経営状況を客観的に把握する機会となる。多くの非上場企業では有価証券報告書の作成は義務づけられていないが、有価証券報告書に盛り込まれている事項（→図表7-4-2）を参考に、株主、投資家等への積極的な情報提供が求められる。

　上場企業等においても、財務情報とともに、経営方針・経営戦略、リスク情報などの記述情報を充実させることが必要となっている。

　また、相互理解の深耕・信頼関係の構築のため、企業が株主や投資家に一方的に情報提供するだけでなく、企業と株主や投資家との双方向でのコミュニケーションを心がけることが大切である。株主や投資家の意見を吸い上げ、経営に生かしていくことも重要なIR活動である。

（2）具体的なIR活動

① IR資料の作成

　IR活動においては、有価証券報告書や決算短信といった定型的な資料だけでなく、個々の企業の状況に応じた情報を、わかりやすく株主や投資家に提供することが必要である。そのため、IR資料では、図表・グラフ等を用いたり、将来予測や経営成績等に関する参考データ等を記載するなど工夫したい。

　IR資料の具体例としては、企業説明会資料、決算説明会資料、同補足

図表 7 - 4 - 2 ● 有価証券報告書の記載事項の例

第一部. 企業情報
　第1. 企業の概況
　　1. 主要な経営指標等の推移
　　2. 沿革
　　3. 事業の内容
　　4. 関係会社の状況
　　5. 従業員の状況
　第2. 事業の状況
　　1. 業績等の概要
　　2. 生産、受注および販売の状況
　　3. 経営方針、経営環境および対処すべき課題等
　　4. 事業等のリスク
　　5. 経営上の重要な契約等
　　6. 研究開発活動
　　7. 財政状態、経営成績およびキャッシュ・フローの状況の分析
　第3. 設備の状況
　　1. 設備投資等の概要
　　2. 主要な設備の状況
　　3. 設備の新設、除却等の計画
　第4. 提出会社の状況
　　1. 株式等の状況（株式の総数、新株予約権の状況、大株主の状況など）
　　2. 自己株式の取得等の状況
　　3. 配当政策
　　4. 株価の推移
　　5. 役員の状況
　　6. コーポレート・ガバナンスの状況
　第5. 経理の状況
　　1. 連結財務諸表等
　　2. 財務諸表等
　第6. 提出会社の株式事務の概要
　第7. 提出会社の参考情報
　　1. 提出会社の親会社等の情報
　　2. その他の参考情報
第二部. 提出会社の保証会社等の情報

資料、事業報告書、アニュアルレポート（年次報告書）、ファクトブック（財務などのデータ集）、統合報告書（財務、環境、CSR、ガバナンスの

情報をまとめた資料)、企業説明用映像ソフト、株主通信などが挙げられる。制度開示ではないものについては、その名称はさまざまとなっている。

② ネットによるIR活動

インターネットの普及により、ホームページへのIR資料の掲載も増加している。

上場企業等では「株主・投資家の皆さまへ」といったIRの専用ページを設けている。専用ページでは、経営方針、財務情報、株式情報、各種イベントの情報とともに、「IR資料室」や「IRライブラリー」などを設けて過去にさかのぼってIR資料を閲覧できるようになっている。また、決算説明会などの動画や月次データなどを掲載して、投資家等への詳細な情報の提供に取り組んでいる企業もある。さらに、FAQ（Frequently Asked Question ＝ よくある質問と答え）や問い合わせ先を掲載するなど、企業と株主や投資家との双方向でのコミュニケーション・ツールの充実が図られている。

ホームページ以外にも、投資家等へのIRメルマガの配信、月次データのメール配信などを行っている企業もみられる。

③ 企業説明会

企業と株主や投資家との間での相互理解を深め、良好な関係を構築するために、企業説明会は双方向でのコミュニケーション手段として重要視される。経営者自身が直接株主や投資家に対して説明を行い、株主や投資家から直接意見を聴取すべきである。そして、できる限り広範囲の株主や投資家と意見交換を行うべく、説明会の開催日時や場所、使用するIR資料などについては、ダイレクト・メールや電子メールでの通知あるいはホームページでの告知などによって、広く周知することが有用である。

説明会の具体例としては、定着しつつある決算説明会 Key Word のほか、株主総会後に行われる株主説明会、工場や店舗などの見学会を兼ねた説明会、個人投資家向け企業説明会などが挙げられる。説明会を開催した場合には、その日時、場所、説明者、内容の概略、出席者などの記録、

およびその際に配付したIR資料や補足説明資料などを整理して保存・管理するのが望ましい。

④　その他のIR活動

　機関投資家との個別面談、記者やアナリストの取材対応、アナリストなどのレポートの収集、株主等に対するアンケート調査などによる情報収集や情報発信も行われている。

　さらに、グローバル企業で海外の証券取引所に上場していたり、多くの外国人や外国のファンドが株主などになっていたりする場合、海外のIR関連の法規への対応、英語のIR資料の作成、英語のIRサイトの構築なども求められる。

リスクマネジメントにおける広報

◆緊急事態における社内広報、対外広報、マスメディア等の取材対応の留意点として、その基本的考え方、対応方法を学ぶ。
◆コミュニケーション・ギャップのトラブル解決には広報部門が関係しなければならない場合がある。

1 緊急事態における広報

(1) 緊急事態の種類

　企業における緊急事態とは、事業の継続や従業員の身体等に重大な被害や悪影響を及ぼす可能性のある事態のことである。具体的には、地震や台風等による自然災害、爆発・火災等の事故、誘拐・脅迫・社内の不祥事等による事件など、さまざまなケースがある。

　各企業において緊急事態の社内広報のあり方を検討するにあたっては、まず緊急事態にはどのようなものがあるのかを把握することから始めなければならない。

　緊急事態の分類方法はさまざまであるが、企業の外的要因によるものと内的要因によるものに分けて示すと、図表 7 - 5 - 1 のような事態が挙げられる。

(2) 緊急事態における社内広報の基本

　緊急事態における社内広報では、緊急事態の状況や企業としての対応

図表7-5-1 ●緊急事態の種類

1. 企業の外的要因によるもの

緊急事態を招く要因	想定される緊急事態
自然災害 ・地震、台風、津波、落雷、大雨、竜巻、雪害、自然火災 など	・建物の損壊 ・会社資産の損失 ・会社役員の死傷、健康被害 ・社員の死傷、健康被害 ・煙害、周辺住民等の被害 ・事業の中断 など
事故 ・火災、爆発 ・飛来、落下、衝突 など	
犯罪（企業外部者による犯罪） ・会社資産の盗難、破壊 ・部外者による放火、爆破 ・役員・社員の誘拐、死傷事件 ・毒物混入 ・強盗、脅迫・ハッキング、コンピュータウイルス ・機密漏えい、個人情報漏えい ・テロ行為 など	
感染 ・ウイルス（インフルエンザ、麻疹等） ・寄生虫、カビ など	

2. 企業の内的要因によるもの

緊急事態を招く要因	想定される緊急事態
企業による犯罪 ・独占禁止法違反（談合等） ・金融商品取引法違反（不正な会計処理、インサイダー取引など） ・不正競争防止法違反 ・税法違反（脱税） など	・企業に対する社会的批判 ・行政処分、刑事処罰 ・損害賠償 ・訴訟 ・事業の中断、解散 など
不祥事件 ・役員のスキャンダル ・企業の内部抗争 ・反社会的行為 ・情報漏えい など	・企業に対する社会的批判 ・株主代表訴訟 ・社会的信用の低下 ・デマ、風評被害 など
製品・サービスの欠陥 ・設計上の欠陥	・火災、死傷事故などの発生

・部品・材料の欠陥 ・取扱説明上の不備　など	・行政処分、刑事処罰、賠償 ・製造物責任問題、訴訟 ・企業に対する社会的批判 ・社会的信用の低下　など
過失 ・交通事故、火災、爆発、環境汚染、食中毒など	・損害賠償 ・企業に対する社会的批判 ・社会的信用の低下　など
人事・労務上の問題 ・過重労働、過労死 ・セクシャル・ハラスメント、パワー・ハラスメント ・不当解雇、不公正な人事評価 ・不当賃金 ・差別、人権問題　など	・社員による訴訟 ・行政処分、刑事処罰、賠償 ・企業に対する社会的批判 ・社会的信用の低下　など

方針などを従業員に知らせることが業務の中心となる。

　たとえば、会社の不祥事が明るみになった場合では、マスメディアなどが取材に訪れ従業員にコメントを求めることがある。もし、従業員が誤ったコメントを報道関係者に話してしまえば、自社の立場をさらに悪化させてしまうといった事態も想定される。そのため、緊急事態が発生した場合には、従業員に緊急事態の状況やマスメディアへの対処方法などの情報を速やかに提供し、従業員が適切な対処ができるようにすることが必要となる。

　企業はさまざまな緊急事態に直面する可能性があり、当然、緊急事態の種類や状況によって社内広報のあり方も異なってくる。しかし、各種の緊急事態発生時に共通する社内広報の基本的な考え方、社内への対応を挙げると次のとおりである。

1）社内情報発信の窓口を一本化する

　緊急事態発生時においては従業員間で情報が錯綜したり、誤った情報が独り歩きしたりして、混乱を招きやすい。緊急事態においては日ごろから緊急連絡網などの連絡ルートを決めておくとともに、情報の出所となる社内情報発信の窓口を広報部門や緊急対策本部などに一本化してお

くべきである。

2）できるだけ速やかに社内に情報を提供する

　企業において事件や事故が発生した場合、マスメディア等の報道関係者だけではなく、従業員も疑心暗鬼の心理状態になる。このような状態が長く続けば、社内でうわさや憶測がいつの間にか真実のように語られるようになり、誤った情報が外部に流出することもありうる。こうした事態を避け、社内の不安を鎮めるためには、できるだけ速やかに社内に情報を提供する必要がある。

　また、マスメディアなどの報道関係者からコメントを求められた場合、「対外広報は広報部門が一元的に行うので広報部門に問い合わせてほしい」と返答するなど、マスメディアなどへの対処方法も伝えるようにする。

3）社内には可能な限り情報を公開する

　社内には可能な限り情報を公開することが原則である。しかし、緊急事態においては、事件・事故の原因が不明確であるために不用意に情報を公開できない場合もある。このような事情があって情報を公開できない場合は、対外広報と同様に、その理由を社内に説明し、理解を得る必要がある。

（3）緊急事態における対外広報の基本

　製品の欠陥による人身事故、不正取引などの企業犯罪、不祥事の発覚、顧客情報の流出といった事件・事故は後を絶たない。各企業では、こうした事件・事故を他人事と単純にとらえるのではなく、自社が巻き込まれる可能性も十分あるものと認識して、事前に対外広報を検討しておく必要がある。

　企業においてこのような緊急事態が発生すると、新聞社・雑誌社、テレビ局等のマスメディア各社が取材を申し入れてくる。また、商取引上の不安などから、取引金融機関や顧客企業が事情説明を求めてくることもある。こうした緊急事態の対外広報は、往々にして後手後手の対応となったり、相手に不誠実と感じさせるような対応となりやすい。緊急事

態の対外広報では、その対応いかんによって企業の信用を大きく失墜させる可能性があるので、細心の注意を払わなければならない。

① 緊急事態の対外広報

　緊急事態の対外広報の基本的考え方、対外関係者への対応は次のとおりである。

1）誠意ある態度で対応する

　緊急事態には、対外関係者に誠意を感じさせる態度で対応することが基本原則である。緊急事態に記者会見を行う場合も、企業側のスポークスパーソンの姿勢が、マスメディアの報道関係者などにとって誠実であると感じられるかどうかが報道の内容に少なからず影響を与える。

2）事実をオープンにする

　緊急事態の対外広報にあたっては、事実を隠そうとしないで、その時点で把握している事実をすべて公開することが原則である。

　マスメディア各社の報道関係者や取引先等の対外関係者は、その企業が起こした事件・事故の被害状況、原因、今後の対応策等についての情報を包み隠さず明らかにしてほしいと考えている。企業のイメージダウンを最小限に抑えるには、致命的な事態に陥る前に真実をみずからオープンにすべきである。

3）タイミングを重視する

　緊急事態の対外広報では、緊急記者会見や謝罪広告などによる対応を迫られることもある。こうしたときに企業としての公式見解を表明する時期を先延ばししてしまうと、社会に不誠実な企業であるとの印象を持たれてしまう。

　企業側の立場として、状況把握や対処策を確実なものにしないと記者会見などで公式コメントができないと考えるのも理解できる。しかし、緊急事態には迅速な情報提供が最優先である。状況把握や対応策が不十分であっても、記者会見や文書等を通じて事件・事故を起こしたことを謝罪するとともに、状況や原因などについてはその時点で把握している範囲で述べればよい。把握しきれていない事柄については無理してコメ

ントせず、現在調査中であることを述べ、判明した時点で追って公表するとコメントする。

なお、事件・事故の関係者の氏名等は個人情報保護や人権擁護などの観点から公表を控えたほうがよい場合もある。その際には、公表できない理由をマスメディアの報道関係者などに十分説明しなければならない。

4）社会の倫理を重視すること

緊急事態の対外広報では、社会の倫理を重視して説明しなければならない。また、企業としての公的発言と私的発言を区別し、私的な見解を述べてはならない。

② 緊急事態のマスメディアなどの取材対応

緊急事態にマスメディアなどの取材対応として、プレスリリースなどの文書で発表する方法、電話によって説明する方法、各社の取材に個別対応する方法、緊急記者会見を行う方法など多様な方法がある。いずれの方法を採用するかは、緊急性はもちろん、事態の重大さや内容、世間の関心、マスメディアの関心や取材申し込み数、自社の責任度合いなどによって決めることになる。

いずれの方法を採用するにしても、基本的な考え方は次のとおりである。

1）対応窓口を広報に一本化すること

各人が不用意にコメントしてしまうと、発言内容に微妙な違いが生じたり、場合によっては誤った情報が伝えられてしまう可能性がある。こうした混乱を避けるために、緊急事態の対応は原則として広報部門に一元化すべきである。

2）社内で事前に意思統一を図っておくこと

緊急事態の対外広報にあたっては、事件・事故の状況や対応策等について、何をどのようにどこまで発表するかといったことを社内で十分検討し、事前に意思統一しておかなければならない。

3）誘導質問には乗らないこと

感情的になってつい本音を話してしまうなど、相手のペースに引き込まれることは極力避けなければならない。

2 コミュニケーション・ギャップ

　コミュニケーション・ギャップとは、社内外におけるコミュニケーション不全のことで、コミュニケーション・ギャップによりトラブルが生じることとなる。そのトラブル解決には広報部門が関係しなければならない場合があるので、その原因や対応のしかたについて理解しておきたい。

（1）社内のコミュニケーション・ギャップ

　社内のコミュニケーション・ギャップがトラブルを発生させたり、問題を拡大させる場合がある。その具体例として、企業のある部門において組織ぐるみの不正が行われていたことが内部告発によって社会に明るみになったが、その企業の経営トップはこの不正に関する情報をまったく把握していなかったというケースを想定し、その原因を考えてみよう。

　　ア）当該部門の部門長は現場で不正が行われていたことについて部下から事前に報告を受けて把握していたが、「この程度の不正なら問題にはならないだろう」と勝手に判断し、担当役員に報告していなかった。

　　イ）部門長は現場で不正が行われていたことを問題視し、すぐさま担当役員に報告したが、担当役員から他の役員や経営トップにその情報が伝えられていなかった。

　本ケースでは、組織におけるタテ方向（部門長→担当役員→経営トップ）やヨコ方向（役員間）のコミュニケーション・ギャップが問題の根本原因となっている。こうした社内のコミュニケーション・ギャップからくるトラブルを防止するには、上司に報告すべき情報か否かの判断基準や情報の伝達ルールを組織として明確にしておくことが必要である。

　本ケースのようなトラブルが発生した場合、緊急記者会見などの初期対応に遅れや不手際が生じ、企業の社会的信用を大きく失墜させてしまう可能性がある。そのため、まずは、現場で行われた不正に関する正確な情報を調査し、経営トップに伝えるとともに、速やかに緊急記者会見

を開くように手配しなければならない。また、不正事件が社会に明るみになったことによって社内も動揺しているので、従業員にも事実関係に関する情報を提供する必要が生じる。

　社内のコミュニケーション・ギャップが発生し緊急事態となった場合、広報部門は速やかに情報収集や社内広報、対外広報などの役割を果たすことが求められる。

（2）対外のコミュニケーション・ギャップ

　協力企業、取引先、消費者、株主といった社外のステークホルダーとのコミュニケーション・ギャップによってトラブルを生じる場合がある。たとえば、営業活動において担当者の説明不足や誤解を受ける発言が取引先に経済的負担を強いる場合や、取扱説明書の記載漏れによってその商品を利用した消費者がけがをする事故が発生した場合などである。

　このような対外のコミュニケーション・ギャップが顕在化した場合も、広報部門は発生した問題の情報収集や消費者への危険性の周知、対処策の告知などの迅速な対応に中心的役割を果たすことが必要となる。

（3）広報活動上のコミュニケーション・ギャップ

　これまで述べたように、社内外におけるコミュニケーション・ギャップが顕在化した場合、広報部門はその対応に重要な役割を果たすことが求められるが、広報活動そのものにおいてもコミュニケーション・ギャップによるトラブルが発生することがある。たとえば、記者会見のほかマスメディア対応時の経営トップの不適切な言動、ニュースリリースの記載内容の稚拙さなどによるコミュニケーション・ギャップである。

　こうした広報活動上のトラブルを回避するため、広報部門は次の点に留意する必要がある。

1）トップとの良好な関係を築いておくこと

　広報部門は日ごろから経営トップと緊密で良好な関係を築き、経営トップの考え方を理解しておくことが必要である。問題が発生しそうなと

きには即座に経営トップに報告し、判断を仰げる関係を構築しておかなければならない。また、広報部門の長は、経営トップの思考や言動の癖を十分理解し、時には「今回の会見ではこのように発言してください」と進言できる関係を築いておくことが望ましい。

2）対外広報文書は責任ある者の複数チェック体制で作成すること

　ニュースリリース、謝罪文などの対外広報文書は、読み手にとって誤解を与える記載内容や不誠実・不親切と受け止められる表現が含まれていてはならない。こうした点をチェックする意味で、対外広報文書は広報部門が原案を作成し、担当役員や経営トップのチェックを経て完成させるという手順を経ることが望まれる。

3）社外からの問い合わせに対しては公平に対応すること

　社外からの問い合わせは公平が広報の原則である。たとえば、新聞社からの取材申し入れに対して、大手新聞社と地方紙への対応に差をつけたりすると、自社にとって不利な報道がなされることもある。緊急記者会見を開き、すべての取材を一度に受けることも検討したい。

　また、顧客や株主などの対外関係者からの問い合わせが殺到したり、情報が錯綜したりして、即座に対応できない場合は、その理由を説明して相手の理解を得るとともに、今後、どのように対応する方針であるかを回答する必要がある。

第7章　理解度チェック

次の設問に、○×で解答しなさい（解答・解説は後段参照）。

---

1 広報活動は社会やステークホルダーとのリレーションシップを構築していくことであるため、広報の対象に従業員は含まれない。

2 コーポレート・コミュニケーションズとは、企業全体レベルでのコミュニケーションを指し、広報、PR、IRよりも優位で広範囲な概念である。

3 自社のホームページに職場の写真を掲載する際、従業員の顔が映っていても、職場の写真なので本人の承諾を得る必要はない。

4 パブリシティは、マスメディアによって記事やニュースとして取り上げてもらうものなので、企業側が情報をコントロールすることは難しい。

5 IRとは、企業と投資家がよりよい関係を築き、企業価値の向上をめざす活動のことで、広報部門の重要な業務である。

6 緊急時の広報にあたって、企業のイメージのダウンにつながる事柄については、みずからオープンにすべきでない。

7 社内ならびに対外においてコミュニケーション・ギャップが顕在化した場合、広報部門は情報収集ならびに情報発信において中心的な役割を果たすことが求められる。

第7章　理解度チェック

解答・解説

1 | ×
広報の目的は企業を取り巻くすべてのステークホルダーとのリレーションシップなので、それには従業員も含まれる。

2 | ○
コーポレート・コミュニケーションズは企業におけるコミュニケーション活動を戦略的かつ有機的にまとめた概念であり、経営戦略に沿って融合したコミュニケーションを展開するものである。

3 | ×
職場の写真であっても、従業員の顔が映っていれば、個人情報として本人の同意が必要である。

4 | ○
パブリシティは、広告とは異なり、マスメディアの意向によって記事やニュースとして取り上げてもらうことなので、企業側が情報をコントロールすることは難しい。

5 | ○
IRとは、企業と投資家がよりよい関係を築き、企業価値の向上をめざす活動のことで、広報部門の重要な業務である。

6 | ×
緊急時の広報にあたって、企業のイメージのダウンにつながる事柄であっても事実であれば公表する。

7 | ○
コミュニケーション・ギャップが顕在化した場合、情報の受発信の対応は広報部門の役割である。

┃ **参考文献** ┃

榛沢明浩『図解 ブランドマネジメント』東洋経済新報社、2001 年

藤江俊彦『現代の広報 − 戦略と実際』同友館、2002 年

藤江俊彦『はじめての広報・宣伝マニュアル〔新版〕』同友館、2015 年

村橋勝子『社史の研究』ダイヤモンド社、2002 年

出版文化社社史編集部『企業を活性化できる社史の作り方』出版文化社、2007 年

藤江俊彦『はじめての広報誌・社内報編集マニュアル〔改訂版〕』同友館、
　2007 年

藤江俊彦『環境コミュニケーション論』慶應義塾大学出版会、1997 年

井関利明・藤江俊彦『ソーシャル・マネジメントの時代』第一法規、2005 年

佐藤淑子『IR の成功戦略』日本経済新聞出版社　2015 年

米山徹幸『イチから知る！IR 実務』日刊工業新聞社　2016 年

そのほか行政機関、各種団体、企業等の多くのホームページやサイトを参考に
した。

リスクマネジメント基礎

この章のねらい

　第8章では、総務部門における主任、係長クラスのリーダーや近い将来リーダーをめざす社員が理解しておくべきリスクマネジメントの基礎知識について学習する。

　災害、事件、事故などにより企業に生じる損失は、企業活動の存続にかかわることもあり、さらには取引先や顧客等にも影響を及ぼすことがある。企業活動を維持していくために、リスクマネジメントは必要不可欠であるといえる。

　本章では、企業活動におけるリスクマネジメントを理解するにあたって、まず、「リスク」とは何かを定義し、企業を取り巻くリスクにはどのようなものがあるかを整理する。そのうえで、リスクマネジメントの基本的な考え方を理解する。次に、企業活動におけるリスクマネジメントの具体的な事項として、警備・保安・防災、社用車の運行管理を解説する。

<table>
<tr><td>第 1 節</td><td>

リスクマネジメントの基礎知識
</td></tr>
</table>

◆リスクマネジメントを学習する前提知識として、リスクの概念を理解する。
◆自社にとってどのようなリスクがあるかを検討するために、リスクの種類・分類を学ぶ。
◆リスクを適切に管理することで、リスクが現実化した場合に被る損失を回避あるいは最小限にとどめることがリスクマネジメントの基本的考え方である。

1 リスクの定義と種類

(1) リスクの定義

　リスクマネジメントを学習する前提知識として、リスク（risk）とは何かを理解しておくことが必要である。

　リスクという言葉は使用する立場や場面などの違いによって、次のようなさまざまな意味合いで用いられている。

　1）危険な状態

　　事件や事故などによる災害・被害が発生しそうな状態。

　　例：「経年劣化や金属疲労によってその乗り物は事故を起こすリスクがある」「防犯カメラの設置等の対策が不十分な店舗は窃盗事件に遭うリスクが高まる」など。

　2）損失や損害が発生する可能性

風水害・犯罪・訴訟などによって損失をもたらす可能性・不確実性。

例：「大規模地震の発生によるリスクに備える」「ファイア・ウォールなどの対策をとらないと顧客情報が流出するリスクがある」など。

3）損失を発生させる直接的原因

事件・事故・自然災害など、損失の直接的な原因となる事象。

例：「企業における横領事件、談合といったリスクを回避するには……」「外貨預金のリスクの1つとして為替差損が挙げられる」など。

4）損失の可能性がある人や財産

保険用語では、保険の目的である、損失を被る可能性のある人や財産のことをリスクという場合がある。

このようにリスクという言葉は多様な意味を持つが、一般的には、リスクとは損失が発生する可能性を意味する概念である（前述の「1）危険な状態」と「2）損失や損害が発生する可能性」）。

なお、リスクという言葉の定義について、経済産業省の『先進企業から学ぶ事業リスクマネジメント実践テキスト』では「リスクとは組織の収益や損失に影響を与える不確実性」としており、リスクマネジメントの国際規格であるISO31000では「目的に対する不確かさの影響」としている。これらは、リスクのマイナス面だけでなくプラス面も含めていることが特徴である。

このようなリスクの定義を踏まえて、企業活動で検討しなければならないのは不確実性により生じる損失への対策である。「企業における損失」にはさまざまなものがあるが、図表8-1-1のような損失を挙げることができる。

企業における損失は、人的損失や資産損失、利益変動、賠償責任といった経済的価値を失うことだけではなく、信用失墜といった社会的価値を失うことも含まれる。したがって、企業におけるリスクとは、企業が経済的価値あるいは社会的価値を失う可能性といえる。

図表8-1-1 ● 企業における損失

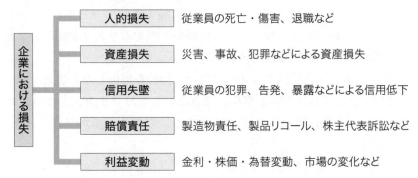

企業における損失		
人的損失	従業員の死亡・傷害、退職など
資産損失	災害、事故、犯罪などによる資産損失
信用失墜	従業員の犯罪、告発、暴露などによる信用低下
賠償責任	製造物責任、製品リコール、株主代表訴訟など
利益変動	金利・株価・為替変動、市場の変化など

出所：社会経済生産性本部〔1996〕24頁

　リスクマネジメントにおいて、リスクの全体像を理解する必要がある。なお、損失が発生する可能性が「リスク」で、損失を発生させる直接的原因を「ペリル」といい、このペリルを生じさせる潜在的要因となるものを「ハザード」という。

　図表8-1-2の交通事故の例で説明すると、潜在的要因となる「ハザード」は前方不注意、スピード違反、見通しの悪い道路など、直接的原因の「ペリル」は交通事故、「損失」は自動車に乗っていた従業員のけがや歩行者への損害賠償となる。そして、交通事故により損失が起こる可能性が「リスク」である。

図表8-1-2 ● リスク、ペリル、ハザードの概念（交通事故の例）

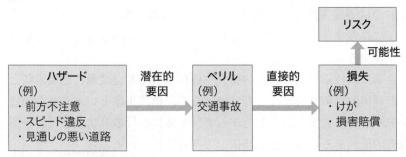

　さらに、企業活動におけるハザードは、企業を取り巻く環境要因によってマクロ・ハザードとミクロ・ハザードに大別することができる。ハザードのうち、景気変動や法規制、自然環境、消費者ニーズの変化など企業活動を取り巻く外的環境要因に当たり、一般的に個別の企業ではコントロール（統制、制御）が不可能あるいは困難な要因をマクロ・ハザードという。これに対して、ミクロ・ハザードとは、ヒト・モノ・カネ・情報などの企業内部に存在するハザードをいい、企業によるコントロールが可能な要因である。→図表8-1-3・4

図表8-1-3 ● ハザードの分類

	マクロ・ハザード	企業を取り巻く外的環境要因 企業によるコントロールが不可能な要因
ハザード	ミクロ・ハザード	企業の内部的要因 企業によるコントロールが可能な要因

図表8-1-4 ● マクロ・ハザードとミクロ・ハザードの例

	分　類	例
マクロ・ハザード	経済的ハザード	景気変動、為替変動など
	政治的ハザード	政権交代、政策の変更など
	法律的ハザード	法規制の強化、緩和など
	自然環境ハザード	地球温暖化、地震など
	社会的ハザード	環境保護意識の高まりなど
ミクロ・ハザード	モラル・ハザード	法令遵守意識の欠如など
	財務的ハザード	財テク投資の失敗など
	物的ハザード	設備の老朽化、故障など
	管理的ハザード	意思決定の誤りなど

（2）リスクの種類

　企業は、取引先、顧客、株主といった利害関係者とかかわりながら経営活動を行っている。そのため、企業は常にさまざまなリスクを負って

いる。そして、企業を取り巻くリスクは、年々多様化し、複雑化している。このような状況下で、自社にとってどのようなリスクがあるかを検討する場合、リスクの種類、分類を知ることで問題が整理できる。

① 経営資源の視点による分類

　企業経営に影響を与えるリスクを、ヒト・モノ・カネ・情報といった経営資源の視点から整理すると、次のように分類できる。

　・人的リスク

　　経営者・従業員の死亡・疾病・障害によるリスク、社員による社外流出リスク、後継者難によるリスク、労働争議によるリスクなど、経営者・従業員にかかわるリスク

　・物的リスク

　　火災・爆発・交通事故・情報システム障害などの事故、盗難・盗聴・テロ行為の犯罪など、企業の資産喪失が発生するリスク

　・財産的リスク

　　金利変動、為替変動、株価変動、デリバティブ取引などの企業収益に影響を与えるリスク

　・情報的リスク

　　情報システム障害による社内情報の損失、ハッカーによる社内情報の漏えい、社員の転職に伴う技術情報の漏出、産業スパイによる情報漏えいなど、社内機密情報の漏えいリスク

② 純粋リスクと投機的リスク

　前述したように、リスクにはマイナス面とプラス面があるため、「損失だけが発生するリスク」と、「損失または利益のいずれかが発生するリスク」に分類することができる。

　たとえば、交通事故、病気、震災、台風、盗難などは一般に損失のみを生じさせる。このように、リスクが現実化した場合に、利得の可能性はなく、損失だけがもたらされるものを「純粋リスク」という。一方、株や投資信託の取引などは企業や個人に損失を発生させる可能性もあるが、利益をもたらす可能性もある。このように、損失を被る可能性があ

る反面、利益が得られる可能性もあるリスクを「投機的リスク」という。

③　静態リスクと動態リスク

　ウィレット（Willet, W. C. 1901）によるリスクの分類で、リスクを経済環境や人間の欲望に影響を受けるか受けないかで分類する考え方である。

　「静態リスク」とは、経済環境や人間の欲望に関係なく発生する可能性のあるリスクで、自然現象によって偶発的に起こる損失や人間の過失や錯誤によって生じる損失の可能性をいう。たとえば、台風による災害、交通事故などによるリスクである。これに対して、「動態リスク」は、社会・経済状況の変化や人間の欲望、技術の進展によって生じる損失の可能性を指す。たとえば、為替変動による利益の低下、コンピュータ・ネットワークへの不正アクセスによる顧客情報の盗難などは動態リスクに該当する。

2　リスクマネジメントの基本的な考え方

（1）リスクマネジメントの基本的な考え方

　役員陣の不正な会計処理が発覚し倒産寸前の状態に陥った企業、法令違反やリコール隠しにより顧客の信用を失い存亡の危機に立つ企業、従業員の過重労働を看過し従業員の自殺や重大な事故が生じた企業など、近年、リスクが現実化し、大きな損失を被った企業に関する報道が連日のように見られる。このようなケースでは、企業収益を圧迫するだけでなく、倒産にまで発展する場合もある。また、こうした事件・事故は、当事者である企業だけに大きな損失をもたらすのみならず、取引先や顧客といった利害関係者にも大きな損失を生じさせる。

　こうしたことから、リスクマネジメントの基本的な考え方は、リスクの現実化を回避する、未然に防止する、あるいは損失を最小限にとどめることである。リスクが現実化しなければリスクマネジメントの活動は収益を生まず、コストだけが発生する。そのため、リスクマネジメントは後回しになりやすい。しかし、ひとたびリスクが現実化すれば企業の

存亡にかかわる可能性がある。今後は、リスクを適切に管理することで、リスクが現実化した場合に被る損失を回避あるいは最小限にとどめることこそが、ゴーイング・コンサーン（継続企業）にとって必要不可欠いう考え方を持つべきである。

（2）リスクマネジメントの方法

　リスクが現実化した場合に被る損失を回避あるいは最小限にとどめるための方法（リスク処理技術）には、リスク・コントロールとリスク・ファイナンスがある。

① リスク・コントロール

　リスク・コントロールとは、リスクにさらされている対象、いわゆるエクスポージャー（exposure＝さらすこと）や損失の大きさを軽減したり、リスクの現実化頻度を低下させるようコントロールする方法である。リスク・コントロールの具体的な方法には次の4つがある。

1）リスク回避

　エクスポージャーを保有しないことによってリスクを回避する方法。たとえば、商社などが新規開拓先の企業の信用調査を事前に行い、問題があると判断した企業との取引を断るといった方法や、家電メーカーなどが地球環境問題に関する責任を問われそうな製品の製造を中止するといった方法である。

2）リスク予防

　リスクが現実化する頻度を低下させる方法。たとえば、店舗において窃盗事件が発生しないように、警備員による巡回監視を強化する、防犯カメラを設置するといった方法である。

3）リスク軽減

　リスクが現実化した場合に、損失の規模を小さくしようとする方法。たとえば、職場における地震発生時の被害を軽減するために、書棚などのオフィス家具に転倒防止措置を施しておくといった方法である。

4）リスク移転

　後述するリスク・ファイナンス以外のリスク移転とは、エクスポージャーを集中させず分散することである。たとえば、取引を特定の大口顧客のみに集中させず顧客の分散を図ることや、東京本社と大阪本社のように二本社制を採用するといった方法がある。

② リスク・ファイナンス

　リスク・ファイナンスとは、リスク・コントロールによる努力にもかかわらず発生した損失に対して資金手当てする財務的方法であり、リスク保有とリスク移転の2つに大別される。

1）リスク保有

　リスクを自社で保有する処理方法である。具体的には、
  ・経常費用処理……比較的小さな損失を経常費用の勘定科目で処理する方法
  ・準備金処理・自家保険……品質保証準備金などの準備金や自家保険をあらかじめ用意して損失発生時に処理する方法
  ・信用……他社から資金を調達して損失を処理する方法
などがある。

2）リスク移転

　リスク・ファイナンスにおけるリスク移転とは、リスク発生時の損失を他社に移転してしまう方法である。具体的には、各種の保険契約によってリスクを保険会社へ移転させる方法、各種の契約条項に免責条項を盛り込んで他社にリスクを移転する方法、みずから保険子会社を設立して損失を処理する「キャプティブ（captive insurance company）」などの方法がある。

　以上のリスク処理技術を体系図にして示すと、図表8-1-5のようになる。

図表8-1-5 ●リスク処理技術の体系

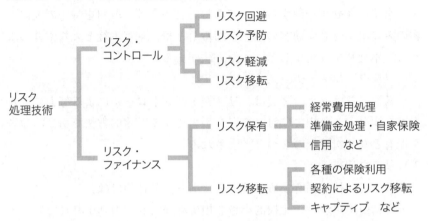

第 **2** 節 | # 警備・保安・防災の基礎知識

◆セキュリティ管理の基本的考え方を理解し、警備・保安体制の整備に生かす。

◆警備・保安の重要な業務である、人と物の出入り管理の実務を学ぶ。

◆企業は、従業員、建物・設備などの企業資産を災害から守るだけではなく、被災地域の住民や顧客・取引先などの利害関係者を災害から保護する担い手としての防災責任を負っていることを理解する。

1 警備・保安の基礎

(1) セキュリティ管理の考え方

セキュリティとは、リスクが現実化しないように安全を保つことである。また、防犯装置や警備員のことをセキュリティということもある。セキュリティは、一般に、保安、防犯、防災、治安などと訳されるが、主として、悪意を持った人物や団体によって引き起こされる犯罪から身を守る防犯と、地震や火災などによる災害、偶発的な事故から身を守る防災に大別することができる。

セキュリティ管理とは、人や企業などが損失を被るような犯罪や災害・事故を未然に予測し、安全を保つための対策を計画・実行・統制していく一連の活動といえる。セキュリティ管理の考え方を列挙すると、

次のとおりである。

① 生産・販売などの基幹業務と同等に位置づける

　一般的に、企業における防犯・防災対策といったセキュリティ管理業務は、生産・販売などの基幹的な業務に比べて後回しにされることも少なくなく、消極的な企業も見られる。「セキュリティ関連の業務は警備会社に委託しているから大丈夫」といったような考え方である。

　しかし、盗難、傷害、放火といった従来の犯罪はもとより、無差別テロ、機密情報や個人情報の漏えいなどの現代的な犯罪にも見舞われるリスクが高まっている。このような犯罪や事件に巻き込まれると企業は大きな損失を被る。こうした損失を防止するために、セキュリティ管理業務は他の基幹業務と同等、積極的に取り組むべきものである。

② セキュリティ管理は利益を生む活動であるとの考え方を持つ

　セキュリティ管理業務に消極的な企業が少なくないのは、「セキュリティ管理業務は利益を生む活動ではない」という認識があるからではないだろうか。確かに、防犯・防災といった業務は、生産・販売業務のように直接的に利益を生むものではない。しかし、犯罪や事故を未然に防止することができれば、損失を回避することができ、その分の利益が確保されたことになる。ちなみに、交通事故や労働災害などにおいては、事故・災害によって生じた損失を逸失利益（事故・災害に遭わなかったら得られたであろう収入・利益）という。こうしたことから、セキュリティ管理は利益を生む活動であるとの考え方を持つべきである。

③ 自分の身は自分で守る

　「自分の身は自分で守る」という考え方がセキュリティ管理の基本思想である。企業などの組織におけるセキュリティ管理者はこうした主体的な考え方を持って、自社にとって、どのような危険が想定されるかという先見性、危険予知能力を高めること、従業員が「自分の身は自分で守る」ことができるように、防犯・防災に関する情報を積極的に提供し、防災訓練などの実施が必要である。

④ 合理性・柔軟性を重視する

セキュリティ対策を考える際には、最少の投資で最大の防犯・防災効果が得られるように検討する。また、地震などの災害対策は、最悪の事態を想定して立案することが望ましいが、実際に発生する災害の規模や状況はさまざまである。このように、セキュリティ対策を立案する際には、状況によって柔軟に対応できる対策を検討することが求められる。

⑤ 外部専門家を活用する

前述のように「自分の身は自分で守る」が基本的考え方ではあるが、これはすべてのセキュリティ管理を自分（自社）だけで行うべきということではない。セキュリティ管理にあたっては、防犯・防災に関するノウハウや知識を持つ警備会社や弁護士、コンサルティング会社などの外部専門家を積極的に活用したい。

（2）人・物の出入り管理

人・物の出入り管理業務は、企業等の施設の入退館（室）口付近で警備員や受付担当者が不審者や危険物等の出入り、商品・資産の不正持ち出し等をチェックする業務であり、警備・保安業務の重要な業務である。以下にそのポイントを述べる。

① 人の出入り管理

企業等の施設には、従業員などの社内の者以外にも、顧客、取引先の担当者、セールス・パーソン、保険外交員などさまざまな人物が出入りする。そのため、ここでは社内出入者と社外出入者に分け、その出入り管理について述べる。

１）社内出入者の管理

出入りする従業員が比較的少ない施設の場合は、警備員や受付担当者が従業員の顔や名前を知っており、特段の管理を必要としないことが多い。しかし、出入りする従業員が比較的多く、また社外出入者も多く出入りする施設では、その人物が従業員であるかどうかを確かめることが必要になる。この場合は、従業員の通用口と社外出入者の出入り口を分けることが基本である。そして、従業員には社内の者であることを示す

襟章や名札を付けたり、IDカードを携帯させる。名札、IDカードには顔写真を貼付することが望ましい。警備員が従業員であるかどうかを名札やIDカードで確認するか、セキュリティゲートを設置しIDカードでゲートが開くようにする。

また、コンピュータ室や重要資産を取り扱う部署では、セキュリティ対策の面から従業員であっても出入りする者を特定するほか、パスワード管理や生体認証 Key Word 装置などのセキュリティ装置を導入するなど一層厳格に管理することが求められる。さらに、特に重要な資産がある部署への入退室は、記録を取り、定期的にチェックする。

2）社外出入者の管理

社外出入者の管理は、従業員以外の来訪者に不審人物がいないかどうかをチェックし、不審者の出入りを防止することが目的である。その一方、社外出入者の中には、顧客をはじめ社外取締役や取引先の重要人物など、自社にとって大切な人物も含まれている。そのため、不審者かどうかをチェックするという姿勢だけではなく、社外出入者に好感を持たれるよう配慮することも必要になる。→第5章第3節■

社外出入者の管理は、施設の規模や出入者の数によって異なってくるが、一般的には次の流れで行う。

・受付

施設の入退館口に受付を設け、警備員や受付担当者を配置する。来

Key Word

生体認証──指紋、静脈、虹彩、声紋など個人ごとに異なる身体的特徴を、画像処理技術等を用いて読み取り個人を識別する方法である。鍵やカードなどといった携行品がなく、かつ、盗難紛失の可能性はほとんどないため、なりすまし犯罪が生じにくいシステムである。近年では、入退室管理のほか、金融機関のATM、金庫、パソコンや携帯電話などにも幅広く用いられるようになっている。非常に有効性が高いセキュリティである一方、認証した部位を負傷した場合をはじめ、身体のコンディションによってはかえって利用しにくいという欠点もある。

訪者には、来訪者管理簿に、氏名、所属組織名（企業名等）、訪問先（部署・担当者）、用件、来館時間、退館予定時間等を記入してもらう。来訪者から名刺を受け取ったり、身分証明書を提示してもらう場合も前述の来訪者管理簿に必要事項を記入してもらうことを基本とする。なお、社内の訪問先部署から取引先役員など重要人物の来社があらかじめ受付に連絡されている場合など、来訪者管理簿への記載を省略したほうがよいこともある。

・訪問先部署の了解を得る

受付担当者は、訪問先部署の担当者に電話連絡し、来訪者を入館させてよいかどうかの了解を得る。

・ゲスト・バッジの発行

訪問先部署の了解が得られたら、ゲスト・バッジを来訪者に渡し、胸に付けたうえで入館してもらう。ゲスト・バッジの番号は来訪者管理簿に控える。ゲスト・バッジ以外に来訪者パス（訪問票、入館許可証など）を発行する場合には、来訪者管理簿と同様の事項を記入し、来訪者パスを一目でわかるように身につけてもらう。

・退館の受付

退館時には、受付に立ち寄ってもらい、ゲスト・バッジ、来訪者パスを返却してもらう。退館する人には来訪者管理簿に退館時刻を記入してもらう。

このような「誰が、いつ入室し、いつ退出したか」を把握する流れが社外出入者管理の基本であるが、あまり厳格に行おうとすると、業務が煩雑になったり、来訪者に対して失礼になることもあるので、実情に応じて手続を省略するなど臨機応変な対応も必要である。

② 物の出入り管理

物の出入りが発生するケースには、業者などが物品を搬出入する場合と、従業員や来訪者が携行品として持ち込んだり持ち出す場合がある。

業者などが物品を搬出入する場合には、受付（物品搬出入口など）に関連部署からあらかじめ搬出入される業者名・担当者名、物品名、数量、

日時を連絡してもらい、業者が受付を訪れた際、業者名・担当者名、物品名など同様の項目を搬出入管理簿に記入してもらうとともに、警備員等が現物を見て確認する。

次に、従業員や来訪者の携行品チェックである。持ち出しに関しては、まず、社内の物品や書類を重要度に応じて、許可を得なければ持ち出しできないもの、持ち出し禁止のもの、などの区分を設けるべきである。

従業員が物品を持ち出す場合については、社内規程に物品携行に関し定めるとともに所持品検査についても定めるべきである。警備員が不審と感じたら、当該人物の協力のもと、かばん等の中身をチェックする。

来訪者の携行品をチェックする場合は、必ず本人の了解を得て行う必要がある。本人の了解を得ないで、携行品を勝手にチェックすることはできないので注意が必要である。

多数の者が訪れる展示会や危険物持ち込みの警戒が強化されている施設などでは、入館者全員に携行品のチェックを実施する場合があるが、この場合も招待状などに携行品のチェックを行うことを明記するとともに、当日も放送、はり紙などで携行品チェックをお願いし、警備員は検査のつど「失礼します」など本人に一言添えるようにする。また、コインロッカーなどがある会場では、貴重品以外の荷物はロッカーに預けてもらうこともある。なお、このような場合で入館者が携行品チェックを拒んだときには、警備員は入館を拒否することができる。

人・物の出入り管理にはこのようなポイントがあるが、受付担当の従業員や警備員が一時的に不在となる場合に、出入り口を施錠する、インターホンや内線電話で担当する者を定める、といった措置も定めておく。

2 防災の基礎

(1) 防災責任

1995（平成7）年1月の阪神・淡路大震災、2011年（平成23）年3月の東日本大震災、および2016（平成28）年4月の熊本地震は、いずれも

最大震度7の揺れを観測し、人命、インフラ、地域産業などに甚大な被害を及ぼした。地震以外にも、津波・火山噴火・水害・土砂災害などの自然災害、人災、犯罪等が各地で発生している。こうした災害が発生すると、地域住民や事業所で働く従業員などの生命、身体、財産に大きな損失をもたらし、また災害の規模によっては経済活動の停滞を招く。

防災とは、こうした災害を未然に防止し、災害が発生した場合における被害を最小化し拡大を防ぐとともに災害からの復旧を図ることをいい、国・地方公共団体や企業等において被害の予防や発生後の迅速かつ効果的な対応が求められる。

① 災害対策基本法

災害対策基本法は災害に関するわが国の基本法であり、災害対策の基本理念、防災に関する国、自治体等の責務、中央防災会議などの組織、防災計画の作成、災害予防、災害応急対策、災害復旧および防災に関する財政金融措置、その他必要な災害対策の基本を定めている。

同法で定める防災計画とは、国レベルの防災基本計画、指定行政機関・指定公共機関が定める防災業務計画、地方レベルの都道府県および市区町村がそれぞれ定める地域防災計画があり、さらに市町村地域防災計画の中に定められる、市区町村内の居住者および事業者（地区居住者等）が行う自発的な防災活動に関する計画として地区防災計画があり、企業も自発的な防災活動が求められている。

② 企業における防災責任

企業は、防災においても従業員、建物・設備などの自社の資産を災害から守るだけではなく、企業市民（→第1章第3節**1**）として、被災地域の住民や顧客・取引先などの利害関係者を災害から保護する担い手としての防災責任も負っている。

また、①で挙げた地区防災計画を策定する場合は、事業者すなわち企業も地域コミュニティの一員として、その提案・活動の主体となって携わりたい。

（2）各種の災害事故

　防災対策を立案するには、まず、災害にはどのようなものがあるのか
を理解しておかなければならない。災害の類型はさまざまであるが、自
然災害、人災、犯罪に分類することができる。

①　自然災害

　暴風、豪雨、豪雪、洪水、高潮、地震、津波、噴火、その他の異常な
自然現象によって引き起こされる災害である。自然現象によって発生す
るため、損害の規模が大きいことが多い。また、地震が火災を発生させ
るように、二次災害を発生させる場合が多い。自然災害は予測・予防に
限界があり、防災対策は応急措置や復旧措置が中心となる。

②　人災

　人間の不注意や怠慢が原因で起こる災害である。失火による火事、交
通事故のほか、労働災害、風評被害などがある。近年、設計ミスなど人
為的なミス（過失）が原因で企業が製造物責任 Key Word を問われるケー
スが頻発している。一度こうした問題が発覚すると製品の回収コストな
どが収益を圧迫するばかりでなく、顧客の信用を失い、企業の存続さえ
危うくすることがあるので十分な対策が必要である。

③　犯罪

　犯罪とは、人間が悪意を持って相手に損害を与える行為である。企業
を対象に悪意を持った人間や団体が犯す犯罪には、会社役員・従業員の
誘拐・恐喝・暴行、企業施設の損壊、金品や機密情報の盗難・破壊など
がある。また、従業員による顧客情報の盗難事件や組織ぐるみの法令違
反など、企業内部の者が犯す犯罪もある。犯罪対策を検討する場合、企

Key Word

　製造物責任── 製造物責任法では、製造物の欠陥により人の生命、身体または財
　産に係る被害が生じた場合、被害者が「損害の発生」、「当該製品の欠陥の存在」、
　「欠陥と損害との因果関係」を立証すれば、企業側に過失がない場合でも損害
　賠償責任を問われることとなっている（無過失責任）（同法1条、3条、4条）。

業外部からの犯罪だけではなく、従業員など内部の者が犯罪を犯すケースにも十分留意する必要がある。

（3）防災備品

　災害が発生し、安全の確認が取れるまで企業施設内に従業員等が一時待機する可能性がある。また、大規模地震により公共交通機関が運行を停止している場合には、帰宅困難者が徒歩等で一斉に帰宅を開始すると緊急車両の通行の妨げになり、応急活動に支障をきたす懸念があるため、企業施設内での従業員等の一時待機が必要となるケースも想定される（内閣府「大規模地震の発生に伴う帰宅困難者対策のガイドライン」）。

　このような事態に備え、企業では防災備品を準備しておく必要がある。防災備品は、従業員等の待機時・避難時の安全確保の観点と事業継続等の観点から、図表8-2-1のような物資が挙げられる。このほか、各企業の状況に合わせて備蓄する物資を決定する。なお、従業員名簿、緊急時連絡網が電子データのみだと、災害発生時に記録媒体が破損したり、停電が起きたりして閲覧できないことがあるので、紙媒体でも保管して

図表8-2-1 ●防災備品として備蓄する物資

水：ペットボトル入り飲料水（1人1日当たり3リットル）
食料：アルファ化米、乾パン、インスタント食品や缶詰等
毛布、防寒用の保温シート
簡易トイレ・衛生用品（トイレットペーパーなど）
ビニールシート等の敷物
携帯ラジオ、懐中電灯と予備電池
緊急医療セット、消毒薬
紙皿、紙コップ、ラップフィルム、ビニール袋
従業員名簿、緊急時連絡網
非常用発電機（燃料を要するものは予備燃料）
工具類
ヘルメット、軍手

おくほうがよい。

　また、広域避難場所への避難や徒歩での帰宅に際し、運動靴や小銭、携帯電話用充電器などが必要となる場合もあるので、従業員みずから準備するように促したい。

　備蓄すべき量は3日分が目安となるが、近年では、大規模災害に備えて1週間分の備蓄が推奨されている。また、共助の観点から、外部の帰宅困難者の受け入れも考慮し、10%程度の量を余分に備蓄することも推奨されている。

　防災備品はいざというときに取り出しやすいよう、また、従業員数が多い場合にはスペースの確保も考慮して適切な場所に保管する。さらに、水、食料をはじめ、消費期限や使用期限があるものについては、定期的に入れ替えを行わなければならない。

Column　☕ コーヒーブレイク

《企業が中心となる防災の取り組み》

　企業（事業者）が中心となる防災への取り組みは各地にあり、防災計画の策定、防災マップの周知・配布、合同防災訓練・避難訓練の実施などを共同して行うこととしている。

　一例として、東京駅周辺の「東京駅周辺防災隣組」がある。東京駅周辺の事業者が中心となり、千代田区と連携した帰宅困難者避難訓練をはじめ、防災計画に基づく資機材・食料の備蓄、防犯QRパトロール、丸の内警察防犯情報の配信を行い、発災時に東京駅周辺防災隣組が滞留者対策の一環として活動しうるルールを明確化したルールブックを策定している。発災直後の取り組み内容としては、発災直後の情報収集・伝達、応急救護などの対応を行うことを定めている。

　また、他の地域では、地区の事業者が協力して「地域連携BCP（事業継続計画）」を策定している事例もある。自社だけではなく、地域住民、地域企業と連携し、より強固な防災対策をすることが重要になっている。

第 3 節 # 社用車の運行管理

◆従業員が業務で社用車を運転中に交通事故を起こした場合、企業側も責任を問われることを理解する。

◆安全運転管理者制度は道路交通法に基づく、自家用自動車を保有する事業所における自動車の交通事故を防止するための制度である。安全運転管理者等の選任基準、資格要件、業務内容などを学ぶ。

◆整備管理者制度は道路運送車両法に基づく制度であり、この制度における整備管理者の選任要件、資格要件を学ぶ。

◆自動車保険には、強制保険である自動車損害賠償責任保険（自賠責保険）と任意保険がある。各保険の目的、特徴、保障内容、種類を学ぶ。

1 社用車の管理

（1）社用車管理の必要性

　企業は、社用車による交通事故を防止し、社用車の搭乗者である従業員や同乗者、乗客等の安全を確保しなければならない。この観点から、従業員が業務で社用車を運転中に交通事故を起こして第三者に損害を与えた場合、事故を起こした従業員本人が責任を問われるだけでなく、企業側も責任を問われる。この企業の責任の主なものに、「使用者責任」と「運行供用者責任」がある。

　使用者責任は、民法に基づく企業の責任であり、同法715条1項では

「ある事業のために他人を使用する者は、被用者がその事業の執行につ
いて第三者に加えた損害を賠償する責任を負う。ただし、使用者が被用
者の選任及びその事業の監督について相当の注意をしたとき、又は相当
の注意をしても損害が生ずべきであったときは、この限りでない」と定
めている。また、同条の2項では「使用者に代わって事業を監督する者
も、前項の責任を負う」とされている。つまり、従業員等を使用する企
業やその企業の代わりに監督する立場にある元請業者などは、従業員等
の被用者が業務で社用車を運転中、第三者に与えた損害を賠償する責任
を問われる。条文のただし書きにあるように、使用者である企業側が被
用者の選任およびその事業の監督について相当の注意をしたことを証明
することができれば使用者責任は免責されるが、実質的には免責が認め
られるケースはまれである。

　運行供用者責任は、自動車損害賠償保障法に基づく責任である。同法
3条は「自己のために自動車を運行の用に供する者は、その運行によっ
て他人の生命又は身体を害したときは、これによって生じた損害を賠償
する責に任ずる」と定めている。この条文の「自己のために自動車を運
行の用に供する者」を運行供用者といい、運行供用者は通常、自動車の
所有者を指す。所有者みずからが自動車を運転している場合だけでなく、
所有者が他人に自動車を貸して運転をさせている場合も所有者は運行供
用者となる。つまり、事業主が自動車の所有者である場合、従業員がそ
の自動車を使用中に人身事故を起こし、第三者に損害を与えたときは、
従業員本人だけではなく、事業主も賠償責任を負わねばならないという
ことである。自動車の所有者である事業主は、従業員がその自動車を使
用することを承知していた場合のみならず、従業員が自動車を無断使用
していた場合も運行供用者に該当する。

　また、前述の条文には「その運行によって他人の生命又は身体を害し
たときは」とあり、運行供用者責任の対象は人身事故による損害である。
交通事故による物損の賠償責任は民法709条（故意又は過失によって他
人の権利又は法律上保護される利益を侵害した者は、これによって生じ

た損害を賠償する責任を負う）が適用される。

（2）安全運転管理者と整備管理者

① 安全運転管理者制度

　安全運転管理者制度とは、官公庁、民間企業等多数の<u>自家用自動車</u>
Key Word を保有する事業所における自動車の交通事故を防止するために、
安全運転を確保するための管理者を置き、その管理者によって専門的に
交通事故防止の措置がとられることを目的とした道路交通法に基づく制
度である。

1）安全運転管理者等の選任基準

　自動車の使用の本拠ごとに、次の選任基準を満たす自動車の使用者
（事業主等）は、安全運転管理者や副安全運転管理者を選任しなければ
ならない。本拠とは届け出をした事業所ごとであるため、本社に一括し選
任するようなことは認められていない。

ア）安全運転管理者の選任基準

　乗車定員11人以上の自動車にあっては1台以上、またはその他の自
動車にあっては5台以上使用している事業所等。自動二輪車（原動機
付自転車を除く）は1台を0.5台で換算する。

イ）副安全運転管理者の選任基準

　乗車定員を問わず使用している自動車の台数が20台以上の事業所等。
選任人数は20台ごとに1人を追加しなければならない。

2）安全運転管理者等の資格要件

ア）安全運転管理者の資格要件

Key Word

自家用自動車——道路運送法では、自動車は「事業用自動車」と「自家用自動車」
に分けられる。事業用自動車は、自動車運送事業者（運送会社、タクシー会社
など）が自動車運送事業の用に供する自動車をいい、それ以外の自動車はすべ
て自家用自動車になる（78条等）。

○20歳以上の者。副安全運転管理者が置かれることとなる場合にあっては30歳以上の者

○自動車の運転の管理に関し2年（自動車の運転管理に関し公安委員会が行う教習を修了した者にあっては1年）以上実務経験を有する者または自動車の運転の管理に関しこれらの者と同等以上の能力を有すると公安委員会が認定した者で、次のいずれにも該当しない者

・過去2年以内に公安委員会の安全運転管理者等の解任命令を受けた者

・過去2年以内に次の違反行為をした者

いわゆるひき逃げ、酒酔い・酒気帯び運転およびこれらについて車両・酒類の提供や同乗、麻薬等運転、無免許運転およびこれについて車両の提供や同乗をした者、酒酔い・酒気帯び運転、過労運転、無免許・無資格運転、最高速度違反運転、積載制限違反運転、放置駐車違反の下命・容認をした者、自動車使用制限命令違反をした者

イ）副安全運転管理者の資格要件

・20歳以上の者

・自動車の運転の管理に関し1年の実務の経験を有する者、自動車運転の経験期間が3年以上の者、または自動車の運転の管理に関しこれらの者と同等以上の能力を有すると公安委員会が認定した者で、前述の「安全運転管理者の資格要件」の失格要件のいずれにも該当しない者であること

3）安全運転管理者等を選任・解任したときの届け出

自動車の使用者は、安全運転管理者または副安全運転管理者を選任または解任した日から15日以内に自動車の使用の本拠を管轄する公安委員会に届け出なければならない。

4）安全運転管理者の業務

安全運転管理者の業務は次のとおりである。なお、道路交通法では、

使用者は安全運転管理者に対して運転者の交通安全教育や自動車の安全運転確保に必要な業務を行うため、必要な権限を与えなければならないと定めている。

ア）運転者の適性等の把握……自動車の運転についての運転者の適性、知識、技能や運転者が道路交通法等の規定を守っているか把握するための措置をとること

イ）運行計画の作成……運転者の過労運転の防止、その他安全な運転を確保するために自動車の運行計画を作成すること

ウ）交替運転者の配置……長距離運転または夜間運転となる場合、疲労等により安全な運転ができないおそれがあるときは交替するための運転者を配置すること

エ）異常気象時等の措置……異常な気象・天災、その他の理由により、安全な運転の確保に支障が生ずるおそれがあるときは、安全確保に必要な指示や措置を講ずること

オ）点呼と日常点検……運転しようとする従業員（運転者）に対して点呼等を行い、日常点検整備の実施および飲酒、疲労、病気等により正常な運転ができないおそれの有無を確認し、安全な運転を確保するために必要な指示を与えること

カ）運転日誌の備え付け……運転の状況を把握するため必要な事項を記録する日誌を備え付け、運転を終了した運転者に記録させること

キ）安全運転指導……運転者に対し、「交通安全教育指針」に基づく教育のほか、自動車の運転に関する技能・知識、その他安全な運転を確保するため必要な事項について指導を行うこと

② 整備管理者制度

整備管理者制度とは、自動車運送事業において自動車の使用者に代わり、車両の点検、車両の整備、車庫施設の管理等の点検整備を行う者について定められた道路運送車両法に基づく制度である。一定台数以上のバス、大型トラック、事業用自動車を使用する自動車の使用者は、使用の本拠ごとに整備管理者を選任しなければならない。

図表8-3-1●整備管理者の選任要件

	事業用	レンタカー	一般自家用	軽貨物運送事業
バス（30人以上）	1両			
バス（29人以下）			2両	
乗車定員10人以下　車両総重量8t以上	5両			
乗車定員10人以下　車両総重量8t未満	10両			10両

出所：道路運送車両法より作成

1）整備管理者の選任要件

整備管理者の選任が必要な対象車種、使用の本拠ごとの車両数は、図表8-3-1のとおりである。

2）整備管理者の資格要件

整備管理者の資格要件は、次のア）からウ）のいずれかである。

ア）整備の管理を行おうとする自動車と同種類の自動車の点検もしくは整備または整備の管理に関する2年の実務経験を有し、かつ、地方運輸局長が行う研修を修了した者であること

イ）1級、2級または3級の自動車整備士技能検定に合格した者

ウ）前2要件に掲げる技能と同等の技術として、国土交通大臣が告示で定める基準以上の技能を有すること

なお、ア）に該当する者は、地方運輸局長の行う選任前研修を受講し、修了していなければならないが、イ）に該当する者については、整備管理者としての能力を有しているので、選任前研修の修了は必要ない。

3）選任等の届出

整備管理者を選任または変更したときは、その日から15日以内に、地方運輸局長に届け出なければならない。

（3）社用車の管理体制

社用車管理を大きく分類すると、車両の管理、運転者の管理、運行の管理の3つが挙げられる。

それらの社用車管理を社内で統一的に、また遺漏なく行うためには、

総務部などの特定の部署で一元的に管理することが基本となる。しかし、会社・事業所の規模が大きく、販売・生産・物流などの各部署で運転者や社用車を多く使用していれば、総務部など1つの部署ですべての社用車管理業務を行うことは困難である。その場合は、総務部など特定の部署で一元管理することを原則としながらも、日常的な管理業務（保管管理や維持管理など）は各部門が代行するという管理体制をとることとなる。いずれにせよ、社用車管理の役割分担や責任を明確にして、法令に基づき適正な社用車管理をすることが必要である。

（4）運行管理規程と管理様式

自動車運送事業を業とする事業者は、旅客自動車運送事業運輸規則48条の2第1項または貨物自動車運送事業輸送安全規則（安全規則）21条1項の規定において、運行管理者の職務、権限および複数の運行管理者を選任する営業所にあっては、統括運行管理者ならびに事業用自動車の運行の安全の確保に関する業務の実行に係る基準に関する規程（運行管

図表8-3-2 ● 自動車使用簿の様式例

使用日：　年　月　日（ ）				所属長		公用車取扱責任者	
部署名	運転者名	同乗者名	使用時間	運行経路	走行キロ	用務内容	特記事項（給油・故障等）
			～				
			～				
			～				
			～				
使用日：　年　月　日（ ）				所属長		公用車取扱責任者	
部署名	運転者名	同乗者名	使用時間	運行経路	走行キロ	用務内容	特記事項（給油・故障等）
			～				
			～				
			～				
			～				

図表8-3-3 ●点検記録簿の様式例

登録番号

年　　月　　日～　　　日

	点検箇所	点検内容/日付け	月	火	水	木	金	土
運転者席	ブレーキ・ペダル	踏みしろ、きき具合	良・不					
	駐車ブレーキ・レバー	引きしろ	良・不					
	空気圧力計	空気圧力の上がり具合	良・不					
		空気圧力	良・不					
	ブレーキ・バルブ	排気音	良・不					
	エンジン	かかり具合、異音	良・不					
		低速・加速の状態	良・不					
エンジンルーム	ブレーキのリザーブ・タンク	液量	良・不					
	ラジエーター	水量	良・不					
	潤滑装置	エンジン・オイルの量	良・不					
	ファン・ベルト	張り具合、損傷	良・不					
	バッテリー	液量	良・不					
	ウインド・ウォッシャー	液量、噴射状態	良・不					
車の周り	灯火装置・方向指示器	点灯、点滅具合	良・不					
		汚れ、損傷	良・不					
	ワイパー	払拭状態	良・不					
	タイヤ	空気圧	良・不					
		亀裂・損傷	良・不					
		異常な摩耗	良・不					
		溝の深さ	良・不					
	エア・タンク	タンク内の凝水	良・不					
その他	運行記録計その他計器	チャート紙装着、作用	良・不					
	非常信号用具	有・無	良・不					
	車検証・保険証	有・無	良・不					
	工具類	定位置固定の有無	良・不					
	停止表示板	有・無	良・不					
点検実施者								
整備管理者								

図表8-3-4 ● 交通事故報告書の様式例

                                        年　　月　　日

　　　　　　　　様

                                        （所属長）職名

                              氏名　　　　　　　印

　　　　　　　　　交通事故報告書

次のとおり交通事故が発生したので、運行管理規程の規定により報告致します。

事故の種別					
事故発生日時					
事故発生場所	（道路名）				
事故の当事者	職員	氏名		役職	
		車名・年式		登録番号	
	相手方	氏名		住所・電話番号	
		車名・年式		登録番号	
		その他			
事故現場の見取図					
事故の原因及び概況					
傷害の部位及び程度	職員				
	相手方				
物件破損の程度	職員		評価		
	相手方		評価		
事故後とった措置	（運転者のとった措置） （所管課等のとった措置） （所属長による今後の事故防止対策）				
添付書類	・事故車両（相手方含む）及び事故発生現場の写真 ・事故当時職員の作成した報告書（任意様式）				

理規程）を定めなければならない。また、一般の企業（事業者）も公用
車・営業車などを所有し、自己のために自動車を運行の用に供する者（運
行供用者）に該当する場合は、自動車損害賠償保障法、道路交通法、道
路運送車両法に基づき、運行管理規程を定めなければならない。

　また、管理様式の例として①自動車使用簿の様式例を図表8-3-2に、
②点検記録簿の様式例を図表8-3-3に、③交通事故報告書の様式例を
図表8-3-4に示す。

2 　自動車保険

　交通事故による損害を補てんする保険には、強制保険である自動車損
害賠償責任保険（自賠責保険）と任意保険がある。

（1）強制保険
① 　自賠責保険の目的

　自賠責保険の目的は、自動車損害賠償保障法に基づき、交通事故によ
る被害者を救済するため、加害者が負うべき経済的な負担を補てんする
ことにより、基本的な対人賠償を確保することである。この目的から、
自賠責保険は原動機付自転車（原付）を含むすべての自動車に加入が義
務づけられており、強制保険とも呼ばれている。

② 　自賠責保険の特徴

・自動車の運行によって他人を死傷させた人身事故による損害につい
　て支払われる保険であり、自動車の運転者や保有者が自損事故によ
　り傷害を受けた場合や物損事故は対象にならない。
・保険金の支払限度額は、被害者1名ごとに定められている。1つの
　事故で複数の被害者がいる場合でも、被害者の支払限度額が減らさ
　れることはない。
・被害者が加害者の加入している損害保険会社等に直接、保険金（共
　済金）を請求することができる。

・けがの治療費等の当座の出費に充てるため、被害者に対する仮渡金
制度がある。
・交通事故発生において、被害者に重大な過失があった場合および受
傷と後遺障害、死亡との因果関係の認否が困難な場合には減額される。
なお、自賠責保険制度は交通事故の被害者救済が目的の保険であるが、
100％被害者の責任で発生した無責事故（たとえば、被害車両のセンター
ライン・オーバーによる事故、被害車両の信号無視による事故、追突し
た側が被害車両である事故など）は、相手車両の自賠責保険金支払いの
対象にならない。また、無保険車による事故、ひき逃げ事故（加害者が
特定できない事故）の被害者に対しては、被害者が自賠責保険による損
害賠償金を加害者から受けることができないため、このような事故の場
合には、政府が自賠責保険の支払基準に準じた損害額を被害者に支払う、
政府の保障事業によって救済が図られる。

③ 自賠責保険の支払限度額

自賠責保険によって、基本的な対人賠償として支払われる保険金の限
度額は図表 8-3-5 のとおりである。

（2）任意保険

① 任意保険の目的

強制保険である自賠責保険は、被害者への最低限の補償を目的として
いるため、保険金に上限があることや運転者自身が受けた傷害、物損事
故は対象外であるなどの制約があり、甚大な交通事故を起こした場合、
自賠責保険による保障だけで十分とはいえない。このため、自賠責保険
だけでは必要な補償額を賄えない場合に備える目的で、みずからの意思
で加入する保険が任意保険である。

② 任意保険の特徴

・自賠責保険とは異なり、民間の損害保険会社により販売される。
・保険期間は 1 年間が基本である。
・任意保険の保険料率には、フリート契約者料率制度とノンフリート

図表8-3-5 ● 自賠責保険の支払限度額

	損害の範囲	支払限度額 (被害者1名につき)	内　　　容
死亡	葬儀費 逸失利益 慰謝料 (本人・遺族)	3,000万円	事故により被害者が死亡してしまった場合は、葬儀費、逸失利益、被害者本人の慰謝料および遺族の慰謝料の合計について支払限度額の範囲内で支払われる。
死亡に至るまでの傷害	治療関係費 文書料 休業損害 慰謝料	120万円	下記の「傷害」に準じる。
傷害	治療関係費 文書料 休業損害 慰謝料	120万円	事故により被害者が傷害を負った場合は、積極損害(治療に関する費用等)、休業損害および慰謝料の合計について支払限度額の範囲内で支払われる。
後遺障害	逸失利益 慰謝料等	1級 4,000万円※ ～14級 75万円	事故により被害者が後遺障害を残した場合は、身体に残った障害の程度に応じた等級によって逸失利益および慰謝料の合計についてその等級ごとの支払限度額の範囲で支払われる。

※神経系統・精神・胸腹部臓器に著しい障害を残し、介護を要する後遺障害については、
　1級4,000万円、2級3,000万円、それ以外の後遺障害については、1級3,000万円から、
　14級75万円というように後遺障害はその様態に応じて等級が定められている。

出所：国土交通省ホームページ「自賠責保険について」より作成

契約者料率制度がある。

　フリート契約者料率制度は、所有・使用自動車の総契約台数が10台以上（保険会社が別でも合計する）の場合に適用され、保険料の割増・割引は契約者単位で、保険を契約している自動車全体について、契約者が支払った保険料と保険会社が支払った保険金との割合によって決定される。

一方、ノンフリート契約者料率制度は、所有・使用自動車の総契約台数が10台未満の場合に適用され、保険料の割増・割引は自動車1台単位で、1台ごとの事故の発生の有無・件数により決定される。事故情報による等級により保険料が決定するのは、このノンフリート契約者料率制度である。

③ 任意保険の種類

任意保険を、その付帯保険・サービスの内容の視点から分類すると、主として次のように分類できる。

1）対人賠償保険

加害車両の運転者が、第三者（被害者）を死傷させ損害賠償責任を負った場合の保障をする保険である。対人賠償につき自賠責保険による保険金だけでは足りない分を上乗せで補償する。保険金額は、最高「無制限」まで設定できる。

2）対物賠償保険

加害者が交通事故によって、他の自動車、施設等の他人の財物に損害を与え、損害賠償責任を負った場合に保険金が支払われる保険である。事故によって破損した物の修理費、交換費のほか、物損による被害者側の休業損害、営業損害等が生じた場合も保証の対象となる。保険金額は、最高「無制限」まで設定できる。

3）搭乗者傷害保険

保険契約した自動車の搭乗者（運転者を含む同乗者）が、事故により死傷した場合に支払われる保険である。ただし、故意によって生じた運転者本人の障害、無免許または飲酒運転・麻薬等運転により生じた運転者本人の傷害などの場合は免責となり、保険金は支払われない。

4）自損事故保険

自動車の保有者、運転者または搭乗者が単独事故または相手方の無責事故により死傷し、それによって生じた損害について、自賠責保険または自動車損害賠償保障事業（政府の保証事業）で補てんされない場合に保険金を支払う保険である。対人賠償保険に自動付帯されている。

5）無保険車傷害保険

　任意保険である対人賠償保険に加入していなかったり、対人賠償保険に加入していても補償金額が不十分な自動車（これを無保険車という）との事故などによって被害を受け、死亡または後遺障害を負った場合に保険金を支払う保険である。保険金額は、対人賠償保険と同額である。ただし、対人賠償保険が無制限の場合、無保険車傷害保険の限度額は1名につき2億円になる。

6）車両保険

　契約者自身の自動車が事故等によって損害を受けた場合に保険金が支払われる保険である。他人の自動車との衝突、接触などの事故のほかにも、火災や盗難、自損事故なども補償範囲に含まれる。

7）人身傷害保険

　被保険者が自動車事故により死傷した場合に、約款に定められた基準により算定され、契約された保険金額を限度として、治療費、休業損害について損害額全額を支払う（実損払いの）保険である。この人身傷害保険の特色は、加害者の有無や相手方の損害賠償金との過失相殺を加味せずに上述の実損払いを受けることができ、また、相手方からの損害賠償に先行して自身が契約している保険会社から保険金を受け取ることができる（つまり、相手方と交渉せずに自身の保険会社から保険金を受け取ることができる）ことである。なお、すでに相手方から賠償金を受け取っている場合には、約款に基づき算出された実際の損害額よりそれらを控除した額が保険金として支払われ、また、保険会社からの支払いが先であった場合には、保険会社は相手方への求償権を有することとなる。

　任意保険の保険商品は、前述した保険の全部または一部を組み合わせてセット販売される。基本的な任意保険商品の種類は、図表8-3-6に示す自家用自動車総合保険（SAP）、自動車総合保険（PAP）、一般自動車保険（BAP）の3種類に分けられる。ただし、最近では、損害保険各社が独自の任意保険商品を開発・販売しており、これらの商品種類以外

図表8-3-6 ● 基本的な任意保険商品の種類

	付帯保険・サービス	対象車種
自家用自動車総合保険 （SAP：Special Automobile Policy）	対人賠償保険、無保険車傷害保険、自損事故保険、搭乗者傷害保険、対物賠償保険、車両保険の6つに対人・対物示談交渉サービスをセットしたもの	自家用普通乗用車、小型乗用車、軽四輪乗用車、小型貨物車、軽四輪貨物車の5車種に限る。
自動車総合保険 （PAP：Package Automobile Policy）	車両保険を除いた5つに対人示談交渉サービスをセットしたもの。車両保険は任意付帯。	すべての自動車について契約可能。
一般自動車保険 （BAP：Basic Automobile Policy）	対人・対物・車両保険は単独で付帯できる。自損事故保険は対人賠償保険を付保した場合に自動的に付帯する。搭乗者障害保険は対人・対物・車両保険のいずれかにセットで付帯できる。無保険者傷害保険は付帯しない。	すべての自動車について契約可能。

の保険商品も増えてきている。

3 自動車事故の防止

（1）安全運転教育の実施

　本節**1**で安全運転管理者について述べたが、道路交通法施行規則により安全運転管理者は運転者に対して安全運転に関する技能や知識などの指導を行うことが定められている。

　座学等の集合研修を行う場合は、都道府県交通安全協会、（一社）日本自動車連盟、（一社）日本自動車工業会などの外部講師を招くなどして、安全教育研修を定期的に実施する。また、実地研修として、安全運転管理者等による添乗研修を実施する。

（2）安全のための装備

　自動車による事故の防止のため、自動車の安全装備についても確認する。

　安全装備には次のものが挙げられ、社用車の用途や運転者の技術に応じてこれらの装備を行うことが望ましい。また、事故やトラブル等に備えて、状況を記録するドライブレコーダーの取り付けも行うとよい。

・被害軽減ブレーキ

　　カメラやレーダーで前方の自動車や歩行者を確認し、追突や衝突のおそれがある場合に警告を発信して、自動的にブレーキを作動させるシステム。

・車線逸脱防止関係の装備

　　カメラにより車線の位置を認識し、車線をはみ出したときに警報を発する、ブレーキやハンドルにより自動車を車線内に維持する等の作動をするシステム。

・ペダル踏み間違い時加速抑制装置

　　レーダー等により前方または後方の壁や車両を認識している状態でシフトレバーやアクセルペダルの誤操作により衝突する可能性がある場合に、エンジン出力を抑えて急発進・急加速を抑制する装置。

・後方視界情報提供装置

　　運転者が確認しづらい後方の視界情報を車内のモニターに映し出す装置。

・高機能前照灯

　　夜間走行時の前方の交通状況により、ハイビームの照射範囲の減光やハイビーム・ロービームの切り替えを自動的に行う機能のある前照灯。

（3）自動車の点検整備

　安全運転を推進するためには、自動車の点検整備が欠かせない。道路運送車両法では、「自動車の使用者は、自動車の点検をし、及び必要に応じ整備をすることにより、当該自動車を保安基準に適合するように維持

しなければならない」(47条) と定めており、自動車の点検整備を義務づけている。

自動車の点検整備は大きく2つに分けられ、日常の運行前に行う「日常点検整備」と一定期間ごとに行う「定期点検整備」がある。日常点検整備については、バス、トラック、タクシー等の自動車では1日1回運行開始前に、それ以外の自動車では走行距離、運行時の状況等から判断した適切な時期に行うものと定められている(同法47条の2)。また、定期点検整備については、同法48条によって小型特殊自動車を除く自動車の種別ごとに定期点検の時期等が定められている。→図表8-3-7

図表8-3-7 ● 自動車の種別ごとの法定定期点検の時期

自動車の種類	検査証の有効期間		法定定期点検の間隔		
	初回	2回以降	3カ月	6カ月	12カ月
車両総重量8トン以上の貨物車	1年	1年	○		
車両総重量8トン未満の貨物車(事業用)	2年	1年	○		
車両総重量8トン未満の貨物車(自家用)	2年	1年		○	
車両総重量8トン未満のレンタカーの貨物車	2年	1年	○		
レンタカーの乗用車	2年	1年		○	
レンタカーの軽自動車	2年	2年		○	
バス、タクシー	1年	1年	○		
自家用乗用車	3年	2年			○
二輪自動車	2年	2年			○

また、同法49条では点検整備記録簿について定めており、自動車の使用者は、点検整備記録簿を当該自動車に備え置き、当該自動車の点検または整備をしたときは、遅滞なく、次の事項を記載しなければならない。

1)点検の年月日

2)点検の結果

3）整備の概要

4）整備を完了した年月日

5）その他国土交通省令で定める事項

（4）事故防止マニュアル

　自動車事故の防止を推進するためには、事故防止マニュアルを作成し、運転者に配付する。事故防止マニュアルの記載内容の例を挙げると図表8-3-8のとおりである。

図表8-3-8●事故防止マニュアル記載内容の例

1. 事故防止の心構え	・事故防止の必要性 ・運転者の責任 ・関係法令の遵守
2. 基本的知識	・交通法規に関する知識 ・自動車の特性に関する知識 ・安全運転に関する知識
3. 運転者の義務	・事故防止に関する義務
4. 安全運転管理	・安全運転管理者 ・管理対象 ・管理組織 ・教育・研修
5. 自動車の点検整備	・整備管理者 ・点検整備（日常点検整備、定期点検整備）
6. 運行管理	・運行管理規程 ・管理様式 ・禁止行為
7. 事故発生時の措置	・事故発生時の措置、報告方法等

第8章　理解度チェック

次の設問に、○×で解答しなさい（解答・解説は後段参照）。

1　ペリルとは事件、事故などを発生させる引き金となって損失の発生と大きさを増大させる要因であり、ハザードとは損失の直接的原因となる事件や事象である。

2　リスクが現実化した場合に、利得の可能性はなく、損失だけがもたらされるものを「純粋リスク」という。

3　物の出入り管理を行うにあたっては、不審と感じた場合に出入者の携行品を強制的にチェックする権限を警備員等に対し与えるべきである。

4　災害発生時の企業施設内一時待機等のための防災備品は、品質担保とスペース確保の観点から、準備する物資の量は3日分を上限とする。

5　乗車定員10人以上の自動車にあっては1台以上、またはその他の自動車にあっては5台以上使用している事業所等は安全運転管理者を選任しなければならない。

6　強制保険である自動車損害賠償責任保険は人身事故および物損事故を保障し、被害者が死亡した場合の保険金支払限度額は3,000万円である。

第8章 理解度チェック

解答・解説

1 ✕

ペリルとは損失の直接的原因となる事件や事象であり、ハザードとは事件、事故などを発生させる引き金となり、損失の発生と大きさを増大させる要因である。

2 ○

「純粋リスク」に対し、損失を被る可能性がある反面、利益が得られる可能性もあるリスクを「投機的リスク」という。

3 ✕

施設の出入り者の携行品をチェックする場合は、必ず本人の了解を得て行う必要がある。本人の了解を得ないで、携行品を勝手にチェックすることはできない。

4 ✕

企業内の防災備品の「目安」は3日分であるが、外部の帰宅困難者の受け入れや大規模災害による一時待機期間が延長される場合を想定すると、3日分よりも多く確保できたほうがよい。

5 ✕

乗車定員11人以上の自動車にあっては1台以上、またはその他の自動車にあっては5台以上の事業所等は安全運転管理者を選任しなければならない。

6 ✕

自賠責保険では物損事故は保障されない。

┨ 参考文献 ┠

青井倫一・竹谷仁宏『企業のリスクマネジメント』慶應義塾大学出版会、2005年

(一社)日本損害保険協会ホームページ

大嶋芳樹・羽城守・松居英二『交通事故の法律相談〔新版〕』学陽書房、2016年

木村栄一・野村修也・平澤敦編『損害保険論』有斐閣、2006年

経済産業省『先進企業から学ぶ事業リスクマネジメント 実践テキスト』2005年

社会経済生産性本部『リスクマネジメント基礎』1996年

(一社)ニューオフィス推進協議会編著『オフィスセキュリティなるほどガイ
　ド』日刊工業新聞社、2009年

リスクマネジメント規格活用検討会『ISO31000：2018リスクマネジメント 解
　説と適用ガイド』日本規格協会、2019年

石井至『図解 リスクのしくみ〔第2版〕』東洋経済新報社、2011年

日本規格協会編『対訳ISO31000：2018リスクマネジメントの国際規格』日本
　規格協会、2019年

首都直下地震帰宅困難者等対策協議会「事業所における帰宅困難者対策ガイ
　ドライン」2012年

本田茂樹『今までなかった！中小企業の防災マニュアル』労働調査会、2018年

総合防災ソリューション編『場面別ビジネスマンの地震対策マニュアル』中
　央経済社、2011年

そのほか行政機関、各種団体、会社等の多くのホームページやサイトを参考に
した。

索引

[あ]

[い]

[う]

[え]

[お]

[か]

[き]

──ビジネス・キャリア検定試験のご案内──

（令和6年4月現在）

●等級区分・出題形式等

等級	等級のイメージ	出題形式等
1級	企業全体の戦略の実現のための課題を創造し、求める目的に向かって効果的・効率的に働くために、一定の専門分野の知識及びその応用力を活用して、資源を統合し、調整することができる。（例えば、部長、ディレクター相当職を目指す方）	①出題形式　論述式 ②出題数　2問 ③試験時間　150分 ④合否基準　試験全体として概ね60％以上、かつ問題毎に30％以上の得点 ⑤受験料　12,100円（税込）
2級	当該分野又は試験区分に関する幅広い専門知識を基に、グループやチームの中心メンバーとして創意工夫を凝らし、自主的な判断・改善・提案を行うことができる。（例えば、課長、マネージャー相当職を目指す方）	①出題形式　5肢択一 ②出題数　40問 ③試験時間　110分 ④合否基準　出題数の概ね60％以上の正答 ⑤受験料　8,800円（税込）
3級	当該分野又は試験区分に関する専門知識を基に、担当者として上司の指示・助言を踏まえ、自ら問題意識を持ち定例的業務を確実に行うことができる。（例えば、係長、リーダー相当職を目指す方）	①出題形式　4肢択一 ②出題数　40問 ③試験時間　110分 ④合否基準　出題数の概ね60％以上の正答 ⑤受験料　7,920円（税込）
BASIC級	仕事を行ううえで前提となる基本的知識を基に仕事の全体像が把握でき、職場での円滑なコミュニケーションを図ることができる。（例えば、学生、就職希望者、内定者、入社してまもない方）	①出題形式　真偽法 ②出題数　70問 ③試験時間　60分 ④合否基準　出題数の概ね70％以上の正答 ⑤受験料　4,950円（税込）

※受験資格は設けておりませんので、どの等級からでも受験いただけます。

●試験の種類

試験分野	試 験 区 分			
	1 級	2 級	3 級	BASIC級
人事・人材開発・労務管理	人事・人材開発・労務管理	人事・人材開発	人事・人材開発	
		労務管理	労務管理	
経理・財務管理	経理・財務管理	経理	経理（簿記・財務諸表）	
			経理（原価計算）	
		財務管理（財務管理・管理会計）	財務管理	
営業・マーケティング	営業・マーケティング	営業	営業	
		マーケティング	マーケティング	
生産管理	生産管理	生産管理プランニング	生産管理プランニング	生産管理
		生産管理オペレーション	生産管理オペレーション	
企業法務・総務	企業法務	企業法務（組織法務）	企業法務	
		企業法務（取引法務）		
		総務	総務	
ロジスティクス	ロジスティクス	ロジスティクス管理	ロジスティクス管理	ロジスティクス
		ロジスティクス・オペレーション	ロジスティクス・オペレーション	
経営情報システム	経営情報システム	経営情報システム（情報化企画）	経営情報システム	
		経営情報システム（情報化活用）		
経営戦略	経営戦略	経営戦略	経営戦略	

※試験は、前期（10月）・後期（2月）の2回となります。ただし、1級は前期のみ、BASIC級は後期のみの実施となります。

●出題範囲・試験日・お申し込み方法等

　出題範囲・試験日・お申し込み方法等の詳細は、ホームページでご確認ください。

●試験会場

　全国47都道府県で実施します。試験会場の詳細は、ホームページでお知らせします。

●等級区分・出題形式等及び試験の種類は、令和6年4月現在の情報となっております。最新情報は、ホームページでご確認ください。

●ビジキャリの学習体系

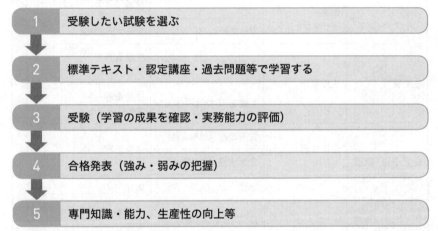

1	受験したい試験を選ぶ
2	標準テキスト・認定講座・過去問題等で学習する
3	受験（学習の成果を確認・実務能力の評価）
4	合格発表（強み・弱みの把握）
5	専門知識・能力、生産性の向上等

●試験に関するお問い合わせ先

実施機関	中央職業能力開発協会
お問い合わせ先	中央職業能力開発協会　能力開発支援部 ビジネス・キャリア試験課 〒160-8327 東京都新宿区西新宿7-5-25　西新宿プライムスクエア11階 TEL：03-6758-2836　FAX：03-3365-2716 E-mail：BCsikengyoumuka@javada.or.jp URL：https://www.javada.or.jp/jigyou/gino/business/index.html

総務 **3級**〔第3版〕
テキスト監修・執筆者一覧

監修者

日置 律子 有限会社幸永ビズ 代表取締役

執筆者（五十音順）

石川 恭子 株式会社ビデオリサーチ 経営管理局 コーポレートコミュニケーション室
…第7章（第1節～第3節・第5節）〔協力〕第7章（第4節）

黒須 靖史 株式会社ステージアップ 代表取締役
…第2章（第4節・第5節）、第3章

坂田 耕一 カルチュア・コンビニエンス・クラブ株式会社
…第6章

隅谷 泰旭 隅谷社会保険労務士事務所 所長
…第2章（第2節・第3節）、第8章

橋本　泉 中小企業診断士
…第5章

日置 律子 有限会社幸永ビズ 代表取締役
…第4章、第7章（第4節）

宮川 公夫 中小企業診断士・ITコーディネータ・上級マーケティング解析士
…第1章、第2章（第1節）〔協力〕第4章

（※1）所属は令和2年3月時点のもの
（※2）本書（第3版）は、初版及び第2版に発行後の時間の経過等により補訂を加えたものです。
　　　初版、第2版及び第3版の監修者・執筆者の各氏のご尽力に厚く御礼申し上げます。

総務 3級〔第2版〕
テキスト監修・執筆者一覧

監修者

藤永 伸一　株式会社社会社業務研究所 客員研究員

執筆者（五十音順）

金子 尚道　金子行政書士・社会保険労務士事務所 所長

黒須 靖史　株式会社ステージアップ 代表取締役

篠崎 良一　共同PR株式会社 取締役副社長

隅谷 泰旭　隅谷社会保険労務士事務所 所長

橋本 　泉　中小企業診断士

日置 律子　有限会社幸永ビズ 代表取締役

藤永 伸一　株式会社社会社業務研究所 客員研究員

（※1）所属は平成26年3月時点のもの
（※2）本書（第2版）は、初版に発行後の時間の経過等により補訂を加えたものです。
　　　初版及び第2版の監修者・執筆者の各氏のご尽力に厚く御礼申し上げます。

総　務 **3**級〔初版〕
テキスト監修・執筆者一覧

監修者

川畑 正文　経営ドクター 代表・中小企業診断士

藤永 伸一　株式会社社会業務研究所 客員研究員

執筆者（五十音順）

大谷 直樹　ユニゾン・キャピタル株式会社 弁護士

黒須 靖史　有限会社ステージアップ 代表取締役

常盤 昌資　財団法人社会経済生産性本部 キャリア開発センター 主任講師

橋本　泉　中小企業診断士

藤江 俊彦　千葉商科大学 政策情報学部 教授

藤永 伸一　株式会社社会業務研究所 客員研究員

村井 信行　独立行政法人雇用・能力開発機構 群馬職業能力開発促進センター 講師

（※1）所属は平成19年9月時点のもの
（※2）初版の監修者・執筆者の各氏のご尽力に厚く御礼申し上げます。

MEMO

MEMO

ビジネス・キャリア検定試験標準テキスト

総 務 3 級

平成19年10月25日	初　版	発行
平成26年3月28日	第2版	発行
令和2年4月9日	第3版	発行
令和6年1月24日	第2刷	発行

編　著	中央職業能力開発協会
監　修	日置 律子
発 行 所	中央職業能力開発協会
	〒160-8327 東京都新宿区西新宿7-5-25 西新宿プライムスクエア11階

発 売 元	株式会社 社会保険研究所
	〒101-8522 東京都千代田区内神田2-15-9 The Kanda 282
	電話：03-3252-7901（代表）

ISBN978-4-7894-9552-3 C2036 ¥3100E
©2024 中央職業能力開発協会 Printed in Japan